逆境突破

探究企业纾困解难的来龙去脉
一本与企业未来息息相关的经管书籍

李柏映 ◎著

中国经济出版社
CHINA ECONOMIC PUBLISHING HOUSE
·北京·

图书在版编目（CIP）数据

逆境突破 / 李柏映著. --北京：中国经济出版社，2023.3

ISBN 978-7-5136-7264-1

Ⅰ.①逆… Ⅱ.①李… Ⅲ.①企业危机-企业管理-研究 Ⅳ.①F272.35

中国国家版本馆 CIP 数据核字（2023）第 044124 号

策划编辑 海 毅
责任编辑 王 帅
责任印制 马小宾

出版发行 中国经济出版社
印 刷 者 中煤（北京）印务有限公司
经 销 者 各地新华书店
开　　本 710mm×1000mm　1/16
印　　张 21.25
字　　数 294 千字
版　　次 2023 年 3 月第 1 版
印　　次 2023 年 3 月第 1 次
定　　价 68.00 元
广告经营许可证 京西工商广字第 8179 号

中国经济出版社 **网址** www.economyph.com **社址** 北京市东城区安定门外大街 58 号 **邮编** 100011

本版图书如存在印装质量问题，请与本社销售中心联系调换（联系电话：010-57512564）

自序
preface

当今时代，经济亟须复苏，关于未来企业可持续发展之道以及全球新冠疫情问题，我进行了一些思考，在此与大家分享共勉。

第一，人类共同命运下的现代商业。过去谈商业都是就商业谈商业，基本是围绕企业的人力资源、产品、研发、营销、团队、管理等，可是一场疫情使我们不得不停下来去思考和探索。

古人说："不谋全局者不足谋一域，不谋未来者不足谋当下。"现代商业已经不是孤行者，它和整个人类的命运息息相关，是"人类命运共同体"。在这样一个大思维下，谈现代商业已经不是就自身谈自身了，而是就全局"谋一域"，就未来"谋当下"。

新冠疫情的到来，给了我们太多的反思。中华民族是一个非常善于反思的民族，《止学》说"天灾示警，逆之必亡；人祸告诫，省之固益"。天灾人祸对人类是一种告诫，是一种示警，是让我们停下来去思考。这种思考必须是全民族、全人类的思考。"人类命运已经紧紧地绑在一起了，没有任何人能够孤存。”这句话运用到商业中可以总结为“人类共同命运，商业逆之必亡”。如果说过去的商业把利润作为直接的成绩单，那么未来的商业在整体考量中，要把人类的命运放在首位。

新冠疫情下，涉及商业行为，所有围绕人类命运而展开的行动、出现的人物，都是为大家所歌颂、赞美和支持的；所有那些阻挡、障碍、伤害人类命运的个体、组织、行为，都是为大家所唾弃的。也就是说，在现代商业和人类命运之间，舆论的力量、消费者的力量都越来越强大。

一家企业的品牌来自知名度、美誉度，任何一个违背人类集体命运行为的事件被公开，传媒界定会翻天覆地地来攻击，这家企业恐怕以后就难以存身了。现代商业在和人类命运共行时，舆论的力量、公众的力量会使现代商业不得不去考虑自身到底该如何决策。如果说过去企业家把利益看作决策的第一点，未来企业家应该把人类命运看作决策的第一个要素。一个商业组织，如果它不能够关注人类命运，在未来是没有发展空间的，是难以持续的。

在2012年长江商学院庆典上，李嘉诚先生说过一段话：“我认为人最大的悲哀是‘无聊’，就是患上‘漠不关心’的冷淡症，套上‘自命不凡’的枷锁，在专业、行业和权力的高岗上，掌控庞大社会资源和机会，却失去自重心。那些沉醉在过往，滞留在今日，那些对社会问题视而不见、无动于衷的借口大王，一定会被社会唾弃和淘汰。”

8年以后，这句话在今天已经应验。什么样的人被唾弃？什么样的人被赞扬？这背后是什么原因？就是那些对社会问题视而不见、无动于衷的人，就是那些掌控着庞大社会资源，却失去自重心的人，就是那些无聊、漠不关心、患上冷淡症的人。所以人类命运共同体的时代已经到来，现代商业也在其中。“不谋全局不足谋一域”，这句话是对现代商业的一个重新思考。

第二，企业的分流与创业的机遇。改革开放40余年来，中国企业已经积聚了大量的财富，并伴随着整体宏观经济形势奔向更大的前程。

在这种情况下，中国企业的机遇到来了，同时危机也到来了。

为什么这样说呢？未来的企业可能出现这样的状况：价值百亿的企业顷刻破产；投资一亿元可能年盈利3000万元，也可能直接亏损2亿元；10个人的企业可以做到年营业额100万元，也可能做到年营业额1亿元，未来企业的差距会大到无法想象。

在这样一个时代下，亟须停下来思考。我们以为资本是有优势的，实际上也可能是风险，我们用10年、20年积累的企业资本，在两三个错误投资后可能会让企业归零，甚至跌入陷阱；反而一家十几个人的公司在不经意间崛起。所以说机遇到来了，风险也到来了。

20世纪80年代，所有人都是零起步，都是白手起家，没有多少风险。可今天不一样了，一夜之间可能会归零，在不经意间就可能被别人超越，或被跨界打劫，面临种种风险。未来企业已经到了一个分流的时代，简单来说就是由非专业化向专业化的过渡、升级和淘汰的时代。

非专业化指的是早期的一些创业者，他们靠勤奋、资源、人脉、机会获得了一定资本，企业的产值做到十几亿元，甚至是上百亿元，可是这种企业跟未来专业化比起来差距还是很大，专业化的企业靠的是思想和愿力。

《道德经》讲："天下万物生于有，有生于无。"它可以靠"无"的愿力来生"有"，这个无法想象。以愿力来迅速地汇集资源，使资源能够高效重组，然后靠人格，用人格来带动团队。很多人一听或者一见这个人，一次演讲、一个报告、一个项目模式，都愿意集合起来，使这个团队更强大。我们曾经把勤奋作为首选，在未来有可能把它放在后面，我们过去所依赖的是资源、人脉、某一个机会，可未来机会是透明的、人脉是变化的、资源是随时聚散的。

未来企业间的分流将更加剧烈，企业间的差距会越来越大，形成这种差距的最核心原因是企业家对人类最高端、前沿文化的学习与实践的差别。过去的企业家，除了学历略有差别，大家几乎都同时起步，一起往前拼。而现在不是，今天的企业家都在学习，越学越快。

比如，以德鲁克先生为代表的思想，在中国已经普及很多企业；日本稻盛和夫先生的哲学思想，很多企业家在夜以继日地学习；曾仕强先生的中国式管理思想，很多人在学习；特劳特先生的定位学说，很多人在用；还有中国的传统文化，很多企业家在学、在用。有的企业家用《道德经》来治理企业，有的企业家用《论语》来治理企业，大家想想差距该有多大，过去我们不敢想象，而今天这个事实已经到来。

未来中国的企业，不爱学习的企业家注定要被淘汰，热爱学习的企业家他的企业定能够生存下来。只是热爱学习还不够，还要比较学的是高端的还是普通的东西。所学的差距，也就形成了出手时的差距，像《射雕英雄传》里的郭靖，之前跟七个师父学了很多年，到了江湖上还是武功平平，后来遇到洪七公，教了他降龙十八掌后，马上变成江湖高手。未来的中国企业家，在学习过程中，谁能遇到“洪七公”，谁能遇到高端，差别就出现了。学而时习之，学了以后拼执行力、拼实践能力。

有的朋友说：“老师，我这家企业招人招不着，怎么办？”“为什么呢？”“我企业小，工资给得低。”我说：“小就招不着吗？假设你的企业有100人，另一家企业也是100人，这家企业一年只能实现市值1000万元，而你这家企业一年能实现2亿元，你说哪家企业更好招人？哪家企业薪酬待遇可以更好？”

这背后不是招人的问题，是整个企业经营治理的结构问题，是整个企业经营之道的问题，是自强不息、内圣外王的问题。一个百人的企业一样可以有高手，通过强化内功，通过很好的资源组合，可以使员工薪酬待遇非常好，可以使整个企业市场效率非常好，在未来是完全可以实现的。

一生创建两家世界500强企业的稻盛和夫先生，曾经很感慨地说过这样一段话：“我没有杰出的能力，正因如此，我必须具备超出常人的热情，必须付出不亚于任何人的努力，同时掌握比常人更优秀的思维方式，也就是优秀的哲学、卓越的思想、高尚的人生观、正确的判断标准，为此我努力学习孔子、孟子、阳明哲学等中国古代典籍，同时钻研佛陀教诲的宗教精华，努力把圣贤的哲学根植于自己心中。”

每次看完这段话我都很感慨：稻盛和夫先生让人羡慕，羡慕他能创立两家世界500强企业——京瓷和KDDI，78岁又出山拯救了日航。稻盛和夫先生为什么这么厉害？哪点是我们需要学习的呢？他努力学习孔子、孟子、阳明哲学，钻研佛陀教诲的宗教精华，具备超出常人的热情，还要付出不亚于任何人的努力。这样的人一定是在前面领跑的人，这是必然的，这才是真正的差距。这种差距不是资本的差距，是内功的差距，是思想的差距。

未来企业实现可持续发展，要苦练内功，练我们的思想、我们的人格，然后加上勤奋，这才是可持续发展之道。

第三，未来该如何面对。这些年我接触过很多企业家，感觉企业家正在把目光从事业转向人生，这个变化是很大的。过去企业家把整个身心投放在事业上，几乎没有机会坐下来谈人生，出去学的基本都是以企业经营管理为主的课程，很少有企业家去学有关人生的课。可最近10年不一样，很多企业家开始坐下来读《论语》、学《道德经》。

如果说人生有两个目标：一个是人生目标；另一个是事业目标。两个目标放在一起，哪个为大？一定是人生目标为大，事业只是来支撑我们人生的。可是过去我们对人生缺少学习、缺少思考、缺少规划。因为这些缺少，也导致企业家出现了不同的状态。

有的企业家在事业中迷失了心性，虽然事业小成了，家庭却败落了，身体搞垮了，社会声誉也不好了，最后晚年很凄凉。有的企业家赚了钱，甚至企业上了市，然后就没有了理想，开始虚度光阴，甚至说他的钱几辈子都花不完等这样没有理想的话。还有的企业家在事业中成就人生，把事业作为人生的主战场，思考如何让事业和人生互相成就。

观察发现，过去的企业家把目光都放在了事业成功上，成功的事业成为他们在课堂、咖啡厅、会议的主要话题。围绕今年市场你做了多大，你做了多少等话题展开，却很少谈关于人生的话题。可是未来企业家不是这样的，他们不仅追求事业成功，更追求人生圆满，把两件事放在一起，形成了这样的规划，这是过去很多企业家没有想到的。

未来的企业家要在经营事业中成就圆满人生，不仅事业要做得好，人生还要好，不仅现在好，晚年还要好，而且要越来越好。这个前景已经出现了，而且很多人信心十足，感觉一定能够实现这个目标。这是超越过去的，是过去很多企业家没有预料和思考的问题。

关于如何在经营事业中成就圆满人生，大家不妨去找找相关书籍，包括我写的《使命与发心》，这本书的上篇“使命篇”主要讲事业，下篇“发心篇”主要讲人生，前后是合在一起的，不是拆开的，最重要的话题是，“如何在经营事业中成就圆满人生”。

一个企业家丢了人生是非常可惜的，因为智慧、高度、勤奋都够了，完全有能力、有机会获得圆满人生，实现古人说的“三立”：立德、立功、立言。立德，我们做的企业，我们的人格在社会能立得住。立功，我们的事业对国家、对人类是有贡献的，在建设人类命运共同体的过程中，我们是一个积极分子，是有力分子，站在人类幸福的前沿，是引领大众的。立言，我们经历过文化、经历过商战，有过对生命的深刻洞察、思考与实践，到晚年的时候，我们把这种实践整理出来，写成书、写成传记留给儿孙，在家庭中可以成为能传承下去的家道，在企业中可以成为企业经营发展的精神，就实现了立言。

我相信未来的企业家都能找到和掌握未来企业的可持续发展之道。

目录
contents

第1章

在疫情中思考企业家的时代责任

人类命运共同体

这次新冠疫情的到来，很多朋友在思考和关注本企业的发展。值此机会，我想就“在疫情中思考企业家的时代责任”这个话题，说一下我的三个思考。

第一个思考，人类命运共同体。

古人说：“不谋全局者不足谋一域，不谋未来者不足谋当下”，当疫情到来时，人类面临共同的考验，不只是全国，还有亚洲；不只是亚洲，而是全人类。在人类这条命运大船上，我们企业家只是其中一个船员或是乘客，作为其中一员，如果我们看不到整个人类的命运往哪里走，作为个体，我们将被淘汰出局。

商业从来不是孤立行走的。我在《使命与发心》一书中反复讲到缘起，讲到工商业的使命，讲到人类的命运，就是想提醒大家，创办事业，要看到整个人类大背景。不了解大背景，孤单地追求个体的命运，在这个时代已经不行了，人类必须抱团往前走。“天灾示警，逆之必亡，人祸告诫，省之固易。”这次疫情，它是天灾也是人祸，带给了我们太多的思考。

第一点，对人类命运的反思。

近200年来，工业革命到来，信息产业化，人类过上更加富裕的生活，而这种生活使我们不知不觉地产生了傲慢和自我。甚至认为这种生活可以长久下去，可以永远无忧，疫情到来，让我们再次看到了人类的脆弱。一个病毒就可以让我们闭门1个月、2个月、3个月甚至半年之久，幸好它只是阶段性的，如果更长呢？如果反复呢？在这次疫情面前，我们那些过去所炫耀的、所洋洋自得的、认为我们可以永远享有的东西，经得起考验吗？

过去我们一直在谈发展，谈如何过更优越的生活，现在突然发现，原来我们连生存有时可能都保不住。所以，在思考人类命运之后，我相信整个社会会反思，对文化的反思，对生活方式的反思。国家也会做出行动，我们生活在中国，当国家采取行动以后，企业一定要做跟随者。

这些年国家一直倡导文化回归，很多人会问，文化回归有什么用？文化是做什么的？是之乎者也？是经史子集？这个东西没意思，没有钱来得实在，我们有了钱以后就能住豪华酒店，就能吃大餐，就可以为所欲为。

真的是这样吗？我们为所欲为了吗？财富真的改变我们的命运了吗？无论是个体，还是一个种族，乃至一个国家，当整体文化高度不足的时候，所犯下的错误是无法用财富来弥补的。

第二点，反思我们的错误。

其实不只是乱杀乱吃野生动物这一件事，还有很多很多。为什么在当时我们没有觉察呢？因为许多人不知道做这些事情可能惹出大的事端来。一个文化深度不够的族群，未来能走多远？在惑业苦这个链条上，如果不能回到链条的首端“惑”上去解决，我们最终难逃苦难的命运。

我们应该学习文化了。文化告诉我们什么能做，什么不能做，做了会造成什么。文化是防微杜渐，文化是防患于未然，踩灭一根火柴，只需要3秒，可是救起一场大火可能要三天三夜。我们在玩火的时候，没有想到后面会有多大的后果产生，总是抱着无所谓的心态。

我们以积累财富或者浏览大量信息，来遮盖我们文化不足的真实现状，与过去比，我们有钱了、时尚了，会玩手机了、会发微信了、会上微博了，我们似乎无所不知。我们到网络上做网红、做直播，我们可以坐飞机，可以全球游。可是这些真的改变了我们的命运吗？命运到底是什么？

它的规律在哪里？我们学习了多少？实践了多少？

《使命与发心》一书的下卷“发心篇”，讲的就是企业人的人生与命运，展开来说，是大家共同的命运。如果把企业家换成大众也是可以的。这本书探讨了很多过去企业家没有关注到的话题，不谈资本，不谈市场，不谈商业整合，那些非常时尚的词汇在书中几乎都没谈，只是在反复问企业家朋友，我们应该追求什么？我们追求得对吗？我们追求的能够实现吗？

第三点，对现代商业的反思。

在现代商业中一直在重复着什么样的模式？我们认为，只要不停地生产，不停地消费，人类就可以一直过上富裕的生活，可是，这个模式到底真的对吗？我们的生产消费取自大自然——“母亲”。大自然不是取之不尽，用之不竭的。

在整个人类和自然互动链条上，商业到底该如何布局？哪些是必要的？哪些是不必要的？哪些商业项目要大力发展？哪些商业项目要缩减规模了？增量生产，增加消费，然后发展商业，这种繁荣是暂时的。放在整个人类的命运高度来看，这种繁荣背后有对资源的浪费，有对个人福报的折损，可能使我们本来可以用之千年的东西，50 年或 100 年就用空了。

站在当下看，我们是享受者；站在千年看，我们可能就是败家子。所以，现代商业何去何从？是短暂的过度消费，还是人类的长治久安？是造福于社会，还是在危害社会？今后几年，很多人会思考整个商业和人类命运的问题。不谋全局者不足谋一域，我们真的需要停下脚步来，重新思考这些问题了。

再说一说“不谋未来者不足谋当下”。前事不忘，后事之师，从 2000 年到 2020，这 20 年经济高速发展，但中间出现两次一样的事件，分别发生在 2003 年和 2020 年，这使我们不得不皱紧眉头停下来思考，今后的 30 年会发生什么？到 2050 年，只要我们努力，可以保证经济持续增长，有信心做到全球第一。可是，从过去 20 年看未来 30 年，我们不希望 2003 年

“非典”再现，不希望2020年新冠疫情再现，那么，我们有规避的方法吗？仅仅是停止滥杀野生动物这一项措施就能解决吗？或者说得悲观一点，疫情如果在未来30年再一次到来，比这次更加严重，我们怎么办？它的时间密度和灾害程度，我们无法预期。

在整个人类命运共同体这条大船上，商业已不单纯是销售额、利润、税收、就业这么一点事情，这些过去我们的日常，在疫情面前突然全部被叫停，无法就业、没有利润、商业停摆。我们突然发现，在整个人类社会中，商业只是一块，所以我们不得不去关注那些古老的文化对我们的教诫——人类命运藏在哪里。

《了凡四训》说：“福之将至，观其善必先知之矣；祸之将至，观其不善必先知之矣。”我觉得这两句话可以作为人类命运的基本描述，人类未来到底是福是祸，不是由天决定，而是由人决定。

如果我们人类行在善的道路上，那将来一定是福之将至，未来30年乃至百年、数百年，一定会越来越好，灾难会远离我们，让我们的晚年、我们的未来，包括我们的儿孙，再也没有这种恐惧，再也没有这种伤害，再也没有这种牺牲。可是，如果我们所行的一切是不善的，不能够与万物相应，那就可能带来“祸之将至”。

所以，在利润的得失和人类的福祸之间，何者为大？每一次灾害到来都是我们反思的时候，我们想过上“福之将至”，想避开“祸之将至”，必须从当下做起。当下我们能做什么？商业积善，必是大善；商业造恶，必是大恶。整个社会的善恶集中在商业中，这已是摆在我们面前的现实。

稻盛和夫先生说过，“要以善恶，不以得失为判断”。可是今天商业是这么做的吗？好像没有。现在商业所在意的还是利润、资本，很少听到企业家坐下来谈善恶，谈我们所做的事情对人类到底是有贡献还是有危害，大家很少思考这些话题。

我们的商业要从过去的追逐利润的标准中回到善恶的标准中来，因为利润的得失和福祸之间没有必然联系，而能够影响人类命运的只有善与恶。所以，在整个人类命运共同体中，未来的中国企业家如何担负起责任，这是我们应该考虑的。

在人类命运的大考验面前，我们不做旁观者，命运是共同的，命运是你我的，没有一个人没有责任。疫情不属于武汉，不属于那些同胞医护人员，也不属于国家，它属于你我他。在这样一个大时代下，任何人都不能再做旁观者。

当这条大船遇到危险时，所有人都可能无路可逃。有人说逃到外国，可是外国疫情更加严重，这是上策吗？所以，商业在这个时代要挺身而出，要担当，要尽到责任，要和国家同呼吸、共命运。不要做纵火者，不要造恶，不要为了眼前的利益而去伤害万物、伤害自然、伤害他人、伤害员工。我们得了一些利润，做了 1 亿元产品，赚了 1000 万元，可是你的 1000 万元能换回来你所纵的火吗？你在数钞票时，可能整个人类会因为你而遭受损失。

在人类命运共同体大思维下，那些以私害公者应该被淘汰出局。国家也会做出这样的判断和决策。人类遇到了困难，这是集体抗灾自救的时候，人类需要重新思考和自然的关系，这是重新恢复和谐的时代。

在这样一个大局下，如果我们还看不懂时运，还依然故我，谈着自己的利害得失，我想我们不配做一个卓越的企业家。所以旁观者要被淘汰，纵火者要出局。因为在这条船上，不希望看到的是这样两种人。

困难是机遇，是考验，考验我们的人格、我们的格局、我们的大局观，考验我们最后能不能挺身而出。

与员工同舟共济

我们做企业为了什么？我在《使命与发心》一书中反复阐述企业的使命——致力于全员共同幸福，这是一个组织存在本身的使命。如果疫情到来，我们只看到个人得失，没有想到员工的困境，可能我们暂时度过了这场危机，当疫情过后也是我们失去人心的时候。

所谓得民心者得天下，失民心者失天下。当年刘备匡扶汉室打天下，到了新野，后来曹军来追，他带着百姓逃跑，因为百姓人多跑不动，好多人劝他把这些百姓都抛弃了，这时刘备说了一句非常感人的话，他说："民不弃我，我安忍弃民？"老百姓都没有抛弃我，我怎么忍心抛弃他们呢？从那以后刘备的命运改变了。

匡扶汉室打天下，是为了个人当王侯还是为了百姓的生活？我们说患难见真情，真情在哪里见？在患难处。哪怕有一碗粥，加点水大家一起喝，等疫情过去的时候，就是我们企业最团结的时候，人心高涨的时候，我们就会做成大事，用后面的几个月把全年的任务完成。

疫情考验人心，是困难也是机遇，就看在疫情中我们怎么做。近代大企业家周学熙说："所办实业，以民生为志，不在谋利。"他说我办实业是为了民生，不是为了赚那么多钱，这是我办企业真正的目的。

我们不妨看一看，3 个月困难期以后哪家企业更团结，哪家企业发展更快？疫情到来的时刻，就是我们考验的时刻，考验企业家的发心，考验企业家的德行，厚德载物，我们的德到底有多厚？能否薄己而待人，能否在疫情中考虑到每一个员工的不容易，我相信如果能够这样，员工就能够理解我们，团结起来共同面对困难。

推荐一本书——《在萧条中飞跃的大智慧》，这本书是稻盛和夫先生写的。其中讲了很多企业遇到困难时怎么面对的方法，我觉得这本书正好适合中国目前的企业家去读，其中讲到在萧条期到来之前，怎么做水库式经营，让企业有足够的资本存留；在萧条中如何与员工同甘共苦，怎么做全员营销。这家企业在每一次萧条到来的时候，都是一次飞跃的时候。

与客户共进退

平时客户给我们订单，我们为客户生产，有利润，那么在这个时候，可能客户遇到困难了，我们也遇到困难了，客户可能还会给我们订单，也可能没有订单给我们，甚至可能给我们的订单价格不是那么合适。大家都有困难，那么怎么办呢？

借用两句古人的话送给大家。第一句，“利无尽处，命有尽时，不怠可焉。利无独据，运有兴衰，存畏警焉”。利益是没有止境的，可是命运是有止境的。利益好处不能让你一个人都独占了，运势有兴有衰，我们要心存畏惧。

今天我们好了，人家不好，我们来帮人家，明天人家才会来帮我们。如果在这个时候去算计人家，占人家便宜，这不是君子所为。每家企业都会有兴有衰。利无独据，运有兴衰，世间一切都是无常的。

第二句，“人皆有图也，先予后取，顺人之愿，智者之智耳。强者不予，得而复失。弱者不予，失之难测。予非失，乃存也”。每个人都有所图，如果能够去给予帮助别人，未来再互动合作，随顺着别人的愿望，这是一个智慧的人所采取的智慧行动。

一个很强大的人，却不知道给予，即使得到，将来也会失去。一个弱小的人，也不知道给予，那什么时候失去就更加难以估量。给予不是失去，它是存储。从显性看是储蓄了情义，从隐性看是储蓄了福德，这样的人才有未来。

哈尔滨有一家企业：星期天餐饮连锁，其学习传统文化很多年，春节期间在学习这本《使命与发心》。疫情刚刚开始，他们决定对加盟的连锁门店减免加盟费，对上游供应商也相应减免，仅这三项就使他们损失了上千万元的收入。配合国家防疫，组织员工线上学习，工资照发。相信疫情过后，这家企业会有一个更大的发展，因为他们懂得这种“予”学，知道这种给予的智慧，懂得怎么和客户、和自己的加盟企业共存。

未来人类到了一个利他自利、互惠互利的时代。任何人想独取利、独存都很难。所以，在疫情到来的时候，和客户共存、共进退是上策。当然，每家企业情况不同，尽力就好。

如果没有人类命运共同体的思维，我们很难找到企业的使命，很难找到企业在这个时代未来存在的价值，而一家找不到社会价值的企业，未来是堪忧的。你只在想着你自己的利润，没有想着大家整体的生死存亡，你不顾大家，大家就不顾你，就这么简单。

所以，能够顾及大家利益的企业，能够引领集体向前的企业，才是未来最受欢迎的企业。未来的商业很难以个体出现，一定是集体往前走，而国家也会出面引导监管，不会允许一家企业因为个体利益而伤害整个国家民众的利益。因为在国家看来，你所缴纳的税收、你的盈亏都是小事，国家的命运才是大事。在这个问题上大家一定要有这种意识，这是第一种思维。这种思维可以让企业未来能够走得更稳。

企业和员工是命运共同体。如果这种思维不建立，团队和高管队伍永远不能凝聚在一起。未来是人才竞争的时代。为什么有的企业有人才，有的企业没有人才；有的企业有凝聚力，有的企业没有凝聚力？一个人 5 天能干出 8 天的活儿，也能只干出 2 天的活儿，效率是不一样的，内动力是不一样的，为什么同一名员工在不同的企业工作效率可以高、可以低？在这个问题上，不能单纯地要求员工怎么样，要看企业为员工做了什么，尤其在关键时刻，企业为员工做了什么。

市场是大家的，是共同的，是彼此的，不能说只你一个人赚钱，这样不行。所以在困难时期，看看我们和客户之间，怎么联手？怎么互动？怎么发挥各自的长项？还能为彼此做什么？能不能通过内部降低成本、搞研发，让大家都赚钱，大家一起活下去，让这个产业不要衰退，只有大家都活下去，未来才会有机会。如果说为了我自己活下去，希望别人都死掉，这个想法是很可怕的。大家好，才有未来。

第2章

使命的力量

化解危机的传统大道

我国已全面建成小康社会，实现了第一个百年奋斗目标。到2035年，基本实现社会主义现代化；到21世纪中叶，建成富强、民主、文明、和谐、美丽的社会主义现代化强国，实现第二个百年奋斗目标。

今天，中华民族站在全新的历史方位，时代使命的号角已经吹响，对于企业人来说，无疑是千载难逢的大好机遇。

机遇藏在问题里。许多亟待解决的社会问题：教育、医疗、环境、食品、农村振兴、养老、能源、电子……召唤着企业人大展身手，沧海弄潮。

机遇藏在文化里。东西方管理科学在中国灿烂兴起，千年积淀的中华优秀传统文化大步回归，这都为企业家解析事业、觉悟人生、奉献社会，直接提供了系统方案。

抢抓机遇，我们需要做的首先是发心。愿能生力，发心带给我们无穷的力量；愿能生缘，发心带给我们无穷的资源；愿能生慧，发心带给我们无尽的智慧。以这样的力量、资源和智慧来肩负使命，还有什么问题能够难倒我们？

当今中国，一直存在这样一群人，他们拥有社会财富总量最多，能力最强；同时，他们承受压力最大，享受生活的时间最少，他们有一个共同的名字——企业家。

我与企业朋友同行十几年了，一路上，体会着他们在产业环境、生存压力下的艰辛，感受着他们在转型风险、发展瓶颈下的疲惫，敬佩着他们的勇气，赞叹着他们的担当！他们的敬业、质朴、睿智、辛劳，他们对生命的热爱和对社会的情义，一次次地感动着我。

一个人，可以振兴一个家族；一代人，可以振兴一个民族。我们相信到2035年，社会主义现代化基本实现的时候，功勋榜单上将记录一大批企业家响亮的名字。2050年，社会主义现代化强国建成的时候，回眸微笑处，将映衬着一张张企业家欣慰的笑脸。

目前，企业家们在疫情中遇到了各种各样的问题，这些现实的企业问题令人焦头烂额，无处躲避。我们做文化的不能坐而论道，如何帮助企业走出困境，是我们的责任。

中华优秀传统文化对于摆脱困境的方式是有大道传承的。《易经》中有四个卦教我们如何应对困境：水水坎卦、水雷屯卦、水山蹇卦、泽水困卦。

水水坎卦

水雷屯卦

水山蹇卦

泽水困卦

坎卦，一个水，又一个水，步步都是坎儿，很坎坷。屯卦，事物刚刚发展，就被憋住了，走不动。水山蹇卦，水在上，山在下，人遇到困境，被缠住了。困卦的卦象是水在流动过程中，遇到泽，泽在上，水在下，水流不动。

这四个卦是《易经》中专门讲困难的，提醒我们遇到问题时该怎么解决。

坎卦，告诉我们突破艰险的原则。当遇到艰险的时候，首先应当明察，不可陷入险难，至少是不可深陷。如果已经陷入，也不可操之过急，期望过高，要步步为营，逐渐脱险。陷入越深的时候，越不可轻举妄动，应先求自保以待变。在险难中，不可拘泥常理，应当运用智慧，谨慎应对，把握最有利的时机。如果轻举妄动，就会越陷越深，最终无法自拔。

水雷屯卦，如果某家企业创业、起步就很艰难，刚准备做点事，遇到疫情了，这时，企业当家人应当耐心积聚力量，轻率行动不一定有好结果。这个卦象是下震上坎，体现的是雷雨交加、险象丛生的恶劣环境。屯，指大地万物萌生之初，万物还很幼嫩，充满了艰难险阻，这个时候要等待，像种子在地下一样，囤积力量。土地虽然很结实，但种子还是能发出来。春风来了，春雨来了，外来的因缘助力最终会成就种子萌发。

屯卦，告诉我们怎么处理疫情下的企业经营。企业处此境，要顺时应运，一边积聚力量，一边等待“春雨”和“春风”的到来。只要不忘初心，疫情过后，那些有使命、有担当的企业，必将欣欣向荣。

蹇卦讲的是有险在前，原本顺风顺水的，突然变得艰难。卦中说“故君子当履行其艰，排忧解难，于天下，则必大人造而功德见，往有功也。是以君子当当位而贞，履行其艰，以天下为己任，则位乎天位，可正天下之邦矣”。是说要遇难负重，而能平定一切，这种情况，非圣贤智能者不能，非有大智慧、大勇敢的人做不到，所以在面对险难的时候，只要理论是正确的，道义是人心所向的，就当为此而战，最终会“往得中也”。

实现“往得中”的应对举措有两条：第一，在遇到险难的时候，所坚持的理论正确；第二，所做的事符合道义。这个时候就应该顶住。如稻盛和夫先生所说：“当事物走到绝境时，才是希望的开始。”

如果这个时候行为畏缩，道义不明，则“相去千里矣”。如果你自己很害怕、很担心，又不明大道，不懂大义，这件事情就解不开了。

蹇卦告诉我们，在遇有阻碍的境地要显现出你的品行和德操来。在困境时，更能看出一个企业当家人内心秉持着什么样的思想，坚持什么样的原则，在追求什么。世间之事，往往越是艰难之时，越能做出成就，证明自己。

最后一个困卦告诉我们困境的可怕，不知困在何处，不知为何而困。但这个困难，对于那些有美好理想、远大志向、信心坚定的人来说，不是危难，而是成长的机遇。危难和机遇，本来就是一枚硬币的两面，对那些有愿有力有行的人来说，恰恰能够通过困境破茧而出，突破自己！

困卦提示我们，人在困境中，要少说多做，才易脱困。不听智者良言，难以知道为何而困。用过去的处理模式，可能把问题变得更糟糕，这是多数人在困境中越陷越深的主要原因。有困必有因，不同的人所遇的困境不同，其原因也不同。如果能准确找到困因所在，改因、除因，就能够解困、脱困。

稻盛和夫先生接手之前的日本航空公司，已经亏损很久了，公司管理层做了很多改革，但是越改问题越多。改到最后，直接导致企业走向破产。这就是决策者不知为何而困，所以解不开困局，跳不出困境。稻盛和夫先生去了以后，通过深入调研，很快找到病因，从病因下手，不到两年，企业扭亏为盈。

这四个卦提示我们，面对不同困难，如何破局脱困，圣贤先哲在大量的古书典籍中，基于历史案例总结了很多经验教训，穿越历史长河，为我们处置当前遇到的现实困难给出了最佳方案。

事变非智勿晓，事本非止勿存。这是祖先在面对复杂事物，寻找突破方案的正确态度。面对一直在变化的动荡局面，不是有智慧的人，不能把握事情的发展缘起，也无法掌控事物的走向。不知道事物的根本，就不能阻止它；既然无法阻止，就不能存身以顺行。

所以，人在身陷困境的时候，保存根本，比任何事情都显得重要。这里要讲到“智”和“止”，在事情发生变化的时候，要懂得去求智、问智、得智、明智。再就是止，千万不要妄动和冒进，妄动可能使事情变得更加复杂，最后导致损失更大，直至难以收场，所以，要赶快往回收，把本保住。

有的企业家朋友有过这样的经历：做农业3年，亏了很多钱，找不到解决办法，本应赶快停止，但他们反而赌了更大的筹码。结果，陷得更深了，参与的几个人负债累累。因为不知道“止”，也没有“智”，导致了更大的损失。

“躁生百端，困出妄念，非止莫阻害之蔓焉。”“智”与“止”是处理困难的好模式。“躁生百端”，心浮气躁会引发很多祸患；“困出妄念”，人在困境的时候会妄想，生投机心。此时需要好好学习，重新梳理。“非止，莫阻害之蔓焉”，不停止，就不能阻止这些害处到处蔓延。这是“止”的重要性。

“止”用意广泛。《大学》讲“知止而后能定”，是要人知止。后来的《止学》，是我要知止。困境当前，先要知止。听课、看书、讨论、分析，把过去的课补一补。

疫情肆虐这几个月，可以说是老天让未来爆发的问题提前爆发了。这个不经“困”、不知“止”的问题，如果拖几年，企业可能损失更大，老天是强行让你提前来经历“困”和“止”的。

使命是化解危机的利剑

危机产生于使命不清。一般来说，企业危机是怎么产生的？常规原因是什么？危机从何而来？这个危机表面是怎么样的？

企业危机无非就是市场份额下跌了，企业亏损了，负债了，人才流失了，团队要散了，甚至企业破产了……这些情况，是什么原因造成的？

既然说使命是化解危机的利剑，困难和使命紧密相关。一家企业在经营过程中，如果使命不清晰，容易发生下列问题：

第一，可能企业根本无法正常运行，直接陷入困境，这种情况很常见。为什么中国的企业寿命这么短？很多企业连创业期都过不去？

第二，企业如果使命不清晰，可能会一时兴盛，但不知道未来走向，企业停滞不前，迷失方向。

第三，企业前期盈利，却因为错误投资而忽然倒闭。有人发家致富了，觉得自己是赚钱的天才。于是，开始乱投，到最后，企业资金链断了，前面赚的钱全没了。

第四，企业如果使命不清晰，还会导致企业没有发展效率和速度。稻盛和夫先生的京瓷，10 年上市，20 年进入世界 500 强。而现在有些企业却走走停停，这就是典型的没有效率。没有效率，缺乏速度，都跟使命不清晰有关。

企业亏损的真相是什么？一般来说，亏损来自顾客订单取消。订单没了，企业的艰难可想而知。尤其是生产型企业，每天固定的摊销成本很大，这是一种情况。

还有一种情况，企业失去利润空间。订单还在，但利润给挤没了，进退两难，开不开工企业都亏损，直到把老本亏完。作为企业人，对处于此种境地的企业往往束手无策。

前面提到的两个现象，并不是企业亏损的真相。不妨到《使命与发心》一书中寻找答案。书中谈到了“体、相、用”，弄明白这个，当企业出现不良情况时，首先应当敏锐地知道症结所在。

“用”字蕴含了企业对社会的存在意义，它的贡献、价值和使命。企业亏损是因为这个“用”字没了。如果企业当家人因陷入事中而想不到，那就必然出问题，那样不管做企业再怎么用力，也做不出来了。当企业的社会价值不足时，一定会亏损，或者倒闭，因为它无用，无用则衰，无用则亡。

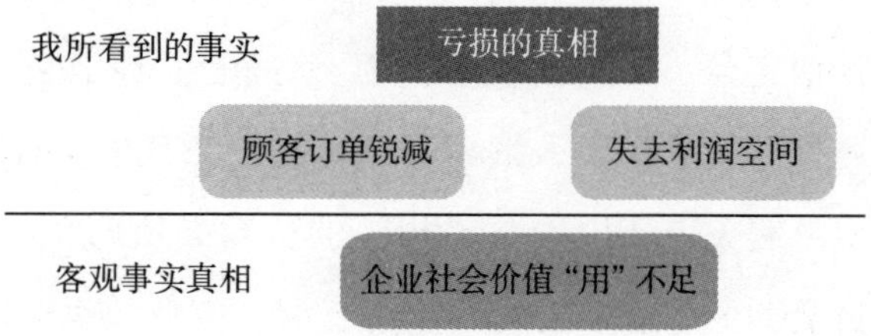

亏损的真相

魏征曾说：“思所以危则安，思所以亡则存。”以古鉴今，作为企业当家人，必须知道企业危亡的原因，最明显的特征就是社会价值足不足。

社会价值不足，这个提法比较宏观，微观说就是顾客价值不足，德鲁克先生称为“外部成果贡献上不去了”。很多朋友说“我就是订单找不着，企业没钱赚，至于别的没什么感觉”。这正是思维方式出了问题。顾客订单锐减，企业失去利润空间，是看得到的事实。这是站在自身的角度看。关注自身企业，想让自己的企业活下去。站在社会层面看，用客观角度去看这家企业，这家企业对社会没有价值了，这家企业应该走向倒闭了。从主观看这家企业，谁都不想倒闭；但从客观看这家企业，无用，只有倒闭。

中国有2700多万家民营企业，当一家企业每天存在只是占有社会资源，而不能为社会做出贡献时，这家企业就应该关掉。“有用则存，无用则亡；有大用则兴，无大用则衰。”这些话都是很客观的，能够做出“用”来，才是真本事。

企业的“用”为什么会出问题呢？大家回到《使命与发心》一书中看“体、相、用”，因为项目上的资源，进入了低效运转或者无效状态，即“相”上虽然资源很多，可对于社会来说，这些资源是低效或无效的。

比如，拿200万元盖了一栋烂尾楼，这栋烂尾楼，别人不会买。你跟别人说，我投200万元了，你买吧，你至少给我150万元。没人会接这个单。如果拿200万元盖一幢别墅，宽敞舒适，风景秀丽，卖300万元也很正常，因为这幢别墅是有效的。所以，企业投入是否有效，跟投入款额没有关系，而在于怎么组合让社会觉得有用。

再举个例子，某企业有50名员工和1000万元的设备。这家企业做出三五千万元的销售额，一年盈利300万元，很正常；也可能一年亏损300万元。盈利还是亏损，跟投入款额不是直接成正比的，而跟投入的资源之间是否有效组合有关。所以，对“相”的认知必须调整。这个时候，就要思考一下项目资源的效能，追究一下人、财、物低效运转的原因。

判断项目的资源运用是高效、低效还是无效，必须把一件事弄清楚——使命，也就是“体”。“体不明、相必乱，乱而无用。”要看项目资源的组合是否按照使命设计。想赚钱是个人的欲望，不是社会的使命。只想自己赚钱的想法就属于使命不清晰，要把使命找回来。如何对企业现有资源进行重新调整呢？调“相”，必先明“体”。人、财、物，技术、销售、生产、研发，这都属于项目内容，是企业日常抓的事。企业没钱了，抓销售，要么抓不着；要么抓了以后，没钱赚。抓研发，企业本来就没钱；再做研发，就更没钱了。抓工资，员工要工资，企业没钱发工资；越不发工资，员工越不愿意干。

这时候，想调整这些资源，必先明“体”。

使命分两部分，第一个使命是全体员工的共同幸福。稻盛和夫先生提出致力于员工的共同幸福，就是说，我们要把员工共同幸福这个使命立起来。企业没有钱发工资，资金流转不动，还要谈员工的幸福，这不是说大话，因为人永远是企业所有资源中的第一资源，越是在困难的时候，越是要想办法激活第一资源，只有调动起所有人的潜能，才能共克时艰。

当年的海尔非常弱小：800 名职工的大集体企业，濒临破产。这 800 个人就是海尔的第一笔资产，借助这 800 名员工，找到企业使命，在完成资源整合后复活、壮大，成为世界级品牌。人的资源是企业最可利用的第一资源。想激活这个资源，就必须回归第一个使命——员工共同幸福。

通用汽车公司前总裁史龙・亚佛德说：“你可以拿走我全部的资产，但只要你把我的组织人员留下来，给我 5 年时间，我就能够把所有的实体资产全都赚回来。”宝洁前任董事长杜普利说过：“如果你把我们的资金、厂房、品牌留下，把我们的人带走，我们的公司会垮掉。如果你拿走我们的资金、厂房和品牌，而留下我们的人，10 年内，我们将重建一切。”IBM 公司的创始人沃德森说过：“你可以接管我的工厂，烧掉我的房子，但只要留下这些人，我就可以重建 IBM。”格兰仕老板梁董也说过类似的话。因为他们知道，企业里最重要的资源是人。

做教育的朋友都知道“教育大计，教师为本”。一所学校的家底不是房子，不是篮球场，也不是教室，是教师。有了好教师，其他财、物之类的都可以慢慢去攒，但没有教师，别人给你再好的资源，你也做不了。明白这个道理，当企业遇到困难时，千万不能自私、自我，要牢记：人是你的第一资源。

“视己勿重者重，视人为轻者轻。”不觉得自己很重要的人，反倒为人所看重；对别人很轻视的人，也被别人轻视。在企业遇到困难的关键时期，我们要以员工为重。靠的是当家人心里有没有把员工利益放在前面。当你心里有员工的时候，员工心里就有你，大家就会抱团渡过这个难关。

如果这个时候，你轻视大家的利益，只看重自己的利益，企业也就没有出路了。当年，海尔引进生产线的时候，德国要去检验工厂，因为来得很突然，来不及准备，只好将所有员工迅速动员起来，突击打扫车间。海尔全体员工担心不能过关，都很紧张。海尔负责人主动向对方解释，我们是没有什么，但是我们有份精神，有份志气，有800人在这儿，真诚地欢迎你们检查。德方很感动，说："我们看重的就是你们的这份精气神。"

这样的故事历史上很多，大家所熟悉的《三国演义》中的长坂坡之战，有一个精彩的片段：赵子龙长坂坡救出阿斗，交给刘备。此时，丢盔弃甲的刘备经历了一次不堪回首的大败，面临的困境和现在疫情下很多企业一样。但刘备说话依然有豪情，依然有视人为重的心境："为了你这孺子，几死我一员上将！"就这一句话，赵云留下来，不走了。通过这个故事我们应该清楚，遇到困境时，处理人的问题应该向刘备学习——尊重人才！保住我们宝贵的资源。当然，为了企业发展下去，个别员工一定要裁，即要裁掉闲人、懒人和小人。如果不是这样的人，那都是企业的宝贝，要用好。

第一使命找到以后，进入第二使命，重点分析"体、相、用"，看看问题出在哪里。这个时候，不要看现象，先别着急考虑亏损，这都是现象。从亏损到"用"，到"体"，到"相"，这条线的三个层面，"体、相、用"肯定全出问题了。好的企业过程全好，不好的企业过程全坏，往往是这样。要捋这个项目，从企业使命开始捋，根据经验，必定存在两类问题：一个是这家企业根本就找不到使命，整个企业的运营管理都是乱的。有些企业怎么也找不到使命。因为企业前期的整个基础铺垫都没有做，生搬硬套肯定不行。有的企业有使命，但这个使命只是概念，抄来的。抄稻盛和夫先生的，抄德鲁克先生的，"致力于员工幸福""为人民做贡献"等，往墙上一贴就完事了。把使命当成了工具和口号，一种不得已的必要形式。

以稻盛和夫先生的修为道行，他对使命的理解和我们的理解一样吗？我们贴这个是好看，也能解决一些表象问题，但到实践出真知的时候，就不行了。因为企业如果对使命没有深刻理解，就没法付诸实践，不付诸实践，就不能产生“体、相、用”，不产生“体、相、用”，就不能扭转企业现状。所以，企业使命，不是简单地说一说或是写一句话就行了。“躁生妄念”，企业家要不停地学，要知止，躁止住以后，再回头看，所谓当下危机，不过是危险之中孕育着机遇，怕什么呢？

判断企业是否有使命，可以在梳理企业时对照这三点：第一，用什么？第二，为谁？第三，实现什么？若这三点都不清楚，不会有使命。一家企业的使命，不是拍脑袋硬想的，要靠使命三要素。就是拿这三点来对。如果这三点找不到，就要调整，把“用什么？”“为谁？”“实现什么？”找出来。这三点不清楚或者根本没去抓、没去做，就行不通。这三点不清楚是一家企业缺乏使命的典型特征。只能看到业务，我是做笔的，做桌子的……这都是现象，离使命的境界还差很远。

企业没有使命，人、财、物怎么调动？怎么进行组合？怎么产生价值？企业虽然很忙，却干了很多没用的活儿，咱们用的不称职的下属也是这样的，你给他派活儿，忙一天回来，一看像没干一样。因为他本人不清楚这件事，不知道为什么而干，所以干不明白。

使命不清，进而导致供需链之间出现大的错位，无效连接。供方是我们企业方，需求方是我们的客户端。供需错位，就是供端和需端之间不能够连接起来。“用什么，为谁，实现什么”，一个都做不出来。比如，你不知道客户的需求，那么客户很难给你订单；又如，不能提高你的文明引入，产品附加值就不高，就算有订单，利润也上不来。供需链循环不好，企业肯定要遇到困难。

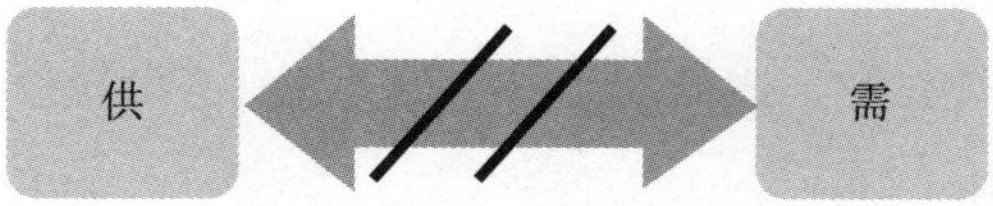

供需链接错位

当下存在的两个困难：第一个，客户订单锐减。过去的客户，企业发展好，采购量大，差不多的东西就收进来。现在，客户也遇到困难了，要货比三家，谁性价比高就用谁的。第二个，失去利润空间了。价值和价格是互相拉动的，产品或服务没有足够的价值，价格就拉不起来。

2019 年我到北京参观一些民办学校，学费差别很大，年收费 1 万元到 50 万元的都有，年收费 50 万元的学校也能活得挺好，因为价值做得高，各家之间价格差距是有原因的。再如，有的手机卖 1000 元，那么 6000 元的华为手机能卖出去吗？照样有人买，因为它价值高；价值高的原因是研发投入大；研发投入大的原因和企业使命相关。所以，很多企业不是没有研发，往回倒推是没有使命。研发属于“相”，“相”明于“体”。在“体”上没有关注，在“相”上怎么会关注呢？即使偶然关注，这种研发也不是系统的东西。企业内部之间是互为缘起的，是紧密联合在一起的。它不是各部门摆在一起，这个叫研发，这个叫人资，这个叫销售，而是互相组合在一起的整体。

前面使命端是总控，研发连着生产，连着销售……一连接就好办了，企业是有机的一个整体。使命不清，研发不投入，产品价值就拉不起来，当然就没有市场竞争力。

我常借用德鲁克先生的第一问来问企业家朋友，企业是做什么的？他告诉我是干这个的，我问为什么要做这个？他回答说这个能赚钱。这种想法没有“体、相、用”。什么能赚钱就干什么不能产生价值。赚钱不是自己说了算的。对于这些问题，很多企业家统统没有想过。使命不清晰是当前企业存在的最大短板，长此以往一定会出问题。所以，一个当家人必须知道本企业是做什么的。一家企业不可能让所有人满意，但必须让他的“顾客”满意。顾客就是你定位的顾客，所以你必须竭力让你的企业成为固定人群的固定产品或服务的最优质提供者，这是我们奋斗的方向。这个思想一定要牢牢嵌入脑海。2008 年 12 月 4 日，我们在青岛海尔大学校园邀请了 500 名企业家做论坛，主题是传统文化和企业管理，这是国内第一届传统文化企业管理论坛。那次论坛给我留下一段非常难忘的记忆：参会的企业家都在自学传统文化，想用传统文化来指导现代企业的经营管理，不知道如何能用得好，希望主讲老师能给一些建议。主讲嘉宾中，我的身份偏于企业顾问，觉得人家要的我给不了，手里没课，心里很惭愧，也很着急。我那时只会讲“弟子规”课，就对企业家朋友说，可以把员工组织起来，我给他们讲“弟子规”课，员工学完，职业素质会有提升，就能帮这么一个小忙。

此后我一直在想，怎么能让这些想学习传统文化的企业家朋友学到系统的、有用的，能帮到他们的传统文化，从而真正提升企业管理效率，让企业家获得一个满意的事业和人生。这个问题，我从2008年开始思考直到现在，这些年来我们持续发力，2010年，做了首期“管理心法”课程，由时代光华出版了光盘；2013年，广东博益书院成立，我为企业家做了“总裁悟道”“职业宝典”以及“管理治要”等系列课程；2015年以后，又相继推出了“六脉神剑”等企业课程。2013年，我受沈阳朋友邀请到盛和塾当顾问。同时，我想借此机会好好学学稻盛和夫、德鲁克及中国传统文化，然后帮企业朋友把这点事说明白、讲清楚。在沈阳、长春、哈尔滨很多企业当顾问期间，我受到很多启发，专业上有很大提升。

我做书院的时候，好多企业家朋友给我出了钱，对我帮助很大。钱来之不易，企业家来支持我做文化，是深厚的情义。2010—2013年，我身边不止一个企业家朋友遇到困难，我想帮他们脱困，反复思考：问题到底出在哪里？尝试了很多办法，都行不通。

德鲁克先生的使命理论，我很早看过，但当时没有做深入的思考。稻盛和夫先生讲大义名分，我也没有抓住要点。直到后来我在广东博益书院讲“总裁悟道”，讲到了2014年的一天，我恍然大悟，从那以后我清楚了，开始研究使命是怎么回事，怎么能解开它，它怎么用。因为在那些大人物的书中都有标注，但点到即止，企业家不会用，落不了地。

我的研究固定在热爱传统文化的企业家群体，做他们的课程服务、咨询顾问服务，这是我花了十几年时间在做的一件事，到现在也有20多年的积累了。

读书以致用

“百战归来再读书”，遇到困难的时候，就是读书，然后学以致用。第一步，通过三要素把使命找出来；第二步，根据企业使命，重组团队。对企业团队，经营业务，内部组织结构调整改革，使企业体相合一。保证企业每项资源都产生高效，资源之间实现最合理配置。一定要进行资源重组，做到资源使用效率最大化，把整个企业优化出来，把一栋烂尾楼改成一幢精美的别墅。

资源重组要按照使命，引进什么资源，增加什么资源，减少什么资源，砍掉什么资源，哪些岗位要把人换了，哪些岗位人要请进来……让企业变成非常强壮，非常有效，非常精密的一个系统。这个完成了，企业为顾客服务开始运转。运转以后，再来观察用。就是观察这家企业，它是否产生了顾客满意度？它是否产生了对应的社会价值？它是否产生了外部成果？企业做的产品，顾客满意吗？对顾客有贡献吗？社会价值有了吗？如果这些有了，哪怕暂时亏损，都不用害怕。因为盈利即将到来。虽然暂时亏损，但这家企业是有用的，它死不了，因为这时企业已经具有了可以融入资本的能力。

很多投资人一看这家企业的整体架构、技术以及产品都是合理的，即使暂时亏损，也可以砸钱给你。如果你是一棵苹果树苗，将要结苹果了，但你没有钱了，别人可以借钱给你，等苹果长好了，卖了苹果，就可以还他钱。可如果你是一根木棍，现在缺钱，别人不敢借给你。因为把资源借给你以后，你全还债堵窟窿了，最后还不上钱。帮能不帮穷，这是资本市场的常态。你是能把事做成的人，大家就帮你；如果你负债累累，大家就不敢再给你投资。这就是要观察“用”，一旦出现“用”以后，企业基本就活下来了，后期就能转动起来。所以，越是困难时，越要保证企业社会价值最大化。如果目前能力做不到社会价值最大化，那就要至少保证企业的顾客价值最大化。

回到书中强调的使命与发心，企业出现这么多问题的原因就在于使命三个要素没有落实。这三个要素，都是指向顾客的，都是指向供需链的。“用什么?”做企业须得把“用什么”理得很清楚，企业文化引入，必须让顾客感觉到这家企业可靠、可信。让顾客感觉到这家企业的高端技术定位很准确，能实现自己的切实需求。企业做的正是顾客需要的，把这三个要素变成使命，把使命落成实际行动，顾客当然就跟着你走了，市场与价值也就必然出现了。

从社会的角度考量，一家企业使命清晰，又能满足顾客需求，可信度高，这样的企业就好办了。围绕服务，我们要反思在整个文明引入上投入多少，在客户定位上深入分析了多少，在满足顾客需求上有没有打到顾客心坎里……这些事情都要深度考虑，否则，我们可能做了很多事情，但没有多大效能。

这些内容在《使命与发心》一书中都有陈述，但是大家可能和现实对接不上，解决的办法一个是听课，有问题可以提出来交流探讨；另一个是大家多去看这本书，像看专业书那样，读原文，划重点，答问题，抓实践。读书须致用，闻道乐受，知非即改，这才是真正的知行合一。

知非即改，知道错了就得调。书中给企业家列了很多自检表，凡是提问的地方，你都拿笔画出来，就给企业捋了一遍，书读完，就能找出企业的根本问题。如果企业没有使命，亏损是正常的，盈利是瞎蒙的。以前蒙对了无所谓，但蒙到今天，来场疫情，就露出原相来了。

知非即改。得改，不改的话，无法渡过难关。市场竞争靠的是硬功夫，只有走专业化道路才行。需要特别提醒的是，有些东北企业家，特别喜欢走人脉，销售快，但长板就是短板，你善于使用这个方法，就不容易走出东北，也走不向国际。

企业在过去的经营过程中，整个决策的失误，导致了对社会、对百姓的伤害，虽然得了利润，但也形成恶因。这些恶因攒到一块儿的时候，要集中爆发，就是企业出现困难和障碍的时候。现在，很多企业陷入窘境，这里有一个看不见的因素，就是过去你所经营的项目中，对其他人的误导、对人类社会和自然的伤害。

“言悖而出者，亦悖而入，货悖而入者，亦悖而出。”稻盛和夫先生说要以善恶、不以得失做判断，是对企业的一种保护。只有这样，这家企业才能够正向发展。否则很可能走到一定高度就摔下来了。

第3章

发心的力量

“三立”是做事业的最高追求

一个国家有着什么样的商业文明，必然呈现出什么样的商业形态，从而决定它的经济发展速度和百姓的生活品质。

没有思想高度，没有强大的发心与使命感，民族产业就不容易发展起来。

站在这个高度看，中国未来必须建立自己的商业文明体系，凭此屹立于世界，这是大势所趋。

我们以发心的力量，再一次向烈士、向同胞，表达我们内心的誓言与心愿。

我们相信，祖国的明天会更加美好。

我们相信，一代又一代人会前赴后继，向全世界证明，这是世界上最伟大的民族、最热爱和平的民族、最团结的民族、最有力量的民族、最睿智的民族。

尤其是今后，国际形势看商业，在这次疫情中，中国的工商业撑起了全球接近80%的抗击疫情物资的生产，再次证明了中国工商业的强大。

大家思考一个问题：我们做企业做到什么样算是成功？如果不加思考，我们的答案可能是这些：销售额冲十亿元、冲百亿元、冲千亿元，上市、到美国上市，做品牌，做国际品牌、做500强，做基业长青等常见的企业成功标志。

那么，这些标志准确吗？应该说有一定的准确度。

古人说，一个人做事业，做到什么样算成功呢？“三立”：立德、立功、立言。这是他们对事业标准的界定。

第一，立德，谓创制垂法，博施济众。在一方你能受人尊敬，能惠及周围的人，用现代话说就是树立了高尚的品德。这个德不仅是一个好人，而且是一把标尺。类似于雷锋、郭明义、王进喜……这就是立德的标准。

第二，立功，谓拯厄除难，功济于时。用现代话说就是为国家建功勋、做贡献。比如，袁隆平对中国农业的突出贡献，钱学森对中国核事业的突出贡献，这个叫立功。

第三，立言，谓言得其要，理足可传。一个人这一生立德、立功之后，把他所经历的整理成文字，记载他的思想、他的经验，流传于后世，形成后人可以参照的文本，这个书很有价值。

这三个都做到了叫“三立”。“三立”就是我们古人做事业的最高追求。

为什么定这么一个目标？我们来看看“三立”对我们的人生价值。

第一立，立德。如果一个人能够立德，对内来说，他可以利益自己的家族数百年；对外来说，可以造福一方群众。比如，我们熟悉的范仲淹家族，至今800年，子孙非常兴盛。钱氏家族，吴越王钱镠的后人，非常兴盛。我去过湖南曾国藩的故居，为什么曾国藩能有这么大的作为，与他祖上立德有关。他是曾子的后人，几辈祖先都是以德传家，所以到了这一代，兄弟几个都做了大官。凡是能立德的人，家族后世都非常兴盛。古人骂人的时候说，这个人真缺德，这句话骂得挺狠的，不仅是说你德行不好，还说你们家族没有后了。

第二立，立功。可以利益国家数百年，功在当代，利在千秋。如果去厦门旅游，很多人选择去厦门大学。厦门大学有一座铜像，纪念他们的校主陈嘉庚。陈嘉庚创立的厦门大学，至今依然在哺育着莘莘学子，为国家输送着人才。我们去南开大学，会想起它的创始人——张伯苓，多少后人受益于此。还有中国近代的高等教育之父盛宣怀，开创中国高等教育，这些都叫利益国家数百年。开先河，有功于时代，所以后人铭记他们。

第三立，立言。立言不是普通的写书，是写书利益后世数百年。最近很多朋友在读王阳明先生的《传习录》，很受益。我们很熟悉的南怀瑾先生，生前做了很多著述讲解，《大学微言》《论语别裁》《老子他说》等，先生已经过世了，他的书我们现在看，依然很有意义。

如果我们努力，我们的事业立德、立功、立言，都能够实现。各位朋友想一想，用我们一生来完成这样三件事，值不值得？

所以，我们起步就有一个标准，“不畏浮云遮望眼，自缘身在最高层”，像立德、立功、立言，都经得起历史考验，能够为后世所铭记。而且在其中也包括了前面那些目标，销售额、品牌都能够融进来。但是上市公司里未必有“三立”。前期的原始设计很重要。很多朋友会想，以我们目前的实力，能实现吗？非常有可能。我们来分析一下。

此事不是空口无凭，要有理可依，依据因果规律。立德、立功、立言，经过我们40年、50年的奋斗，最后我们达成了这样一个果。它叫果。果从哪里求呢？果在因上求。如是因如是果，因是参天大树的种子，将来长得一定也是参天大树，因和果是直接对应的。

因在中国文化里就是讲发心。今天的课程是“发心——拓展生命奥秘”，这个因找对了，整个生命就变得非常灿烂。能实现吗？我们看古人怎么说：“不让古人是为有志，不让今人是为无量”，古人说“三立”，我们为什么不能？但如果我们只和今天的人去比较，心量就不够了。古人还有一句话：“彼是丈夫我亦尔，先发大愿终必成。”这句话更明显地告诉我们，只要我们能找到实现这个目标的规律，按照规律去做，我们不就实现了吗？那么，规律在哪里？就在发心里，生命整个就能被拓展。

人生表面上输赢在终点，其实在起点，输在起点。就像我们看到阳春三月，万物葱荣，一样的阳光，一样的春雨，生长到6月，有高有矮，为什么？物种不同。人生也是这样，发心不同，起点不同，终点就不一样，它会决定你度过完全不同的人生。

同样的人生，为什么有的人非常强大，每隔3年不见，当刮目相看，人也变了，事业变了。而有的人他的明天和今天没有什么差别，人生平平淡淡的。为什么？发心不一样。所以，在发心上，不可先堕了志气。今天我们能够看得见的高度，那里正藏着我们的未来，在起步的时候，不敢降了这个高度。

我是从事教育的，最怕的是什么？我的学生没有高度、没有气魄。如果他们的高度就是考重点大学，考第一名，没什么意思。他们今天能看得见的高度，决定他们的未来！《三字经》讲“首孝悌，次见闻”，孩子教育首先学孝悌，扎德根，然后见闻，拉开境界，你想成为什么样的人。稻盛和夫先生说：“你在心中描画怎样的蓝图，决定了你将度过怎样的人生。”敢不敢从发心开始，去改变你的整个命运？

我们希望这一生不虚度，像前人一样，起步从发心起，这一步起不来，种子不对，后面就都不对，给多少时间量也没有用。

有的朋友说，我大致明白了，就是要敢想，敢做梦。这个是发心吗？不一定。讲发心的时候，尽量避免用目标、梦想这两个词。目标、梦想这两个词本来挺好，被现代人用着用着就用偏了，找不到它的内涵。把发心单纯理解为目标和梦想，似乎对又似乎不对，“差之毫厘，谬以千里”。它的差别是什么呢？

一般来说，目标和梦想，基于我，我想要，大家看这个句型，我想怎么怎么样？出现这么一种想法，这个是不是发心呢？不一定。稍微偏一点，就可能成为野心和欲望。

真正的发心不是依照自己而起的，是依照外境外缘而起的，即因于众生，而生大悲。它从哪里开始呢？自己还是大众？大众。因为大众而有了这样的发心。如果没有因于大众，就不能产生真正的发心。像我们做教育的，因为关注孩子的未来而产生了发心。

发心和一般的梦想的差别：第一，它是不是基于众生。第二，生的是不是大悲心。人心变幻莫测，不容易把握。儒家有 16 字心法：人心惟危，道心惟微，惟精惟一，允执厥中。人心惟危，人心本身很容易堕落，很容易散乱，很容易懈怠。道心很微妙，很精微，不容易把握。同样，能把握住发心的人不多，如果只在果上求，都是无因之果，是不成的，要在发心上反复地下功夫。

中国人说“行有不得，反求诸己”，一件事没有成，要干什么？向内看自己，哪里需要改正。如何反思呢？

第一种，善心反思。我所做的一切是不是符合善的行为，如果不符合我要反思。我今天对父母有没有不孝顺，有没有顶撞父母；对兄弟们有没有友爱；对国家有没有这种热爱，这是生活中的反思。

第二种，发心反思。如果发心不够，那么外在的问题就会如实地化现出来，“有诸内必形于诸外”。一般我们只能看到外，而见不着内。所以要向内看，向内看自己的发心。外在世界出现了很多漏洞，很多不圆满，一定是内在出了问题。有经验的人，遇到事情一定会反思，在反思中去解决。

反思是一种智慧思维，让我们察平时所不见。2020 因为疫情，很多朋友邀请我做网络直播课，于是 3 月 7 日就开课了。开课以后在自己的朋友圈里宣传不宣传？我想学传统文化的人讲谦德，不能宣传。所以我就没有对外宣传，觉得这样很低调，符合传统文化。

21 日课程结束之后，有一个做企业的朋友给我发微信，讲到他现实的困难，生意是他家里生活的来源，如果企业倒闭了，生活都很困难。交流之后，我开始反省：我是一个有发心还是没有发心的人？写书、讲课，不就是希望朋友能得到帮助吗？既然这样，为什么不告诉朋友们呢？为了维护自己的谦德，为了维护自己的低调，这样的品德有意义吗？那个朋友如果早听一天这个课，或许问题就解决了，或者没有解决问题，多一个安慰也好。我反思了很长时间，然后马上改正。

学校将来发展怎么样，也完全是校长的发心。如果发心对，这个事业就能做下去；如果发心不对，就走不了多远。这就是客观规律，不差分毫。已上了战场，仗开打了，不允许说泄气话、不允许退心、不允许投降。要么不干，要干必须定住发心。发心定不住，事业非散不可。

所有外相的诸多问题，根源出在哪里？发心。团队出了问题，人才上不来，什么原因？发心。你承不承认？销售打不开，什么原因？发心。承不承认？人脉上不来，帮你的人不多。什么原因？发心。你承不承认？听不进别人的建议，不管是员工的，还是好朋友的，都听不进，刚愎自用，什么原因？发心。

今天企业所有的业绩，是因为你的发心；所有企业所有的问题，也是因为这个发心。

有人说，做事业太累了。当然很累，但是收获也大呀。你的成长和别人就是不一样。做事业就是修炼，修什么，修发心，修对了，修好了，外境就都好了，能内圣必然能够外王。

讲课期间我是大家的伙伴，放下课本回到学校，我就和大家一样，是一个团队的带头人，一个事业的发起者，大家所经历的，我也在经历，咱们是一个战壕的。所以我也要知道问题是从哪里出现的？境由心造。境是什么？企业里所有的一切，你的团队、你的产品、你的市场……由心造。谁的心？你的心。让发心回到正道，外界慢慢就好了。所以，未曾做事先调发心，发心调不动，我们做事的障碍就很大，因为障碍我们的不是别人，是自己的发心，而你自己又不向内看，没有觉察到发心有问题。

稻盛和夫先生为什么要花6个月时间来调整发心？因为他知道，这是所有问题的根源，也是所有功德的根源。一切功德从这里出现，一切问题从这里出现。有发心，知过就能改。没发心，过错就会略过。百姓已经患疫情了，还要打嘴仗，诬陷他人，这是发心吗？话一说就已经露出了破绽。不是话说错了，是心发错了。

人骗人，骗一时；心骗人，骗一生，别人骗我们只能骗一时，我们的心却能骗我们一辈子。一辈子不知道哪里错了，但如是因，如是果，命运最终结果是对我们发心最后的见证。发心对了，我们的晚年一定是好的；发心不对，晚年就困难了。在这些问题上我们不得不谨慎，没有让步的空间。

找到这样的发心，恪守这样的发心，经常审问自己的发心，这样度过一生，你就会发现，你的整个人生变得非常美好。

在别人看来，你可能会有一些累，有些不容易，但你会发现，每一年你都在成长，智慧在开启，德日进，过日少。你就像一棵蓬勃成长的树一样，枝繁叶茂，能感受到生命勃勃的生机。

人活什么，就活一个发心。有了发心以后，如立志、目标、梦想，这些都是一体的，发心握住，其他就都对了。

发心是我们生命的奥秘，不知道这个奥秘，一生输赢不知道，或者输，或者赢，蒙着走。

有人没有发心的事业也做得很顺，这是为什么？第一，还没到终点，胜负难料；第二，你看不见他带着多少福德来的，人与人比不了。有人不读 MBA，没学习过管理也能发大财，你相信这种事吗？但是他没法立言，拿不出思想来，拿不出经验来，无法传给后人，后人学不来这个东西，只有思想可以传给后人。

愿有多大，力有多大

先讲两个企业的故事。一个是“舒提啦”高端旅行箱，是国内尖端品牌，之前销量非常大，2020 年，因为疫情整个商务旅游停了下来，销售遇到很大的困境；另一个是“眸眸哒”青少年眼保健中药眼霜，这款产品对天天在网络课堂学习的孩子，护眼效果非常好，我们华夏学校的孩子都在用。这两家企业遇到同样的困难，市场销售上遇到了瓶颈。企业当家人打电话来咨询我，我送给他们一句话：“愿有多大，力有多大。”

2011 年我筹备大连明德书院，手里一无所有。当时去台湾参学，见到花莲中学的学生整体状态非常好，我就请教学校的筹办方——一位比丘尼师父：花莲中学为什么办得这么好？她告诉我：其实没有你想象得这样好。前几年经历过地震，这里被夷为平地，我们是重建的。我问为什么能重建，教育并不赚钱的。她送了我 8 个字：“愿有多大，力有多大”，并说“年轻人，请你一定要记住！”我就带着这 8 个字从台湾飞回来，回来后找到一些朋友，说出想办书院的愿望，得到朋友们的大力支持。2011 年 12 月，第一家明德书院就这样启动了。在后来遭遇的困境、逆境中，这 8 个字也经常会激励我，“愿有多大，力有多大”。

和大家一样，我也是自己创业，早晨出门办事，为文化而奔走。我常对自己说“鼓足勇气，沉住气”。每天早晨起来给自己一个激励，要“鼓足勇气”；每次遇到困难，要“沉住气”。这么一路走过来，不断地自我激励，因为不希望文化断掉。我起步的时候也是一无所有，一部电脑到处行走，一直走到今天。想起这些经历真的很感慨，看到今天逆境中的企业家朋友，我愿意分享这堂新课，一些建议和叮嘱，或许能帮上大家。

第一，如何面对困难？首先我们看，企业遭遇困难是好事还是坏事？通常可能会说：这还用问吗？肯定是坏事。如果您学过中国文化的核心部分就会知道，在世间，没有哪一件事叫好事，也没有哪一件事叫坏事，所有事物的本质都是空的。为什么看起来还有好事和坏事呢？这是外在显现的相。我们来一层层分析，这个相是怎么来的。

第一个问题：困难给我们当下带来了哪些烦恼？好多烦恼——资金紧张、现金流不足、员工心不安、家庭出矛盾、整夜睡不着觉、焦虑、掉头发……自己白手起家这么多年，难道因为这次疫情，企业就要倒闭了吗？越想越愁，愁得辗转反侧。困难确实很大，烦恼确实很多。这么一想，觉得没有路可走了。

第二个问题：困难给我们人生带来了哪些益处？这个问题或许能够让我们走出烦恼。烦恼从哪里来的？是从思维方式来的。思维方式对了，烦恼就不会那么多了。大家想一想，如果放眼整个人生，困难给我们人生带来了哪些益处？比如，磨炼，这是最直接的，还有成长、反思、智慧、突破……这些不正是我们人生所希求的吗？如果我们想获得这些东西，困难难道不是一个机会吗？大家回想一下，在我们过去的三四十年里，真正的成长、真正的突破、真正最难忘的往事是哪些？是顺境还是逆境？这么一想，我们明白了，所谓烦恼，是我们的思维方式出了问题。所以，当困难到来的时候，你不妨告诉自己，我成长的机会又到了，磨炼我的时候又到了。这么一想，内心就变得不一样了，变得格外有勇气了。

稻盛和夫先生说过这样一段话，送给大家：

正是这些苦难，才能磨炼我们的灵魂，提升我们的人格，把苦难看作考验、看作机会，我们需要这样来思考问题。能够把考验看作机会——只有这样的人，才能在有限的人生中让自己的生命绽放光彩。

所以，好朋友们考验来了，你磨炼灵魂、提升人格的机会来了。相信经历过2020年，你将变得与过去不同，将成为一个崭新的自己。

关于这个问题，深入学习文化的朋友都有同样的感受。在古老的西藏智慧里有这样一句话："凡事都一帆风顺，其实是最糟糕的事情。"南怀瑾先生也说过："谋事不求易成，易成则必生骄慢。"

有的朋友可能会说："这些话我也同意，但为什么面对困难的时候还是那么难受、颓废、焦躁呢？"这正是自我突破的时候。文化，以文化人，以文化己。修行，就是修这个，让自己从过去的俗心中走出来。在困难中所产生的恐惧、压力、颓废、低迷、沮丧……这些在文化里叫俗心，也叫俗情。这个俗心如果你放不掉，道心就起不来。只是我们过去习惯于用俗心思考，很多家长培养孩子也用这种思维方式，但这不是培养孩子成长的正确思维方式。

如果生命过于一帆风顺，意味着停止了成长，就没有自我突破的机会了。如果无须突破就一切顺利，等于你原地打转，这是最糟糕的事情。大家可能说，怎么这么理解呢？因为我们来到世间最大的事是什么？不是安逸，是成长。这一生不虚度，明天比今天更好，后天比明天更好，明年比今年更好，这属于成长。等我们活到70岁、80岁，回看这一生越登越高，非常好。可如果太过于顺利，那么人生等于退步，或者说原地不动。

从困难本身来说，它从来不是一件好事，也不是一件坏事。有智慧的人总是善于借助每一次困难，实现人生的重大飞跃。困难来到了，能不能抓住这个机会实现飞跃，考验我们智慧的时候到了。

麦克·罗奇格西在《能断金刚》里讲过这样一段话，送给大家：

问题其实是我们所能获得的最好的机会。古老的西藏智慧说，凡事都一帆风顺，其实是最糟糕的事情。因为只要一切顺利，我们就不会质疑为什么事情会发生在我们身上。你从未看到一位好运当头的人抓扯头发，哭着问："为什么这种事发生在我身上？"只有当我们陷入麻烦之时，我们才会去思考事情的发生真正源自何处。

痛苦会迫使我们去探寻周围世界中所发生的一切究竟为何发生。假如痛苦引导我们去发现关于潜能和铭印的法则，那么这就是发生在我们身上的最棒的事情！

这段话告诉我们什么？苦中求道。没有这个苦，我们很难去领悟生命更深的奥秘。《能断金刚》这本书也推荐给大家，尤其是第十二章：化危机为转机的空性。如果大家能把这一章读懂，足够转化眼前的危机，但这需要很多年的修为。这本书中讲了很多商业上我们常人没有思考过的问题。书中关于空性是这样论述的：

空性是非常深奥的世界运行的法则。当我们身处困境的时候，能够意识到万事万物皆具空性，就立刻保护了我们的心智，帮助我们保持头脑的清醒，集中注意力思考解决问题的办法。

世上没有一样东西本身是好的或者坏的，正所谓甲之蜜糖、乙之砒霜。事物的好坏取决于你的感知，而这个感知精准地受控于你过去在意识中所植入的好或坏的种子。

没有哪个问题本身就是问题，是我们意识中的某些东西让你把问题看成问题。一旦你把问题看成问题，你就会紧张，会让你在精神上处于防御状态，会抑制你的创造力。

如果你可以很好地理解空性，内在即刻会感觉到开阔清朗，从而放松下来，意识充满活力，开始可以专注于发现潜藏在问题里的机会，富有创造力地寻求解决之道。

问题本身是空的，空意味着可变。事物可变，与我有关。事物会随着我们的心而发生变化，我们动用了什么样的智慧，启动了什么心性，事物就会向哪里走。事物不是一成不变的。

危机的到来，可能是一个陷阱，也可能是一次重大机遇。既然有两种可能性，我们更要打开创造力，提高警惕，全力备战，告诉自己我的机会来到了。别人可能看不懂，说企业那么困难，怎么会有机遇呢？他不懂，他只看事物的表面，没有看到事物的本质。因为本质是空的，所以事物是可变的。我们为什么会有烦恼？因为觉得事物已经坐实了，动不了了，就是一个灾难，就是一个逆境，就是一个困难，一切都不可转化了，这种想法叫“我认为”，而不是“真理认为”。困难都是陷阱，这个也是“我认为”。不是困难本身出了问题，是谁出了问题？是我们。我们要先调整自己。心调不回来，困难是解不开的。当我们的心不能空下来，就失去了创造力，失去了可变的能力。

是否所有的困难都可解呢？也不一定。那么，为什么说困难可解？回到生命本质来看，如果我们动用了全部智慧去面对困难，最后就算没有解开，但我们成长了，这种成长难道不是宝贵的吗？生命在于外在事业成功吗？成功没有永远的，内心的成长可以永远。

生命如同莲花，历经苦痛和混乱，在苦痛和混乱中茁壮成长，直至成为一个真正慈悲的人。

这句话也出自《能断金刚》，对我影响很大，多年以前，正是因为明白了这句话，我才知道迎难而上，不再害怕困难了，开始自己找困难，给自己加担子。很多困难只是看着难以克服，要敢于去面对它。有朋友问，为什么给自己压担子，你一定能办成吗？不一定。那为什么还要去做？我要成长，要经历这一段。2020 年春节期间我写了《使命与发心》，这本书怎么来的？我从 2014 年开始筹备学校，2016 年学校启动，到 2022 年一晃 6 年了，是这 6 年吃的苦攒出来的。2014—2016 年无路可走，用尽了各种方法，学校仍办不起来。2016 年 8 月 28 日学校开学，8 月 27 日早晨才拿到执照，那么多困难都挺过来了。此后三年半又历经了很多波折，这些事情给了我很多压力和烦恼，我身体累得几乎垮掉。可正是因为这些，让自己内在不断成长、升华，并写出这本书送给大家。

书中有我的人生经历，我经常鼓励自己："生命如同莲花，历经苦痛和混乱，在苦痛混乱中茁壮成长，直至成为一个真正慈悲的人。"我经常提醒自己，趁着年轻多经历，多挑战，多迎接，等岁数大了，我就没有体力再迎接这些困难了。我们要的不是困难，要的是困难背后那个成长的自己。大家这么想，还怕困难吗？朋友们，抓住这次困难到来的机会，谁能抓住，3 个月以后谁就不一样，1 年以后更不一样。我们要做的是什么？练习。练习接受困难、接受挑战，经常提醒自己，困难、问题都是成长的良机。

没有成长的人生，岂不是很可惜。什么能让我们的人生很有价值？成长。身体会慢慢衰老，可心有力量，精神世界有力量，这种成长多好。从哪里去成长？困难中。人生要么是逆境，要么是顺境，人生本来不在顺逆之间。在哪里？成长。顺境中要勤奋，多做好事、多做善事、多做利益大众的事；逆境中多向内求，多启动智慧破解困难，"顺境修福德，逆境修智慧"。

每个人的人生，不管顺境或逆境都要会用它。人生不在顺逆之间，在于你如何去用它来成长，改正不足就成长。考试考了 70 分，30 分不会答，把这 30 分改出来了，就是成长。怎么改正不足？深刻地反思，找到那些不足。找到不足，才能改正不足。如果一个人不承认自己有不足，他怎么能够改正呢？

人在什么时候最能够反思？在困境和痛苦中。没有困境和痛苦的时候，人往往会得意，会大意，会觉得一切安好。只有当困境和痛苦到来时，才会映照出我们内在的种种不足，才会知道我们这不对了，那不对了，才会深刻地反省，这就是一个生命成长的链条。困境到来，一定有原因，不是无缘无故的。不要觉得自己很倒霉，这么想不是智者的思维，是向外，是推诿，不是勇敢者的思维。困境中一定要反思，一定是我们之前很多事情没有做对。

举一个例子，我在筹备学校的时候，困境越来越大，走不动。2016 年春天经过反思，我找到了当时最核心的问题，愿力不足。因为愿力不足，所以因缘和智慧都打不开，尤其是因缘不给我们。既然是自己愿力不足，怎么办？改自己的愿。我当时正好在山东讲课，之后直接去了曲阜。去找孔老夫子，向他陈述我的心愿："夫子在上，我们要办一所培养圣贤的学校！"从曲阜回来后不久，因缘就开始发生变化，8 月底学校顺利办出来了。那次给我很多的思考，当自己内在愿力不足的时候，外在的因缘是起不来的。每当面对困难的时候，一定是我们做深刻反思的时候。

遇到困难要做哪些反思呢？一般来说，出现困难，都是这三个方面出现了问题。第一，福德不足。因为福德不足，托不住了，就像兜里有 5 元钱，坐公交车可以，想打车钱就不够了。福德不足时，平常看不出来，遇到重大挑战和风险的时候，就会显现出种种现实困境。为什么一样的情况，有的人就没有困难，因为他的福德大。第二，智慧不足。困难到来前没有预判；困难到来后没有思路，这是很明显的智慧不足。如果我们对行业的发展，对于企业的使命，对于"体、相、用"，对于种种类似的问题，都没有思考过，那是坐等着问题的出现。第三，愿力不足。大事业需要大愿力才能托起来，当愿力不足托不住事业时，事业会出现往下走的破败之相。这时要靠发愿把事业顶住才行。福德、智慧、愿力都在内在，不在外在，内在如果找不到，问题就解不开。

这是三个很重要的反省：我的福德够不够？我的智慧够不够？我的愿力够不够？福德看我们过去行了多少善，为社会做了多少贡献。智慧看我们过去读了多少好书，听了多少好课，我们对做企业的整个思路是否清晰。愿力看我们对社会、对国家的担当够不够。正是这些内在的不足引发了外在的问题，不是偶然的。当疫情到来的时候，很考验我们的福德、智慧和愿力。这个时候，我们首先要怎么办？就是"愿有多大，力有多大"，先把内在愿力激发出来，只有愿力能让我们快速地穿越困难。

关于愿，和大家分享一个短片《坚定的使命》，讲的是红军在困难的时候是怎么度过来的，朱德元帅的一段故事，非常地感人。

朱德：“同志们，感谢大家对我的信任。首先，我声明一点，大家如果发现我朱德和那个家伙一样违反纪律，你们同样拿我问罪，朝我开枪。我还是那句话，要革命的跟我走，不革命的发放路费回家，朱德绝不强留。现在害群之马已经除了，要回家的，我们都让他们走了，剩下的都是大浪淘沙的精华，是革命的火种。现在我宣布，这支队伍由我和陈毅共同领导，希望大家抱成一个团，别离开这支队伍，永远战斗在一起。”

粟裕：“朱军长……朱军长，党代表、工农革命军警卫排3班班长粟裕要求归队。”

朱德：“好兄弟！同志们，你们都看到了。粟裕同志在石径岭战斗中失踪，我们都以为他牺牲了，可是没有想到，他负了重伤，竟然爬了十几里路回来了。大家说这是一种什么精神？这是一种什么精神？我是想好了，要像粟裕同志那样，只要还有一个人，就要坚持到底，革命到底。眼下的中国革命就像1905年的俄国革命一样，那时如果俄国革命失败了，就和我们现在的黑暗一样。可是黑暗是暂时的，到了1917年，俄国革命成功了。同志们，我们一定要坚信，中国革命也会有1917。”

我每次看这个短片都非常感动，都会流泪，感觉今天的生活来之不易。像朱德元帅等老一代人，他们吃的苦比我们多了很多倍。我们今天这点苦跟他们比起来，真的不算什么。我也和大家一样，也有俗心，也有俗情，也有困顿的时候，也有感觉迷茫的时候，经常看这些人的传记和电视剧来鼓励自己。想一想，我们这代人该走什么样的路？老一辈能打下江山，我们守还守不住吗？如果我们有老一代人这份精气神的话，就没有什么困难能够难倒我们，更何况有些困难是必须克服的。就像中国的教育一样，必须找到出路。每一次困难、痛苦、烦恼，包括疾病的背后，都在提示我们很深刻的道理。

困难的出现不是无缘无故的，它一定是要告诉我们一些道理。一般来说，困难要么是告诉我们撤退，要么是告诉我们突破。不是所有的困难都要突破，很多事情如果你做得不对，它一定要出困难。这种困难是拉警报。

困难出现以后，要特别冷静，不要喊口号，说“坚持就是胜利”，这类话是有很多条件的。退也是一种策略。困难出现的时候，必须要想，这个困难到底要告诉我们什么？有的困难是来磨炼我们的，要突破它；有的困难是来提醒我们的，要赶快收手。到底是进，还是退？是突破，还是收手？怎么来分析？大家请看这幅商业图。

商业的本来状态是供需的中间渠道，供方是企业方，需方是顾客方，中间通过渠道连接。拿这幅图来分析判断，什么时候要进，什么时候要退。选择撤退有两种情况：

第一种，需端根本不存在。或者虽然存在，但份额不足；或存在，但短时期内难以出现购买力。没有需端，这件事情根本就不能做。

德鲁克先生反复讲顾客导向，讲企业外部贡献成果，讲创造顾客，就是在说企业如果找不到需端，想把产品卖出去，只是一厢情愿的想法，不成立。很多人做企业就是没有关注需端，落入自我的想法世界，等到产品生产出来，发现卖不出去。做企业一定要注意观察需求端，需求即市场，如果没有市场，谁都回天乏力，最好收手。有些项目，一看就让人担心，投资十几亿元，做一个旅游风景区，看着很好，但没有那么大需求；或者有需求，但不足以支撑它原始投资的利息，没有形成一个刚需市场，这样的项目启动以后，就不可能活下去，最好赶快停掉。很多重大投资项目犯的都是这个毛病——没有需求端。这样的错误一定要注意避免。

需求端一般分为刚需、次刚需和柔需。这次疫情对刚需没有什么影响。哪些是刚需呢？食品、粮油、家居必备的东西等。不管疫情怎么发展，它们的供应链一直保持着，而且不能停摆。还有医药、医院、卫生部门，家里再没有钱，病得看。还有教育，孩子要读书、要考学，不管是线下还是线上，课还得上。这些都是刚需，排在一个家庭整个经济支出中的首位。刚需的行业，在整个市场萧条期，也不会出问题，只是稍微有所紧缩，消费额没有那么大了。次刚需指家电、日用品、住宅、汽车、办公用品等，人们有钱以后会买它，没有钱的时候就先不买了。

我们从 20 世纪走过来，第一件事是填饱肚子，然后买电视机、买冰箱，之后买房子、买汽车。从购买的前后顺序就会发现，需求是一步一步来的。次刚需是让人生活变得更便捷，是在有余钱的时候才去满足的。市场出现紧缩的时候，次刚需会暂时放一放。大家这时不敢乱动钱，一部分自己做企业的人，企业需要追加投资，资金会紧张。有一位企业家想投资 300 万元买一套房子，但一看企业出问题了，就不敢用这 300 万元买房子了。或者本来想换辆车，也不敢换了，等一等，因为企业要用钱。工薪阶层，兜里有 30 万元想换辆车，后来一看市场这个情况，等一等，不敢买了。本来想换电视，看这种状态，等一等。这些能等待购买的都叫次刚需，会受影响，但影响不那么大，因为整个中国目前大市场比较好。

柔需即柔性需求，像奢侈品、娱乐消费等，暂时可以停掉。本来想买一颗特别好的钻石，一看不用也行，就先不买了。

整个疫情期间，我们会发现，柔需肯定要暂缓；次刚需等一段能过去，或者往刚需上靠；刚需一般会维持下来。观察我们的产品与需求之间是怎么变化的，我们企业的产品大体处在哪个层面，根据这个来制定销售策略。

第二种，供端的产品无法满足刚性需求，就选择退出。需端真的存在，但是供端产品的市场竞争力很弱，企业研发能力又不足，短期内很难提升，拼不过同行。疫情期间，市场竞争格外激烈，很多小企业不好存活。比如，需端本来能买 100 个产品，现在只能买 30 个产品了，后面 70 个肯定要出局。看看排序，在后的就要小心了，可能要率先出局。短期内研发力上不来，不能推出新产品，没有那么多资金，不如暂时撤退，保存实力、蓄势待发，未来还有机会，中国市场不会一直这样。

产品非常重要，产品即经营，没有过硬的产品，经营也做不动。很多困难是难以克服的，因为供需的链条建立不起来，供需没有链条的时候，这件事情谁来想办法都很难做。需端的需求和供端的产品研发，需要时间量，需要一个大环境来养，不是短期两三个月能迅速调起来的。这种困难，不建议克服。它会把企业累死，是徒劳的。

什么情况下可以选择突破？当供方完全可以满足需方的需求，而需方的需求要么是刚需，要么是次刚需，它真实存在着。只是渠道出了问题，渠道变窄了。受渠道影响使企业进入困难期，供需链条建不起来，是链条出了问题，不是两端出了问题，这种情况要做突破，链条是最容易突破的。产品和销售哪个难？看起来是销售难，其实是产品难，因为销售的困难是可以突破的，而产品的困难是短期内不容易突破的。

选择突破，就是把销售渠道给它拉宽，做销售增量。销售渠道能够做出增量来，供需链条重新拉起来，企业困难就挺过去了。企业遇到困难时，先分析是哪一种情况，该突破，还是该撤退？如果属于突破这种，要把精力放在渠道上，放在供需链条的建设上，这是突破点。

想做突破、想提高效率、想推动整个营销效率之前，有三项准备工作。

第一项，需端的定位问题。需端就是顾客端，即顾客端定位问题。做企业，必须让你的产品锁定顾客需求，销售渠道的建设就容易突破了，因为知道指向哪个人群了。

“德鲁克三问”中有一问——成为固定人群的固定消费品，以此为指导，企业才能做出有效的整体销售策划。想建供需链条，得知道链条指向哪里，就如拉弓前先瞄准，找到靶子才敢射，要有的放矢。让你的产品成为固定人群的固定消费品，做好这个步骤题——谁是我的顾客？知道这一点，才好去做后面的工作，才能精准地打好攻坚战。需端不明确销售容易贪大，想把一款产品卖给很多人。这是企业遇到销售困难时，非常容易犯的一种错误，以为卖给很多人就能提高销售额，其实不是这样的。

一款产品不一定能打动所有人的心。如果不能打动顾客的心，所做的销售策略，所投入的人力、物力，就都浪费了，还会错过黄金战斗期，贻误战机。所以，越是销售困难的时候，越要把需求端定准，之后再去建渠道、定策略。渠道是针对需端而建设的，如果没有需端定位，整个策略是不敢定的。

明确定位后，就知道产品该走线上，还是走线下。线上指向哪里，线下指向哪里，顾客在哪里，我要送到哪里去。弄明白这些，就可以迅速和顾客建立连接。

举一个需端定位的例子："舒提啦"旅行箱，它的客户定位是商务高密度出差人群。这家的旅行箱有什么特征？扛摔。因此市场做得很稳，这家企业的所有销售策略都指向特定顾客，在这个点上发力，销售费用投入非常精准，指向非常清楚，符合固定人群的固定消费品。一周出差两次，箱子用 3 年用不坏，如果 3 年用坏了保换。出差量很频繁的人，很需要这种产品来配合，一年出差两三次的人就不需要。

产品定位要定得特别准。"靶"定准以后，就知道在哪里做策略了。给大家讲一个故事，红军长征有一段"金沙水拍云崖暖，大渡桥横铁索寒"的故事。强渡大渡河三炮定乾坤。刘伯承、聂荣臻指挥杨得志团，十七勇士强渡大渡河，双方展开炮战，十七勇士登岸后，没有可依托的阵地，完全暴露在敌人密集的火力之中，杨得志急令炮兵火力援助。当时红军只有一门迫击炮，三枚炮弹，还没有炮架。炮手赵章成很厉害，卷起衣袖，平直伸出手臂，竖起拇指，一连串唱出方向、标高、距离等数字，左手托起炮身，右手起来装炮，凭借过硬的专业技术，把这三枚炮弹打了出去。第一炮在反扑的敌人堆里爆炸，第二炮命中了敌指挥官，当敌人准备再次冲击时，第三炮把敌人的队形炸乱了，这时十七勇士占领了有利地形，第二船勇士也登了岸，守敌弃阵而逃。赵章成这三炮，在决定战斗胜负的关键时刻起到了力挽狂澜的作用。一个部队、一门炮、三枚炮弹，发发命中，拯救了红军。现在遇到疫情，我们兜里的“炮弹”也不多，要注意资金的有效使用，铺渠道要做需方定位，瞄准以后，投入销售费用，就能产生回流。

第二项，要调整供需端心理。疫情期间，供端和需端的心理不一样，要注意这些变化。一是需端的需求能力或者消费热情会大大缩减；二是因为疫情封城等，很多渠道被收缩了，这两个不利因素可能导致供需之间的链条建立不起来。怎么办？首先要明白供需两端是命运共同体，必须体会对方的感受。供端想把货都卖出去，清库存，最好零库存，货卖得越好，企业越能够转动起来。需端的资金相对紧缩，购买什么产品，都要小心拿捏，要排序。能够体谅到供需两端的困难，这个局才可能做成。作为供端要明确自己的阶段性战略目标，两三个月或者四五个月要完成的目标是什么，随缘随动，情况发生变化了，必须及时做出调整。

调整战略目标，从疫情来看有两个判断：第一个，疫情是非常态的，肯定会给市场带来很大压力，但它不会持久。

第二个，疫情之后，中国会迎来更大的全球市场机遇，这是必然的。这次疫情使得中国和世界的关系发生了改变。世界更依赖中国，这必然会给国内的企业带来很大的机遇，只是要熬过这一段黎明前的黑暗，这个时候要比谁能熬，谁能练内功。

基于这两个判断，我们在疫情期间的战略目标初步定为两个：求生存、蓄力量。不求什么太大利润，能开工资、能运转、能活下去，就完成任务；同时蓄力量，锻炼我们的营销能力、服务能力、内部协同能力、哲学共有能力等，把力量蓄足。

一旦疫情过去，全球市场打开，我们就要冲出去。在疫情期间，追求的目标不是高利润，而是生存、苦练内功、降成本等让筋骨变得更加结实，准备迎接疫情过后更好的一片天地！这时候，目标要非常准，懂得取舍。

供端要做一些调整：

第一个调整，短时期内如果不能提高产品性能，就要在提高服务上狠下功夫。一个产品的性能想提升是不容易的，就像手机、手表想研发出一款新产品，很费事、很费时。服务研发比产品性能的研发速度要快，因为服务靠人的精气神。所有的销售队伍、售后服务队伍，狠抓服务，提高服务质量，让顾客觉得这家企业很贴心，打通供需之间这种心理合作的关系。

第二个调整，疫情期间，顾客心理发生了变化，必须重新调动顾客心理，使顾客感觉：这家企业的产品确实很不错，服务也很贴心，值得买。这就需要做足以下这三件大事，以让顾客产生这样的心理变化。

困境中的企业必做的三件大事

第一件大事是诚敬。“一分诚敬得一分利益，十分诚敬得十分利益。”对顾客越诚敬、越利他、越感恩，顾客和我们之间的联结越好。

怎么来落实我们对顾客的诚敬？想顾客之所想，急顾客之所急。不要着急卖产品，想想顾客也很不容易，如何才能帮到顾客。互相诚敬时，大家联合起来就是命运共同体，问题就好解决了。一定要做命运共同体！大家一起想办法，同舟共济！我们不能老想着自己，不能只想着我们活下去，我们要卖产品。当我们为顾客着想，诚敬顾客的时候，方法就出现了，产品的销售模式、销售策略、服务内容、售后服务、解决方案等就会进行调整。让顾客心里感受到温暖，会率先选择你。

第二件大事是利他。困难之际，是特别拼“利他”的时候。《道德经》说：“既以为人己愈有，既以与人己愈多。”越是在困难的时候，越不能让困难把我们的心量给弄没了，只有利他，才能使我们快速走出困境。外境由心造，不能因为自身的困难而失去一个宽容、大度、利他的心。心一旦变得吝啬、小气，外境会变得更加艰难。这时候要逆流而上。心一动，外境就动，你的心量小了，和顾客之间的联结会更加不好。

当年我在办书院期间，资金上遇到困难。去广东出差时，在车站遇到一个中年人，他不太好意思地对我说：“朋友，你好。我在高铁上钱包被偷了，我想买一张高铁票去深圳，你能给我一点吗？给多少算多少。”我那时钱也紧，但一想，不能失去宽容大度的心，就掏出50元给他，那个人道谢后就走了，他刚走几步，我突然发现不对，我的心还不够大度，就追上去说："大哥，我陪你去窗口帮你把票买完，多少钱都算我的。"之前为什么没有给他足够的钱，是因为自己的心不够宽容。

从此我一直告诫自己，不管遇到多大的困难，宽容的心不能失去；利他的心不能失去。如果有宽容的心、利他的心，这个困境我就能突破。我们有什么样的心就会产生什么外境，我们的心不敢给予，外境也起不来。当下，我们有没有同舟共济的心？"既以为人己愈有；既以与人己愈多。"敢不敢这么做？当你越为别人的时候，自己越拥有；当你越给予别人的时候，自己被给予得越多。困难挑战人的勇气、挑战人的心量。不管困难多大，我们的心量不能失去、勇气不能失去，如果失去了，困难就过不去了。在困难的时候你还敢利他、敢给予，就很了不起，因为普通人在困难的时候是不敢的。在内部对自己降成本，对自己要节俭，对别人要敢于给予。敢于给予的时候，整个链条才能转动。

财富从哪里来？财富好像来自天地，其实也来自你的心。如果你的心没有失去勇气，未来整个世界就会重新变回来。困难是空性的，随你的心而动，保持一颗利他的心非常重要。

谈到利他，我非常感谢我们学校的一位家长。因疫情不能开学，孩子们就在家里上网课。华夏学校从创校开始，特别注意保护孩子的眼睛，孩子近视率很低，一直控制在10%左右，其中多数是来校之前戴眼镜的。但这次疫情上网课，孩子眼睛会受伤害，怎么办？

刚好这位家长研发了一款非常好用的中药护眼产品，免费寄给华夏学校的孩子使用。他对我说："我是家长，应该帮学校。"他的企业也不容易，我觉得内心很温暖，也想帮帮他，就给他提供很多建议。这位家长发心很大，他的心愿是呵护孩子眼睛，让他们拥有一个光明的未来，让子孙后代减少近视的困扰，让中国人的眼睛在全世界亮起来。这位家长是基于利他思想而创造产品，是利他心在发挥作用。

第三件大事是感恩。感恩法则：凡是您感恩的，未来您会得到更多；凡是您认为理所当然的，它将离您而去。要感恩我们的顾客，因为顾客帮我们渡过难关。

顾客能选择买我们的产品，是我们给了他产品，他给了我们钱，看起来没有什么，却在帮助我们企业把资金链转动起来，所以一定要有感恩心。稻盛和夫先生在拯救日航的时候，叮嘱日航每一个空乘人员在航班上要向顾客说感恩：我们的日航破产了，遇到困难，感恩您选择日航，乘坐我们的航班。正是这种感恩心让顾客倍感温暖，增加了对日航的正向感受，下一次还愿意选择日航的航班。顾客买了你的产品，你感恩他，顾客就愿意转介绍或者持续消费，或者也会帮你出主意、想办法。感恩心强化了我们与顾客的联结。

诚敬、利他、感恩是企业在困难期间必须要做好的三件大事，这三件事也是我们与顾客之间最根本的联结，如下图：

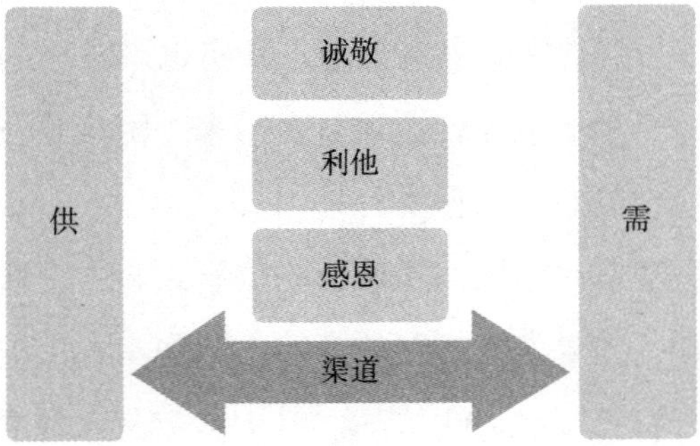

我们都知道销售渠道很重要，但销售渠道的建构需要供端这种心理调整，调整企业的诚敬心、利他心、感恩心，重点在落实！要把落实诚敬顾客、利益顾客、感恩顾客的方式方法变成企业可以实操的计划和动作，把它们做出来，帮助实现供需的连接。

再看需端，疫情肯定会影响需求端的消费心理。一般来说，影响需端的消费心理有两大因素：

其一，宏观经济情况。宏观经济走势好，百姓就有信心，就敢消费；宏观经济走势不好，百姓就没有信心。中国这些年藏富于国、藏富于民。中国人有好的文化，量入为出，未雨绸缪。国库存量很好，老百姓也有存钱的习惯。整个国家看着好像有些小动荡，但大的支柱产业没有问题。有消费能力，市场就能重新拉动起来。

其二，性价比。产品的性能、价格有足够吸引力，就会产生消费。性价比在不同时期不一样。当资金充裕的时候，顾客相对不在乎价格；当资金紧张的时候，顾客更多本着实用、节约来消费。个体的消费心理，对产品价格的影响是很大的。

疫情来得突然，产品性能不容易瞬间拉升，而顾客产生消费心理下降，不愿意购买了。这个时候影响消费的主要心理因素除了前面提过的服务质量，就只有价格了。比如，一件羽绒服，平常卖800元，几次想买，都觉得太贵了，疫情到来，卖500元，那我就买。这样的消费多了，厂家虽然利润变薄，但完成了求生存、蓄力量两个既定目标。

诸法因缘生，疫情的到来使整个因缘发生了变化。企业对策就必须要调整。这里特别要注意定价。稻盛和夫先生说，定价即经营。价格应该定在什么状态？稻盛和夫先生说价格应定在客户乐意接受、公司又盈利的交汇点上。

当疫情到来的时候，客户的消费心理肯定会发生变化，定价的策略也要调整。有朋友问："价格怎么定的?"我认为价格就是自他两利的中间平衡点，这个价格对顾客也有好处，对企业自己也可以接受。价格太高了，顾客不买；价格太低了，企业承受不住。疫情的到来，供需两端的心理都发生变化，需方消费能力下降，供方亟须求生存，调不到平衡点的话是不可以的，必须保证彼此能够存在下去。

举一个例子，华夏学校的学费是按照大连市整体消费水平来定价的。当时我算了一下，定价不能超过5万元，超过5万元感觉有的家长承受不住。学校如果搬到北京，学费可以定到20万元以上，因为华夏学校整个产品价值是够的，而东北近年来经济一直下滑。教育是刚需，即使这样，也得考虑家长对价格的承受能力。反复权衡后，定的价格是不高于5万元而且承诺5年以内不变。为什么要这样？我和家长要同舟共济，一起活下去。学校能正常发展，就可以让我有时间搞研发，完成更大的目标，培养大才！对于华夏学校来说也是求生存、蓄力量，不敢去求太多利润。

德鲁克先生说："定价唯一的方法就是从市场愿意付出什么价格开始。"请注意，不是说要打价格战。但当整个市场发生变化的时候，企业必须要做战略调整，市场变我就变，市场不变我就不变，要考虑这些。德鲁克先生还说："商品之所以吸引顾客，主要在于它对顾客本身的贡献，在于顾客的期望与价值感，请牢记顾客的价值感绝不等同于生产商对自己产品的观感，一定要让他觉得值。"这里注意顾客的价值感绝不等同于生产商对自己产品的观感。企业认为的产品和顾客认为的产品有时不是一个东西，我认为这个东西好，好得不得了，但顾客就不认这个东西，他不认就不能成交，不能成交现金流就起不来。最后一句话很重要："一定要让他觉得值!"在疫情期间，做销售更要制定策略，怎么让顾客觉得你的产品很值。虽然我兜里的钱有点紧张，但我还是得买你的产品，因为你的产品太值了。企业的产品只有达到这个状态的时候，才有可能引导需端消费心理变化，产品销售才能做好。

这部《予学》推荐给大家，"人皆有图也，先予后取，顺人之愿，智者之智耳"。要懂得给予，要顺人之愿，与前面德鲁克先生说的"让顾客觉得值"是一样的。如果这个时候企业只是想着自己的愿望——我想生存、我想赚钱，而没有想到顾客，就会倒闭。一定要具备人类命运共同体、同舟共济的思想，用这个思想制定这个时期的策略。

其三，全员全方位营销。做好准备，就要打人海战术。1946—1949年内战的时候，共产党只有80万军队，为什么能赢？因为我们依靠人民群众打好人民战争，老百姓都帮助我们，推车上前线送水送粮，所以国民党失败了。今天企业突破困境，也要全员全方位营销。稻盛和夫先生说："不管时代如何变迁，达至革新成功的唯一的王道，就是注视自己的脚下，不知疲倦地、无限度地去寻求自身具备的一切可能性。”

最近读到王育琨老师的一篇文章，其中的两句话给我启发非常大。

每个人都有巨大的无穷性，每件事都有巨大的无穷性，每个当下都有巨大的无穷性。这个真相没有多少人知道。

为什么？因为我们按照惯性做事，因为我们躲避挑战和困难，只愿意复制过往的做法。而挑战和危机本要激发无穷性，却被推给了他人，因为我们养尊处优，一心要过顺遂的生活。

挑战来到了，困难来到了，危机来到了，我们还使用过去的做法能行吗？向内找，去激发我们内在的无穷性，这个时候方法就来了。

如孝法师说：财富的最大来源是什么？是精神。当我们遇到困难的时候，首先要激发精神的力量、精神的斗志。

和中国比，新加坡的国土面积相当于我们一个县的面积，一个地级市的人口，一个省的经济总量。新加坡的总面积仅仅是 707 平方千米，但其财政收入达到了 2000 亿元人民币以上。一个县的面积，一个省的经济总量。新加坡为什么这么强？是本来就这么强吗？新加坡恐怕是全球唯一一个原本寄希望于一个邻居大国合并求生存，却被赶出来，被迫走向独立的国家。为了求生存，新加坡在极其困难的情况下，采取了招商引资，他们做到什么地步？如果拨打 100 个电话，有 10 个总裁回复你或者愿意接听电话，已经算幸运了；如果这些人中有 2 个能同意来新加坡参观访问，你就更幸运了；如果最终能有 1 个人愿意在新加坡投资设立公司，你真的是幸运至极了。这就是当年新加坡政府招商引资的精气神。如今拥有众多跨国公司、东南亚投资的首选地——新加坡，之所以发展起来，得益于新加坡稳定的政局、廉洁高效的政府和较低的人力成本。当时新加坡为了招商引资，把人力成本降下来，就让当地的百姓拿低工资，人力成本消耗很小，这样就把很多企业招进来，后来新加坡才发展起来了。新加坡做了很多舍、给予，特别勤奋，把自己内在的无穷性拿出来，就靠这种精神的力量来获取投资、获得财富。财富来源于什么？精神！今天，我们的企业能不能去打100个电话？能不能去邀约100个以上的人？这种精气神，可谓“上下同欲者胜”。

在这种困难的时候要团结起来，所有人一起参与销售，把渠道建起来，定好策略，大家来执行。一家企业销售能取得好的成果，与销售的策略、投入的人力、物力有关。我们的物力可能不足了，那就把人力补上去。稻盛和夫先生在讲他拯救日航的时候说过这样一段话：“一般人理解，敬天爱人是敬畏规律，用仁爱之心爱人，太浅了。敬天爱人最重要的是敬畏员工巨大的无穷性，敬畏每个员工当下巨大的无穷性，因为我是从一线摸爬滚打出来的，我知道一线关键岗位大头兵是一家公司最重要的资产，他们身上有着巨大的无穷性潜能。”你的企业还有一个巨大的能量场没有激发出来，就是你的团队，企业的所有员工。稻盛和夫先生接着又说：“我没做啥，我也不懂航空，我上午跟高管开会，听到一大堆抱怨。我下午休会就走向一线员工去跟他们握手，以心碰心，把高管们说的那些难题摆出来，听他们的意见，他们对每个难题都有解。第二天再给高管开会时，我就有底气了，甚至敢对他们拍桌子。我尝到了甜头，于是3个月内我就跟3万名日航员工握手问计，请教日航的真问题和解决方法。”

稻盛和夫先生的做法，3个月内跟3万名日航员工握手问计，请教日航的真问题和解决办法，激发日航员工内在的无穷可能性。“上下同欲者胜”，全员做销售，定的策略一起来执行。这么一种简单的行为，员工就被激发了，日航的能量场就不一样了。拯救日航的是日航员工身上的无穷性潜能。稻盛和夫先生的作用就是敬畏员工巨大的潜能，并开辟通道，建构文化能量场，让那些潜能释放。这是当时他拯救日航激发内在动力的方法。

有个前提，日航有清晰的使命——共同幸福。稻盛和夫先生到日航是为日航共同幸福来的。有了共同幸福的使命，才能把整个员工能量激发出来。他深入员工当中，激发所有员工的力量，最后成就了拯救日航这件事。

综上所述，我们要做好三个准备：一是需端的定位；二是供需两端的心理调整；三是全员全方位销售。接下来要做一个销售策略，我给大家提供一些思路。所谓销售，无外乎要解决三件大事：一是怎么让“顾客”知道我。这个顾客是打引号的，就是我们所定位的顾客。二是怎么让顾客体验我。三是怎么让顾客选择我。就围绕这三件事制定策略，有了这三步我们就能够成交。顾客知道我，就保证了信息的通畅，创造了消费的可能性。顾客有体验，产品和需求产生互动，产生满意度，供需链条开始连接起来。

顾客为什么会选择我？他认可我的价值与价格，所以确认消费。价值他想要，价格他能接受，所以就消费了。知道—体验—选择，就围绕这个思路定策略。员工力量启动了，全员参与销售，策略非常清晰，企业就好办了。然后还要跟销售专家学。“学而时习之，不亦‘越’乎？”先“学而”，再“时习之”，顺序不能颠倒。不学就做属于蛮干，蛮干不出效果。学什么？学那些标准的、正确的、跟你企业最相关的、最合理的、行业对位的销售策略，然后去复制它，几年以后还要超越它。

推荐稻盛和夫先生的《在萧条中飞跃的大智慧》，这本书专门讲企业遇到困难时要怎么办。读这本书就叫“学而”，还有很多很好的书，大家去找，针对自己的情况。我们很多企业不是没方法，是没去找方法；不是没思路，是不去听思路。自助者天助之。很多企业为什么会倒闭？因为没有勇气、不敢承担、不愿意学习。像稻盛和夫经营的企业——京瓷和KDDI，经历那么多次的困难都冲过来了，他的智慧就可以搬过来用。这时候一定要“学而时习之”要向人家去学，不会什么学什么，不会销售学销售，不会电商学电商，跟上时代的脚步。“学而”就是别人怎么做，我先学会它，然后超越，走出自己的道路来。一定要向别人学一学，不向别人学，我们自己在家想是想不出来的。想，没有学来得快。

孔子说："三人行，必有我师焉，择其善者而从之，其不善者而改之。"一定有比我强的人，一定有我的老师。向稻盛和夫先生学习，向很多人学习，李老师也可能给你提供一些思路、一些内在心性世界的东西。有这种学习的心，就好办了。

我们来看一些官方报道。疫情期间投身商业直播大潮的，更多的是为了企业生存发展身先士卒的企业家们。一大批企业家带着各自的品牌、产品和团队，或经验老到或仓促上阵，一起"你方唱罢我登场"。一场场直播的背后，更有着让人感叹的动因。疫情暴发后，林清轩 157 家门店歇业，6 天时间，整体业绩下滑 90%。公司 2000 多名员工，但账上的钱仅够活 62 天。有一天，品牌创始人孙来春在书桌前坐了五个半小时，痛定思痛，决定唤醒所有人一起面对，开展自救。他将所有业务向线上转移，开始进行不需要线下开门的"淘宝直播"。孙来春披挂上阵，开始了人生第一次直播，没想到有 6 万多人观看，卖了近 40 万元山茶花油，还收到了 36 万个点赞。林清轩不仅没有"挂掉"，业务还逆势达到上年同期的 145%，部分门店甚至翻了 1 倍，这家企业活下来了。

同程 4 个团队、5000 人、15 天从全体员工差点儿失业到全体员工自救再上岗，危中求机，合力拼搏。同程生活卖菜一天近 1 亿元；卖 84 消毒液，一天 3000 单；咪店一天 1000 万元。他们说"只要心中有梦，眼中有光，创业者不死"。这些企业的故事值得我们借鉴。有很多办法可以想，事在人为，天道酬勤。这个时候，正是我们内在自我突破的时候，突破我们过去不敢做的、应该做的事情。

应该做的事情，即使有困难、不会做，一定要学会去做。成长就是从挑战自己不会做的事情开始，没有这种挑战我们很难成长。我和大家一样，也在不停地接受新的挑战，这么多老师，这么多孩子，还有教育事业，自己不会做的都得现学。这个时代要靠我们来托起，到了要自我突破的时候了。

给大家讲一个我们华夏孩子突破的故事。一年级的孩子，只有 6 岁，义卖我写的书《教子有方》，一天沟通了72人，卖出了15本。她说，“当阿姨放弃我的时候，我很难过，但是我要让校长这么好的教育理念被更多人知道，所以我就接着去做”。大人们问她，你被放弃的时候难过吗？她说：“有一点，但是没关系。”这种孩子在我们学校有很多。全校一年级到六年级的孩子几乎都参与了义卖活动。他们义卖赚的钱是要捐给四川大凉山贫困山区的孩子们的。孩子义卖的视频，我放给大家，希望可以激励你们。如果我们拿出孩子们在街头卖书的勇气，我相信没有攻不破的难关。而这种勇气，正是稻盛和夫先生所一直倡导的——付出不亚于任何人的努力。这是打开我们困难的钥匙。再给大家推荐两部片子：一部是最近央视在播放的《绝境铸剑》；另一部是电影《首席执行官》。企业可以全员看，看看他们是怎么走过困难的。我们所害怕的，正是我们要突破的，困难的时候正是磨砺我们的时候。

想突破困难，离不开两大要素：一个是智慧；另一个是善缘。智慧管什么？第一，给我们提供思路，告诉我们用什么方法策略把困难克服。第二，发现使命激活人心。你的企业有了使命以后，就能把整个员工的心给激活，就能够“上下同欲者胜”。至于善缘，我们需要有贵人缘，来给我们提供一些思路，告诉我们怎么办；需要员工缘，来全员参与战斗；需要顾客缘，来消费支持我们；还需要资本缘，出手相助。当这些善缘到来的时候，我们就能从困难里突破出来。那么，这些善缘能到来吗？给大家提供10条善缘自检的方法，如果能做到，很多缘分会出现帮你来克服困难。有时候我们自己不能克服的困难，一个缘分出现就可能帮我们克服了。

第1条，你过去是一个乐于帮助他人的人。

第2条，你有几个至交的朋友。

第3条，你正在做的事情，是非常有意义的。

第4条，这件事如果做成，可以惠及很多人，而不只是你自己。

第5条，你愿意为这件事放下自我、放下面子。

第6条，你能够无所畏惧，身先士卒，行所当行。

第7条，你已经付出了全部努力。

第8条，你愿意走出来沟通，真诚地说出你的困难。

第9条，你能够倾听不同的建议，哪怕是批评。

第10条，你常常心怀感恩。

如果这10条我们平时都能做到，我相信一定会有善缘出来帮你。如果你一直是孤军奋战，始终没有人来帮你，请你把以上10条对照一遍，看看自己缺了哪几条、做了哪几条？这世间的事情没有无缘无故的，我们先做到了，别人才会帮我们。困难是逼着我们做出改变的。我们肯低下头、肯做出改变，事情就解了；我们不肯低头、不肯改变，事就解不开。所以，困难是“困”谁的？是困我们自己的，不是困别人的。困难是向我们提问来的，来问我们：你愿意改变吗？愿意为这家企业做出改变吗？你愿不愿意接受别人的建议和批评？愿不愿意身先士卒？愿不愿意挺身而出？愿不愿意利他？愿不愿意把你的企业做成善业、做成道业、做成利益大众的事业？这些问题接踵而至。

为什么困难之后我们能成长？因为我们告别了自己过去很多牢固的、看不见的缺点。没有困难时，它隐藏起来，我们没有机会去观察它。所谓挑战，就是你改了就突破，你不改就把你憋住。

我就这么走过来的。我改一点，前进一步；再改一点，又前进一步。我不改的时候，我那些文化梦、教育梦就是走不动，就把我憋到那里，你想什么办法都没用。后来我只能改正我自己，去倾听大众的声音，去好好学习。这些年，我是在改正错误中度过的，努力去一条条要求自己。当我自己改变了，发现很多事就解开了。

善缘和智慧，是解决困难的两个重要法宝。它们来自我们的大愿，这是我要讲的核心——所谓的“愿能生缘、愿能生智”。这个愿能产生这两个最重要要素，而这两个要素能把困难给破开。困难之所以是困难，还是智慧不够、善缘不足。智慧不够、善缘不足，深层是愿不够了。这时是朝着自己下手的时候了。为什么我们找不到愿力？为什么没有这个愿？为什么出这种问题呢？如果我们只为自己，我们一定会患得患失，如果为了员工、为了大众，我们就会有无穷的动力。

内战时，为什么中国共产党的兵力少于国民党却总能打胜仗？共产党打仗是为老百姓，国民党是为了自己的权力、利益、金钱。共产党是有愿的，所以一定会赢，而国民党不是。什么叫患得患失？患得，就是我想成功；患失，就是我怕失败。重点是哪一个字？都是“我”字当头。“我”字当头，哪会有愿呢？想成功，怕失败，每天满脑子都是这个想法，哪还有精力去考虑突破困难呢？这都是烦恼，把自己给憋住了。为什么缘分进不来？因为有一个大大的“我”在这儿横着。我有私心的时候，别人就不愿意来帮我们。这不很明显吗，为什么帮你？大家不愿意帮一个有私心的人。

当我们有“我见”的时候，别人的建议就进不来。“我见”就是这样，你的整个策划、谋略还有很多漏洞需要补的，你自己看不见但又不愿意听，那别人怎么和你说呢？“我见”很重的人，别人没法给你提建议，这个“我”字太大了，也就是私心很大，缘分进不来，建议进不来。愿提升不起来，什么都走不进来。所以要打破自我，这是打破困难的真相。困难是来干什么的？是要我们突破自我的。我们为什么会胆怯？因为背后那个“我”。那个“我”不放掉、不忘掉的时候，你一定会胆怯。当我们放下自我，忘记自我的时候，就是“无我”的时候。当你做到“无我”的时候，你就有了力量。

怎么样是“无我”？——把自己的事业的目标调整为为了大众，为了员工。去看看你的员工，100 多号人，他们要发工资，他们有老人，他们要生活，孩子要交学费，孩子要高考了，这怎么办？所以当家人要把这帮人带起来，冲过去，要自救。你不要老想着“我们家存款 1000 多万元，还有房有车，企业关了，我跑了”，这个没有出息。为什么胆怯？因为有我。为什么勇敢？因为无我。

当你的心想到大众的时候，想着人民的时候，想着员工的时候，你的勇气就上来了。如果最近你的勇气上不来，我建议你和员工坐下来，谈谈生活，谈谈人生，谈谈他们内心的想法、他们的渴望，谈谈他们的困难，你就知道我们的责任是什么了。《首席执行官》讲过一段话："每当我站在窗前的时候，看员工潮水般涌向工业园，我的肩上感到一种责任。"这就是我们的责任，这种责任产生勇气，我们做企业为了什么呢？仅仅为了赚钱吗？

在此，把一篇我写的文章《我们做企业为了什么？》分享给大家。

我们做事业的目标，仅仅是为了要做很大，要赚很多的钱吗？

如果我们想用这个目标一直走下去，我们可能真的需要再度深入思考了。

一年又一年，业绩、人事、利润……一切都会过去，如过眼云烟，唯有什么会留下？我们的心！

我们曾经帮助了多少人？曾经为多少人送去欢乐与幸福？这个世界有没有因为我的不懈努力，变得更加和谐而美丽？我的内心，有没有变得更加纯净？

我们不是为了赞美，更不是为了赢得别人的关注与认可，我们只不过在有滋有味地给自己做着一项净化心灵的锻炼。

亲爱的朋友，关于事业的真正意义，您读懂了吗？

事业，它能够磨炼我们心灵，让我们升华，使我们变得更加勇敢。事业也能助长我们的欲望，让我们变得更加自我，使我们胆怯。

亲爱的朋友，随着事业的起起落落，我们的心是不是变得更加善良？我们的心是不是变得更加勇敢？我们的心是不是变得更加坚强？还是被事业折磨得脆弱不堪，身心疲惫？事业，有没有让我们变得更加痛苦、迷茫？

我们不是事业的奴隶啊，事业，是我们炼心的道场！这，才是我们所追求的！做事业，就是练心！

奔跑，而且不知疲倦；做事业，而且不为事业所伤，连困难都是来帮助我们磨炼心灵的。

只要是对他人有益的事情，就竭尽全力去做。无须畏惧，也不必在意结果，做的过程，就是最好的结果。

正是因为人生有疾苦，才更要把它视为对灵魂的锻炼与考验。苦难是淬炼心性最好的机会。

把考验视为“机会”，唯有这样的人，才能在有限的人生中，活出属于自己的一页美丽篇章。

这样，无论最后成与败，我们都是赢家！因为我们的心，已变得更加智慧、更加明亮。

可是，如果定错了方向，我们已经早输掉了！因为在我们的心中，塞满了太多的自我！

能压垮我们的，并不是现实中的困难，是生活在愚暗、贪婪中那颗自我的心。人生最终的答案，并不在于事业的成与败，而是是否拥有一颗纯净的心灵。心性，才是我们这一生最终的成绩单。

活着总要受苦，但不能白白受苦，受苦要找到受苦的意义。

做事业的过程会吃很多苦，会经历很多考验和磨砺。当你坐下来，参悟这些苦时，你会慢慢逼近生命的真相，你的心灵会超越，最终获得喜悦和智慧。

稻盛和夫先生说：尽管人在世间尝遍酸甜苦辣，历尽幸与不幸交织起伏的人生，在撒手人寰之前，还是得努力不懈地活下去。这整个过程就像磨刀，让我们提升心性，修养精神，带着比出生时更高层次的灵魂离开人世。如果你问我：“这一生所为何来？”我会毫不犹豫也不带一点骄傲地回答：“我是为了做一个比降临人世之初更好的人而来。”换句话说，哪怕只比原本好一点点也无妨，我就是为了带着净化过的崇高灵魂离开人世而来的。

当我们真正看破的时候，当我们真正放下的时候，也正是我们真正可以拿起的时候。

放下的是自我，拿起的是对大众的责任，对时代的担当，对生命的捍卫！

经营我们的事业与人生，努力地为所有人的幸福而奋斗，从不懈怠，也不畏惧。未来，回首前尘往事，我们可以俯仰无愧地说：这一生，活得清醒，有意义、有价值。

第4章

企业家修炼

企业家道思维

什么是道思维？请看这幅图。

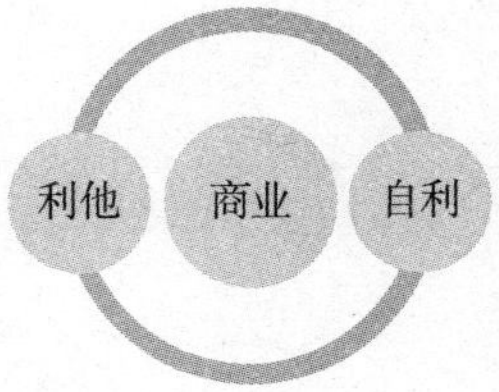

道思维有两种解读。第一，只有利他才能自利。第二，要想自利，必须利他。利他和自利一定是一体的，拆开就不成立。

老子在《道德经》里说："非以其无私邪？故能成其私。"直接说：以其无私，方成其私，你想实现个人的生活改善、事业成功，必须无私。

什么是非道思维呢？

非道思维就是把自利和利他对立起来，认为我想自利，我就不能利他，我要利他我就不能自利，存在这种想法的人很多。

尤其是在疫情到来的时候，企业遇到困难，要收缩资金链，很容易走上自私自利的道路，这会导致企业的困难更加艰巨。

道思维它在历史上是怎么形成的？

道思维是人类智慧的结晶，是人类经过千年之后，发现确实要走道思维，为什么呢？人一出生就会有欲望，这很正常，有欲望就会产生纷争、斗争、战争，国与国争，人与人争，最终争则乱，乱则衰。家和才能万事兴，国和才能天下同。争就会衰，衰就会苦，谁都得不着。

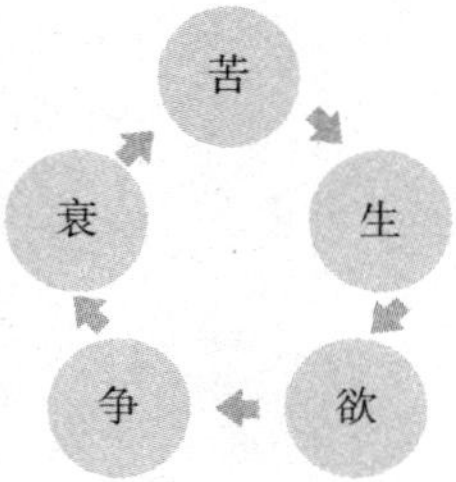

因为吃过这个苦头，人类开始思考，怎么能共生共存？“师者，传道授业解惑者也”，一个人长大，学道是他进入社会的一个必然经历，这个道是什么，整个社会共存的法则。有了道以后，人进入社会懂得利他，自然就能够自利，就会兴盛起来。

这个道本来就存在，那些伟大的圣贤发现了以后，传给大众。在古代为什么老师这么重要，因为老师要传道，道不远人，它是整个社会共存之道。道是公共的道，是人与人、组织与组织之间可以共存共荣的最合理准则。

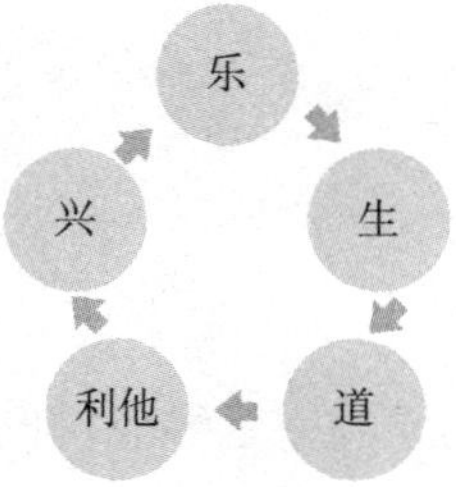

不管是疫情还是非疫情，道的存在永远都是一样的，尤其是在疫情期间，更考验我们对道的坚持和运用。

讲一个故事：在一个寒冷的冬夜，有个抱着柴火浑身发抖的人，对着一只因为缺柴而快要熄灭的大火炉叫道："你什么时候给我温暖，我就什么时候就给你添柴。"最后炉火熄灭了，这个人也冻僵了。

"你什么时候给我温暖，我就什么时候给你添柴。"你都没利我，我利你干什么？这个想法看起来好像很对，就是这种想法，最终导致两败俱伤，社会走不动，每个人都站在自己的视角，不能遵守公共法则。

今天中国有的企业可能还犯这样的错误。不先给"火炉"送去"柴火"，火炉怎么能给他温暖呢？温暖是相互的，温暖他人就是温暖自己。

可能大家说，我没有"柴火"，那你还有什么？当你想利他的时候，你一定会有利他的能力、资源、方法；当你很自私的时候，你会有千种理由、万般借口。在这一轮的疫情大潮中，极有可能出现那些非常自私的企业被淘汰，而那些懂得利他互利的企业能够生存下去。

疫情到来时，利他不是我们过去说的普通利他，不是简单的善良。利他是一种战略、策略。

中国为什么要搞"一带一路"？为什么援建非洲？为什么支持意大利？利他。利他对于我们来讲，是战略、策略和胆略。如果他们都没有了，我们和谁做贸易？大家好才是真的好。这时候就是拼你的道思维够不够。

内部，上层利益下沉，我们带着百姓脱困、扶贫；外部，支持友邦邻国，一起走出疫情的伤害。利他是需要训练的。如果没有这个，我们面对疫情的时候，可能因为过度自私，使我们在疫情的压力下加重整个问题。在这里提醒大家：不团结、过度的自私可能会使疫情带来的困难加重。

这次疫情给中国企业已经带来了困难，根据《新冠肺炎疫情对中国企业影响评估报告》，新冠疫情目前在全球超过 199 个国家和地区持续传播，全球经济增速下滑至每年 20% 以上，可以定义为全球衰退，供应链受到干扰，消费的投资需求萎缩，经济活动大幅减弱，市场信心受损。

根据国家2020年3月16日公布的数据，1—2月我国规模以上的增加值、投资和消费，同比分别下降13.5%、24.5%和20.5%，失业率达到6.2%。其他国家的情况比我国严重得多。疫情对企业上半年营收影响最高可能导致1/3的企业上半年的营业收入会腰斩。中小企业的生产经营受疫情影响较为严重。同年4月调研报告结果显示，多达30%的企业预计上半年营收同比下降超过50%。中国中小企业协会的调研结果显示，截至2020年2月14日，38.9%的企业反映经营暂时处于停顿状态；29.43%的企业反映疫情将导致企业亏损；18.13%的企业反映经营勉强维持。

这是我们的现状。这些大家觉得可怕吗？不可怕。为什么？2018年，习近平总书记说过这样一段话："中国经济是一片大海，而不是一个小池塘，大海有风平浪静之时，也有风狂雨骤之时。没有风狂雨骤，那就不是大海了。狂风骤雨可以掀翻小池塘，但不能掀翻大海。"

中国经济会受影响，这是一定的，但是没有问题，目前看我们整体的国内的实力是很强大的，但是很多中小企业在这一次的疫情中恐怕要被淘汰，大家必须联手抗疫，就像抗洪一样，洪水滔滔，扔进一个沙袋最后就被卷走。可是如果扔一排沙袋，后面就没有事。

建议企业和企业之间要联动起来，要互相帮忙、互相携手。我们不仅要考虑自己的生存，还要考虑大家的生存，企业不停地互动、利他自利，抱团往前走才能冲过去。要从我们过去单纯地求生存转向图共存。因为如果不共存，即使疫情过去以后，整个产业链条也会受到打击。任何一家企业都很难独立生存，没有供应商，产品造不出来，产品造出来，没有顾客也不行。

今天的中国企业必须共同谋发展，"疾风知劲草，岁寒见后凋"，千万不要因为困难抑制了你的智慧和心量，要有这种大心量、大智慧。如何运用道思维呢？

企业要和四方共存：第一，国家方；第二，员工方；第三，顾客方；第四，供应商方。这四方联合起来，那么就能共存下去，而不是独存。

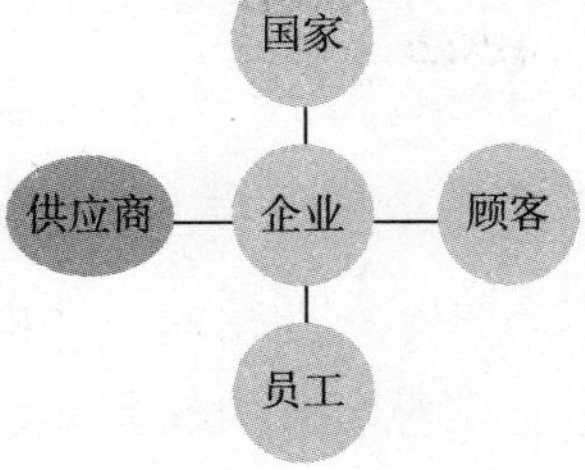

第一，与国家共存。企业一定要考虑国家整体利益、考虑国家总体战略，国家就是靠山。

当年美学家、教育家朱光潜先生，在中华人民共和国成立以前，深有感触地写的一段话："国家民族如果没有出路，个人就绝不会有出路；要替个人谋出路，必须先替国家民族谋出路。"这种思维方式必须建立起来。

但是，这个时候却难以建立这样的思维，为什么呢？因为企业太困难了。有人说："我企业这么难，还让我为国家谋出路？"别怕，注意这里有一个先后，如果我们国家没有问题，等到明年、后年国家发展起来了，创业永远有机会。

大家想一想，1978 年至今，40 多年，为什么中国企业家能白手起家，将企业由小做大，还能做出千亿级的企业？因为我们有一个和平的环境，有一个稳定的国家，国家托着我们，我们才能够一步步发展起来。如果国家发展很快，引领整个世界，我们还怕没机会吗？越是在困难的时候，越是要先想到国家。因为做企业不是一天，也不是一年，是一辈子的事，国家好，我们永远有机会。

不要说"别人努力就好了，他们保护好国家就行了，我做生意"。这个想法是有问题的。大家知道什么问题吗？"不谋全局者不足谋一域"，一个人做企业，如果不了解国家的政策走势，能做出准确判断吗？很多企业决策为什么出问题？就是看不清国家走势，看不清国家与企业自身的关系。

为什么看不清国家走势？因为犯了一个最基本的错误，在他脑海中从来没有国家。举一个家庭的例子：一个家庭有两个儿子，老大很孝顺，老二不孝顺，请问谁最懂父母的心思？一定是那个孝子。而父母人生阅历很丰富，他会把家道、家风传给最懂父母心思的。其实，对老二他也传了，但老二充耳不闻，即使天天有“新闻联播”他也没看，就这么简单。

所以，谁最忠于国家，谁对国家的政策解读就最准确，谁心里越有国家，谁就越知道如何跟上国家的节奏。哪类项目该上，哪些项目不该上？国家要搞特色小镇，有人却圈钱圈地，把国家资源都圈走了，国家把项目给停了，都没赚到钱。没有大格局，多可惜！老想自己那一亩三分地，自私导致我们没有智慧，导致我们决策失误。

越能替国家着想的人，思维越开阔，角色越准确，要有这种思维方式。朱光潜先生接着说：“个人在社会中，如果不能成为有力分子，则个人无出路，国家民族也无出路。”

在这种疫情下，我们说爱国，为国家着想，应该怎么办？要成为国家的有力分子，把自己做强大。爱国不是口号，是自强不息，不让国家操心，我们把员工管好，保就业、保税收。“国之所忧，我之所行”，做一家能坚强的企业，做一家能抗风浪的企业，企业都这样，整个国家就富强了。

国家是由组织和人民构成的。作为一级组织，在这种情况下不能躺在国家身上，不能成为国家的包袱，一味地要政策，要主动站出来，要比以往更加勤奋。歌曲《国家》唱道：“一心装满国，一手撑起家。家是最小国，国是千万家……有了强的国，才有富的家。……国与家连在一起，创造地球的奇迹。”创业是一样的道理，这个“家”就是我们企业，创造奇迹！今年、明年乃至未来，一起来创造奇迹。“我爱我的国，我爱我的家。”

在鸦片战争之后，中国任人蹂躏，朱光潜先生说：“以往我们的错误就在于，大家都只为个人打算，全不替国家民族着想。我们忙着贪图个人生活的安静和舒适，不下功夫培养造福社会的能力，不能把自己所应该做的事情做好。一味苟且敷衍，甚至利用种种不正当的手段，去求个人安富尊荣，钻营、欺诈、贪污无所不至，这样一来，把社会弄得日渐腐败，国家弄得日渐贫弱，这是一条不能再走的死路。”

在晚清，许多人都在顾自己，最终我们输给了日本，输给了八国联军。今天大家也看到了，国际形势没有那么乐观，世界还是有很多不同的声音，有为中国说话的，有污蔑中国的，有说我们产品好的，有说我们中国制造不行的。偏偏这个时候有的中国企业不争气，在国外上市出了那么大的事情，他们为什么不成功？钻营、欺诈、贪污，无所不至，一开始就注定失败，因为违背了道。国家富强了，我们永远有机会。即使暂时遇到困难、跌倒还有机会爬起来，所以我们不害怕。

“沉舟侧畔千帆过，病树前头万木春”，有的企业要倒闭，有的企业能活下来，有的企业蒸蒸日上。为什么出现这种情况？都是因为运气问题吗？有没有可能是我们思维方式的问题？我们不知道的那些道理，可能就是我们的盲点。

第二，我们和员工是命运共同体，利他和自利。

为什么要和员工利他自利？

1929 年 12 月底，美国发生了经济危机，日本中央电视公司也确实不景气，当时公司高层下决心裁员，大家都认为不这样做公司就会破产。然而在养病的松下幸之助先生，听了汇报以后，忽地从椅子上坐起来，他说：“不，员工一定都不能裁！作为高层，这时就应该与全体员工同舟共济、共渡难关，人心难买，懂吗？各个企业都不景气，都不招聘员工，我们把员工裁掉之后，他们去哪里吃饭？他们去哪里就业？他们岂不是无家可归了？”松下幸之助第二天就回到企业，跟员工商量这件事。沉默了一会儿，松下幸之助先生指示：员工一个不裁，工资照发，要把工厂面临的实际困难，如实地告诉员工，求得他们的理解与配合。事后公司高层当众宣布了松下幸之助先生的指示，并当场烧毁了原先拟定的裁员名单，之后员工都全力以赴，想尽办法推销库存产品。不到 2 个月，居然创下了公司历年来最大的销售额，工厂又恢复了全面运转，企业再现欣欣向荣的景象。不仅如此，在危机度过以后，松下企业的团队完全没有受损失，保住了人才，开始冲刺、崛起。

人才是什么？人才是企业的第一财富！富有远见的企业家，都不会轻言裁员。裁员并不能从根本上解决企业所面临的困难。企业家只有用长远的目光稳住阵脚，抓住随时出现的机遇，渡过难关。在危机过去之后，就会迎来更大的机遇。这时候我们要想尽一切办法保员工，从我们的慈悲来说，是保他们的饭碗；从我们的智慧来说，是保企业的财富，主要员工不是包袱，用好了都是财富，主要在于如何去激励他、使用他。

三国时期，刘备在新野，曹操来打，于是他带着百姓跑，百姓跑不动，有人提议抛弃百姓，刘备说："民不弃我，我安忍弃民？"就是一念悲心，改变了刘备的命运，以仁义著称天下，很多人才纷纷归顺，后来创立了蜀汉。

我的一个朋友叫张书颜，在浙江做品牌女装，因为疫情企业受到影响，她作为企业当家人，亲自网络带货，销售服装，身体透支得快承受不住了。我就在微信上给她点赞：好样的！挺住！她个人财富是够的，为什么还要站出来？不是为了自己，是为了员工。销售上去了，资金回流了，员工就能够有安稳的生活，所以我给她点赞。不是赞她的销售能力，而是赞她的一片慈悲之心。

人生来到世间干什么？就是培养慈悲心。"生命如同莲花，历经苦痛和混乱，在苦痛和混乱中茁壮成长，直至成为一个真正慈悲的人。"我们人生就是要经历很多困难、磨难，在苦难混乱中，我们茁壮成长起来，最终让我们变得很慈悲。

大家不要害怕困难，困难和机遇本来就是硬币的一体两面，困难越大，背后机遇一定越大，在于谁能把握住。你有困难，别人也有困难，不是你一个人困难，这时候谁挺过去了，谁就赢了。

困难像淘汰赛，尤其是2020年，像世界杯外围淘汰赛，这次困难之后，中国将迸发出一批特别有能力的企业，参与全球更大的市场，在全球市场显身手。过去一直受西方压制的行业，这一次可能销售能力、研发能力、降成本能力都会大大提升，为走向世界做好了充分准备。

大门已经敞开了，这难道不是机遇吗？所以，困难是来磨炼我们的，不要单纯看困难，要把团队凝聚好，知道我们追求什么，在利他中自利，实现命运共同体。

第三，企业和顾客，如何利他和自利。

疫情到来，供方、需方都遇到了困难，怎么办？同舟共济，想办法怎么共渡难关。这需要我们供需之间沟通商量，不像过去按市场规则走，今天我们要探索目标的调整，我们的目标是图共存，共存下去未来还有机会再做事，别担心。

《予学》中说：得失之患，启于不舍，不予之心，兴于愚念。在得失之间有患得患失的心，起源于我们自己不敢舍，不敢帮助人，不敢帮助别人的心是什么？我们内在有愚昧的念头，我们要反思。

《予学》又讲道："强者不予，得而复失；弱者不予，失之难测。"你的企业很大，可你却不愿意帮别人，他们都倒闭了你能好吗？你也需要消费者，你也需要供应商是不是？"弱者不予，失之难测"，你本来就很弱小，再不和别人联手就往前冲，你更容易倒下。

所以，不要老说困难，要想想和别人怎么能够图共存的问题，不要让困难限制了我们的思维方式。尤其在困难的时候，不是个人的困难，是集体的困难，这就一定要帮助别人，给予别人最需要帮助的东西，这叫"予人至缺，其可立也"。今天的中国企业特别需要互帮互助。

如果全国不帮武汉，会发生什么？我们帮武汉难道不是帮自己吗？这就是中国的思维方式。我们国家的领导英明，调集全民之力去救武汉，最后全国人民一起享受成果。

《能断金刚》里说："金钱本身是经由维持一个宽容大度的心态所创造出来的。"财富金钱是怎么来的？维持一个宽容大度的心所创造出来的。

不管是在疫情期还是非疫情期，我们的心始终保持这个状态，那么我们的未来就会有很多财富。不要因为疫情让我们心量变小。心量变小，困难就会变大。越是艰难时期，越要调整好心态。

第四，供应商和企业，利他自利。

企业给供应商订单，供应商给企业供货，彼此是交易关系。大家想过没有，如果供应商都倒闭了，企业怎么办？

湖南有个挂面大王陈克明，做挂面20多年，做成行业第一。他做事很有意思，早些年他们买了不少的自动包装机，有的新设备不过关，买回来不好用，返修率很高，难以发挥作用。所以不少人抱怨他将钱打了水漂。陈克明说："你们看问题的思维方式不大对，我们国家研制挂面机械设备的厂家并不多，规模也不大，资金实力也不雄厚，他们研究出一代产品，是付出了辛勤劳动的。如果挂面企业都不去买，他们的研究还有什么意义？他们的资金链断了，不去研究了，我们挂面设备的现代化，何时能实现？"因此，明明知道买这些产品可能会吃亏，这个亏也是该吃的。这家企业起点很低，是个家庭作坊，可如今成了挂面行业的龙头企业。

他做到行业第一，好多人学他的经验，他最根本的经验是他的心量。为什么能够行业第一，因为他有行业第一的心量。我们为什么还没有做到行业第一？因为我们没有行业第一的心量。甚至我们还嘲笑人家这种做法，我们所嘲笑的可能正是我们应该反思的。所以，做企业要向那些"第一"好好学一学，不是简单地学做法，要学人家的思维方式，他们的心量这么大，能和供应商达成命运共同体，所以人家企业才发展这么好。

陈克明经常说："利他才是最大的利己。"我们的心有多大，我们的世界就有多大。我们心里装着国家、装着员工、装着顾客、装着供应商，我们心有这么大，事业能做不起来吗？如果一来疫情，我们心里只剩下自己了，忘了国家、忘了员工、忘了顾客、忘了供应商，你的难题可能就解不开了。什么限制了我们的思路？是一种非常可怕的东西，叫"自私"。自私很可能会变成我们突破困难的障碍，让我们成为抱着柴火却冻僵的人。

为什么要使用“企业道思维”？用“道思维”就能突破困难——众人划桨，同舟共济。2020 年我愿意把这些年所攒的课程都拿出来，与大家分享，很多企业因此会受益。有人会问“老师你能得到什么”？我得到了成长，大家好才是真的好，中国好才是真的好。这是磨炼我心量的时候，以前我每年只服务 100 个企业家，我的心只有这么大，2021 年我也要提高心量。我的心量大了，视野也就开阔起来。2014 年我去拜访稻盛和夫先生的时候，稻盛和夫先生教导我说：“一个人最终事业的大小，与你的心性一模一样，不多一分不少一分。”你有多大的心性，就能做出多大的事业。心性不够大，那么事业就做不大，不管是面临困难还是机遇，不管面临逆境还是顺境。顺境、逆境都不应改变我们内在的心量。我们极力去帮助他人，哪怕给朋友点个赞、出个招儿、想个办法都行，大家联合起来这事就能解开。

未来我们前途非常光明，中国目前是全世界第一个走出疫情困扰的国家。中国又是一个人口大国、资源大国、农业大国、制造业大国、互联网大国、文化大国，这些先天条件已经决定了，全世界第一个走出经济困境的必然是中国。那么接下来会发生什么？第一家走出困境的中国企业，已经练好了内功，蓄势待发，用中国的强劲动 0 力激活全球经济，构建人类命运共同体。

所以，2020 年我们是练内功的时候，是蓄势待发的时候，是准备在明后年放手一搏、沧海弄潮的时候。有人说：“2020 年确实太难了，苦得都不行了，从没经历过这么多事。”孟子说：“所以动心忍性，增益其所不能”，扰动你的心，培养你的忍耐力，增加和补益你过去所不擅长的东西。如果没有疫情，你能来学习吗？能来听课吗？你的企业还有利润，你就不学习是不是？因为你困难了，为了找思路才出来学习。“动心忍性”是为了“增益其所不能”。我自己也是这样，过去我为企业家服务，一套课讲一年就行了。2020 年不是这样了，企业遇到那么多困难，得站出来讲新课，为企业家提供有帮助的课，这是我们的责任。我也在“动心忍性，增益其所不能”。

接下来要调整一下我们的目标，我们要“图生存、蓄力量、练内功、壮筋骨、谋未来”。

困难疫情下，企业谁能在困难中活下来，谁能够保存实力、蓄积力量，谁能够苦练内功、降本增效，谁能够筋骨强壮、凝聚人心，谁能够高瞻远瞩、放眼世界，谁就是未来的大赢家。

正如《使命与发心》开篇的一段话：世界经济一体化的趋势越来越明显，中国作为新的经济中心，面对全球，大机遇到来了，那么，企业家的商业文明意识有没有跟上呢？站在这个高度看，中国未来必须建立自己的商业文明体系，凭此屹立于世界，这是大势所趋。

商业文明引领的是企业人的思维方式、思维高度、思维境界，是对整个商业的深刻洞见。如果没有这种思维，只靠机会、靠经验可以维系暂时的繁荣，却经不起真正的市场风浪的考验。

在这个时代，越是疫情到来的时候，越是整个商业重新布局的时候，未来中国企业将进入分流时代。企业之间的差距已经越来越大，而形成这种差距的最核心原因，是对人类最高端前沿的管理科学的学习与实践。

习近平总书记说：“新时代属于每一个人，每一个人都是新时代的见证者、开创者、建设者。”近 14 亿人的艰苦奋斗，终将汇聚成不可抵挡的时代洪流。有梦想、有机会、有奋斗，一切美好东西都能够创造出来。

中国经济必将引领全球，千帆竞渡，试看谁是高手！

企业家的心性修炼

这个话题的缘起是稻盛和夫先生。他的第一本著作叫作《活法》，最近大概是他的最后一本著作《心》出版了，通读这一头一尾两本著作会发现都是在讲心性修炼——企业家的心性修炼，亦如稻盛和夫先生在《心》这本书的序言中所说，“在《活法》这本书中，我表达了自己的人生观，人生的目的就是提高心性，磨炼灵魂，而在这一人生观的根底处有我的信念——人生中的成功也好，失败也好，所有一切，归根结底，要看我们能不能提高自己的心性，让它变得更纯粹、更美好。通俗地说：要看我们能不能把自己的‘利他之心’发挥出来。”稻盛和夫先生认为，“这是在迄今为止的人生中我自己体悟出来的实践哲学，它可以让我们的人生变得更加美好，我相信这是不会随时代变迁而变化的真理，我想把这个问题的重要性告诉肩负下一时代的使命的人们，以便让这个纷乱的社会变得更好一点。写《心》这本书就是希望在这方面做一点贡献，我想，这么说不算过分吧”。

目前《心》的中文版已经出版了，很多朋友在读，让我有一种更加强烈的愿望，想基于这本书和我曾经为很多企业朋友分享的《活法》来详细谈一谈“心性修炼”。大体分三部分：第一部分讲什么是心性，第二部分讲修炼心性的意义何在，第三部分讲如何修炼心性。今天晚上只是在探讨，我不敢说有精准答案，也欢迎大家能继续研讨，但我想这种探索式的研讨一定是有意义的，至少我们又迈进了一步。

“心性”一词这几年比较流行，最早是因为《活法》这本书问世，它的开篇序言有八讲，其中第二、第三讲开始谈人生的意义，稻盛和夫先生说，“我们人生的意义是什么？人生的目的在哪里？对于人生最基本的问题，我认为必须从正面回答，我的答案是提升心性，磨炼灵魂”。也正是从这本书当中，我们看到“心性”这个词为被很多企业家所了解、所认同、所应用。

往前追溯，当代著名的国学大师南怀瑾先生说过，“人类的文化，不管是东方还是西方，中心都是一个心性问题，它包含一切宗教、哲学、政治、经济、文化”，南老说到东西方文化的核心是在心性上，而且包含了一切宗教、政治、哲学、经济、文化。

青年时代的毛主席就读湖南一师范的时候，写过一篇文章《心之力》，他说，“故个人有何心性即外表为其生活，团体有何心性即外表为其事业，国家有何心性即外表为其文明”，谈到了心性和生活、事业、文明的关系，我们看到那个时候毛主席就已经使用“心性”这个词，而且开始指向了现实的世界。

民国期间有位高僧印光大师谈到“世出世间之理，不出心性二字”。世间的根本道理，出世间的根本道理，都不会跑出“心性”两个字。

关于“心性”的文章和著作很多，我挑选了这些名人的说法供大家参照。很多朋友问过我“心性”到底怎么理解，我把我的理解与大家分享一下：这五个杯子里装满了水，水的高低不同，好比我们每个人都有一颗心，但心状态不一样，有的人善良，有的人不善良，有的人慈悲，有的人冷漠，有的人从善如流，有的人造恶不止，人人都有心，人心各不同，我们用“心性”这个词来描述心的不同状态。心性，也可以叫心的性，心的状态。我认为稻盛和夫先生谈心性，大约说的是这个意思——每一个人心性达到了什么状态，是一个高状态还是低状态，好状态还是不好的状态。

提高心性，即提高心的状态，让心的状态变得更有力量，更加善良，用现代词叫提高正能量。

稻盛和夫先生说提高心性、磨炼灵魂。为什么要做心性修炼，它的意义何在？我们生活挺好的，还需要去修炼心性吗？稻盛和夫先生在文章中多次这样论述，“人生中的成功也好，失败也好，所有一切归根结底，要看我们能不能提高自己的心性，让它变得更纯粹、更美好”。这句话说得很明白，人生的成功失败，所有一切归根结底看能不能提高心性，能不能让它变得更纯粹、更美好，以这个为标准。如果我们能够提高心性，能让它变得更纯粹、更美好，就是成功。

稻盛和夫先生还讲过，“企业的问题说到底是企业家心性的问题，企业家有什么样的心性，就会做成什么样的企业。企业的问题说到底是企业家心性的问题”。企业家有什么样的心性，就会做成什么样的企业，当我第一次读到这句话时很有感悟。我们做管理学研究很多年了，一直想找一个根本点去解决这个问题，原来根本点在心性上！

既然如此，我们就从心性下手。2018 年，我开始组织东北的一些企业家做整体的心性修学，做了第一期班，大家感觉成长很快，之后我们做了第二期班、第三期班，他们给这个班起名叫“精进 180”，为期大半年的学习，持续精进，提高心性。

我当时做这个班的目的，就是想试一试企业家心性发生变化后，他的企业能不能发生变化？既然稻盛和夫先生说企业问题是企业家心性问题，那我们就改变心性，看看能不能解决企业的问题。做了三期“精进 180”下来，这次疫情期间刚好我有机会，去广东、北京、广西、福建，这次来到长春松原，走访了很多以前跟我一起学习的企业家朋友，我发现稻盛和夫先生所言甚是，这些企业家普遍反馈——这次疫情对于我们来说没怎么样，我们企业很平安，已经顺利突破过来了，我们内心没有什么担忧。我问他们为什么会这样，他们说不清楚。我个人感觉就是心性的改变，我们用了几年时间证明做了企业家心性调整，最终会产生这些效果。

方太集团的茅总，一直在将传统文化导入企业，也向很多企业推广传统文化。有一年在他的办公室，我们聊到中国企业成长最核心、最关键的问题，茅总说："柏映老师，我认为中国企业最难的是企业家个人的成长，而个人成长中最难的是个人心性的成长，如果这个问题不解决，恐怕我们给他提供很多系统方法、方案能够利益到他，却有限制、有阻碍。"当时这句话对我影响很大，我们一直在探索这个问题，并做出了实践。

2014 年有一件让我很难忘的事情，中国盛和塾组团去日本拜访稻盛和夫老先生，当时交流得很开心，每个人可以提问，最后一个问题留给了我。我问先生：您做了一生的企业，如果我们年轻人向您请教，给我们一些叮嘱，你最想叮嘱的是什么？当时稻盛和夫先生给了我这句话，"企业家能够把企业做成多大规模，与他内在的心性一样大小，不多一分不少一分"。这句话是稻盛和夫先生在日本送给我的，让我记忆非常深刻。

那时我刚开始筹备办学校，反复思考未来我们教孩子往哪里教的事情，既然心性如此重要，能决定一个人事业规模大小，那我们在心性上着力不就可以了吗？稻盛和夫先生这句话点醒了我，使我看到问题的实质部分。"你的心性大小和你事业大小不多一分不少一分"，这就是稻盛和夫先生提出的心性和经营的关系，后来盛和塾有 8 个字叫"提高心性，拓展经营"，换言之，唯有提高心性，才能拓展经营。

中国文化如何看待心性？清代有一位命理学家叫袁树珊，他写过一首《心命歌》："心好命也好，富贵直到老。心好命不好，天地终有保。命好心不好，中途夭折了。心命俱不好，贫贱受烦恼。心乃命之源，最要存公道。命乃形之本，穷通难自料。信命不修心，阴阳恐虚矫。修心不听命，造物终须报。"核心一句"心乃命之源"，这是中国人的思想文化，心是命运的根源，命运由心决定，有什么样的心性，就会有什么样的命运，命运的总根源原来是在心性上，如果我们想改变命运，必须改变心性。

有人问，真的如此吗？这是古人留给我们的经验，古人的经验来自无数个案例的总结。我们现代人吃亏在人生经验太少，我们没有看历史，也没有看当代，我们只有自己人生几十年的经历，对于解决人生的问题远远不够，今天可能很欢喜，明天忧愁又来了。我们对命运这些根本的答案，没有研究过，没有像古人经验这么丰富，古代的书中这种描述很多，中国古人对命运是非常关注的，福与祸，贫与富，生与死等人生中的一切，我们都叫作命运，命运的根源在哪里？心性。

《了凡四训》里说："一切福田，不离方寸，从心而觅，感无不通。"方寸就是方寸之间，指的是心，从心去寻找——幸福、未来，意外的惊喜……没有不通畅的，都能够实现。关键是我们肯不肯对心下手，这是我们中国文化的特征。现在遇到的很多问题，都是由于缺乏对心的关注，我们对知识知道得多，对心的了解少，这是一个时代性的问题。我们从小花了很多时间学知识，绝大多数情况下，这些知识没有转为生产力，没有转为社会实践，同时我们并没有花足够的时间研究我们的心。不关注自己的心，就等于不关注自己的命运。

"心乃命之源"，古人一直是这么看。现代人对这个问题没有研究过、没有学过，所以提出一些貌似有理的错误答案，如财富决定命运，学历决定命运，权力决定命运……实践证明不对，有财富、有学历、有权力的人也有不少进了监狱的、倒霉的。那人为什么还争财富、争权利、争分数，不知道命运的根本在哪里，抓不到问题的根本，因为抓不到问题的根本，就会找很多类似答案去抓。这些类似答案，有时候有效，有时候无效，这说明我们没有找到正确答案。人生重大事项的正确答案都是单选题，错误答案却很多。今天我们研究心性，是因为它和命运相关，没有人会说我不关注我的命运，没有人会说我就喜欢贫穷，就喜欢灾难，没有这样的人，大家都向往平安幸福，都希望一生喜乐。

我们应该向古人学，在命运的根源处——心性上发力。心为万力之本，由内向外则可生善、可生恶、可创造、可破坏。由外向内则可染污、可牵引、可顺受、可违逆。修之以正则可造化众生，修之以邪则能涂炭生灵，心之伟力如斯，国士者不可不察。心的力量这么大，完全能转变命运，不仅是自己的命运，也包括大众的命运，修之以正能造化众生，修之以邪涂炭生灵。所以，我们在做华夏教育的时候，定位为心性教育。

为什么定在这里？是因为心是重中之重，关键之关键。这个时代，我觉得缺少对心性的关注和了解，企业家、各界人士在现象世界关注太多，大家普遍关注财富拥有量、产业规模、谁上了头条，谁出了名……而对于心的世界，几乎没有人认真思考，也缺少经验。中国古人说心性的最高境界是内圣和外王。

关于内圣和外王有很多解读，先看经典中的一些相关的词语。比如，《大学》讲道："大学之道，在明明德，在亲民，在止于至善。"这段话的前面说的是"在明明德"，即内圣。第一个明是动词，使其明。第二个明，是明的自性，就是明心；明心以后要"亲民，在止于至善"，走进百姓，让大众走向善良，这是外王。内圣为明心，外王能够去教化百姓，引领大众。《大学》讲的八纲目，前四纲目格物、致知、诚意、正心，说的是内圣的功夫；后四纲目修身、齐家、治国、平天下，说的是外王的功夫。内圣指心性的修炼；外王是指做事，贡献于社会、贡献于国家。

《道德经》讲道："为学日益，为道日损，损之又损，乃至于无为。"还是内圣的功夫，心性的修炼，回归于心，清净无为，这时候就可以无为而无不为，就可以外王，就可以做事，做事就很有效率了。

诸葛亮在《诫子书》中讲道："非宁静无以致远，非淡泊无以明志。"简言之，宁静致远，淡泊明志。仔细看就会发现宁静和淡泊指向于内心，内心能够保持一个清净的状态，能够淡泊名利，不争，才能外王、致远、明志，才能看得很远，到达很远，才会有真正了不起的大志向，而不是为眼前名利所缠缚，不得其志。能够保持心灵宁静的人，才能看得很远；能够淡泊名利的人，才能有大志向。

这些都是讲内圣和外王的关系。内圣的重点说的是心性修炼，明明德、格物、致知、诚意、正心，乃至无为、宁静、淡泊；而外王，既包括你成就了多大的事业，也包括你做出了多大的贡献。外王由内圣引发出来，这两个都是跟心性有关，内圣直接说心性，外王是心性发射出力量而显现，不仅是一个事业规模。有人说我的企业做成100亿元的规模了，能不能叫外王？不一定。它主要说的是你能做出多大的贡献。外王包含着修身、齐家、治国、平天下，只是用财产规模来衡量，不够也说不清楚。

在中国文化里，内圣主要讲的是心性的两大部分成长，即慈悲与智慧的成长。慈悲讲的是给予他人利益和幸福，去除他人的痛苦与悲伤，慈主要是给予别人好处、幸福；悲是去除别人痛苦、悲伤，有这样的一些意愿、想法、行动力，叫慈悲。真正有大慈悲心的人，会有这几种状态：境界很高、愿力很大、做事很有胆识。人和人为什么出现了境界的差别，表面好像是读书多少，其实是慈悲心，一个越慈悲境界就越高。慈悲心大到一定状态，就会出愿力，愿力出现了，就会去担当，敢为天下先，敢以天下为己任。这些都是由于内心慈悲所发散出来的，一个人的境界、愿力、胆识，其实都是心性中慈悲的流露。

智慧，就是一个人对内在和外在世界的客观规律与真相的完整透彻的认知和运用。内在，就是心的世界；外在，就是客观世界。内外世界及其变化一定有规律，对其有完整的透彻的认知，并懂得运用它给人类带来幸福和光明，这就是智慧。既了解自己的心，也了解外面的世界，还了解心和外面世界的关联，并懂得如何去运用它。

有智慧的人通常有这两个特征：第一，没有烦恼；第二，人生很自在。他没有烦恼所缠缚，没有欲望所困扰。想做一件事，就能做成，因为他有妙观察智和成所作智，这就是智慧的显现，智慧越高的人，烦恼越少，烦恼越多的人，是智慧不够了；智慧越大的人，人生越自在，反之，我们会发现很多人不自在，为欲所困、为情所困，因为智慧不够。有智慧的人能做成大事，没有智慧的人做事很慢、很乱。智慧并不是在大脑中，是在心中，这就是心性。

这两个关键要素慈悲和智慧都具足的时候，叫内圣。有了内圣，他就能外王了，为什么可以外王，他有去做事情的愿力和胆识，并有做事情的智慧，就可以帮助很多人。所谓心性的差别，从细处说，就是人和人慈悲与智慧的差别，有人慈悲大，有人慈悲小，有人没有慈悲，有人智慧大，有人智慧小，有人没有智慧，怎么能看出差别来呢？比如，在旧社会民不聊生，百姓流离失所、背井离乡，这种情况下，有的地主恶霸还占百姓的便宜，欺压百姓，他们没有慈悲心，那些大慈悲心的人站出来救中国，他们想了很多办法，最后证明是行得通的，这些就是智慧。

慈悲，是我们互相帮助，大家是一家人；智慧，是我们知道怎么去解决这些问题，怎么化解这些对立矛盾。个体命运、国家命运的差别就是慈悲的差别和智慧的差别。心性的差别形成了命运的不同。

如何修炼心性

心性如此重要，如何修炼心性来改变命运？就我所了解的部分介绍给大家，其中大多是我们自己实践过的。心性中的核心要素就是慈悲和智慧，培养慈悲和培养智慧是修炼心性的关键所在。当一个人慈悲很大的时候，他福德很大，他情义很大，他会有梦想、会有担当，他的生活中充满了感动，他能够感知到生活的美好，自然就很幸福。有的时候我们看到一些现象，却没有想到这个现象背后的真相是什么。比如，我们觉得这个人挺有福德的，做什么事都很顺，真相是他内在培养过慈悲；那个人挺有梦想、挺有担当的，真相是他内在有一颗慈悲心，有人说：我的孩子大学毕业了，为什么没有理想，因为他从小的心性世界没有接受过这种慈悲心的培养，欠缺慈悲心就产生不了梦想。梦想不是无缘无故出现的，是一个人的慈悲心不断增量，从量变到质变而产生的。一个孩子从 3 岁到 6 岁到 12 岁到 18 岁到 22 岁，应该持续地培养慈悲心，否则这个孩子很难有真正的梦想。要把孩子的梦想激发出来，需要有一个连续的、持续的教育过程。有的孩子说：我好像找到梦想了，这是因为他的心性在成长。有的父母说，最近发现我的孩子对我更孝顺了，很知道心疼我。情义发生了变化，情义来自心性。面对世间很多事，有人很冷漠，有人很感动，都是心性的差别。心性起步都差不多，有的人在培养自己的慈悲，慈悲在不断成长以后，就会出现这些美好，最终使我们获得幸福。

纵观历史发现，所有被后人感念不忘的人都是有大慈悲心的，如在端午节大家纪念屈原，在古代屈原官职并不是很大，只是三闾大夫，为什么后人都纪念他呢？大家看他的诗，“长太息以掩涕兮，哀民生之多艰”，他悲伤的是民生艰难，老百姓生活太不容易了，这就是慈悲心。所以这样一个怀着慈悲心的人，后人就对他很怀念，一直去想念他、纪念他，还为他设了一个节日。我们传统民间节日只有四个，端午、中秋、春节和元宵，一个节日就是给屈原的，因为他的大慈悲心。

“诗圣”杜甫的《茅屋为秋风所破歌》里面有这样一句：“安得广厦千万间，大庇天下寒士俱欢颜。”这也是大慈悲心。同样是诗人，为什么他被称作“诗圣”，为什么只有他配得上“圣”这个字？因为圣贤都有大慈悲心，而杜甫也有大慈悲心，所以他是诗中的圣贤，后人也纪念他。

习近平总书记撰文忆父亲习仲勋，其中有一段话写道：“我能感觉到父亲鼓励、敦促乃至命令他的孩子们走近人民，与人民不离不弃、与人民同甘共苦，似乎是他内心本能的呼唤。无论什么时候，孩子们只要与最底层人民贴近了，他就特别高兴。”老一辈革命家，保持一颗慈悲的心，只要他的孩子们能与最底层人们贴近了——与人民不离不弃，与人民同甘共苦，他就特别高兴。同样做官，为什么有的官员心中有百姓，而有的官员却贪赃枉法呢？这不是法律的问题，是心性的差别。心中有百姓的人，像焦裕禄、杨善洲，后人将永远纪念他们；那些心中忘记了百姓，没有慈悲的人，更多是走向监狱。大家看，人生的终点是这颗心决定的，心性的不同，慈悲的不同，而产生最终命运的不同。对于孩子们来说，心性的教育很重要，对于我们中年人来说，心性的修炼很重要。

心性中的智慧是怎么显现的呢？一个人智慧打开以后：

第一，有正见。正见是正确的见解，对任何事物有正确判断，不会说错误的话，不会做错事。我们国家正在抗疫，正在救百姓于灾患中，这时我们该做公益、鼓励、祝福，而不应该发出其他不正确的声音。要和国家站在一起，体会国家的不容易以及对人民的厚爱，支持国家，能尽一份力就尽一份力，至少我们不出门就是响应国家号召，这些代表一个人正确的见解。此时怎能给国家捣乱？发出不同的声音就没有正确的见解了。国是我的国，家是我的家，大家要爱自己的祖国，让自己的祖国繁荣昌盛，这样才可以让我们的同胞永远有幸福的生活。我们并不排斥其他国家，但首先我们心中要有自己的祖国，不能反认他乡为故乡，更不能崇洋媚外——过分地放大其他国家的好，过分地贬低中国的种种不好，崇洋媚外不是正确的知见。我们国家可能还有一些不足，但这些不足正是我们需要担当的地方。

第二，人有智慧会有正确的思维方式。所谓正确的思维方式，就是要利他、不要自私；要感恩、不能忘恩；要诚敬，不能傲慢；要孝敬父母，不能不孝敬父母，这些都属于正确的思维方式，有这些正确思维方式的人都有智慧。有智慧的人会无我。习近平总书记提出“我将无我，不负人民”。以忘我的精神为人民服务，当一个人有智慧以后，他会清净，能够不受外界干扰、诱惑。不因为别人的这种刺激就发脾气，不因为别人诱惑就启动欲望，他内在很清静，能放下，能自在。何谓自在？就是能够不受那些错误的思想或者内在错误欲望所操控，能够保持自己的镇定自若、身心安康就是一种自在，这就是智慧的显现，有了这些当然就会有幸福了。智慧显现为正见，无我、清净。

这些都是来自心性，我们并不反对知识的学习，知识很重要，但同时要注意心性的重要，用心性去驾驭知识，才能为人类社会造福。如果说我们只有知识而没有很高的心性，可能知识或者无用，或者拿知识危害社会。

心性的两个特征是慈悲和智慧。如何培养慈悲，培养慈悲的第一条是断一切恶，行一切善，也就是断一切自私，行一切利他，中国传统文化叫善，现在喜欢说利他。这两个词是同义词，很多时候可以通用。如果能这样做，就能培养我们的慈悲心，如果能培养慈悲心，心性就能够提升，心性提升以后境界会改变，我们会有自己的梦想、会有胆识、会立下志向，这都是提升心性带来的好处。如果我们长期去不断地去造恶，我们的慈悲心会下降，乃至消失，最后变得很堕落。

提高心性，与企业相关的部分，具体有三个步骤很重要：第一，建立正确的思维方式；第二，规划事业；第三，知行合一。

如果想断恶修善，首先思维方式很重要。稻盛和夫先生说："持有的思维方式不同，人生和工作的结果就会迥然不同，有人会想：有一丁点儿消极的想法没关系吧，可事实是哪怕只有一点儿负面的想法，结果就会全部变成负值。"应该建立什么思维方式？前人总结发现就是利他的思维。利他思维的建立，首先要明白为什么利他。每个人在社会生活都要自利，可是你的自利来自利他，如果不能利他，能够真正自利吗？稻盛和夫先生说，利他并不是说他自己什么都不要，利他反倒是成全了他的事业，促成两家500强企业，受世人尊敬，这是他亲自体证。现代人为什么在利他上很犹豫，就是没有深刻理解，没有想明白。利他本身是一种智慧，也是一种行为惯性，也只有通过利他，我们才能真正自利。现代人为什么在利他上没有行动，有一门课没有深入学——因果课。印光大师说：善谈心性者，必不弃离于因果；深信因果者，终必大明乎心性。这些年我从自己的经历中发现如果一个人想真正在利他上下功夫，想在利他上有坚定不移的行动力，他最好相信因果。如果一个人能够深明因果、深信因果，就会坚定地利他；如果一个人能够深明因果、深信因果，利他起来一定会很有行动力。不能够坚定利他，往深处看，是对因果不明白、不深信。利他表面会吃亏，总是为别人着想，把好处给了别人，这不符合一般人的思维逻辑，可如果你用因果来推，一看就明白——只有当你能利他的时候，才能成就自己的事业，利他就像撒播种子，自己后来的成就如同收获果实，利他是以众人为田地，没有播种就没有收获。最近有朋友跟我说，自从学了因果之后，懂得利他了。懂得利他之后，谈判时发现很简单，很容易识别一个人，发现这个人很自私，就不能跟他深入交往，自私说明他的道行不够，跟他合作将来会出问题。很多人只想用自私达到目的，这是思维方式的不同。我们做商业的人不可能没有商业目的，这是正常的，我们要做项目，要求人、要办事、要融资，要找很多人帮忙，会发现在同一个商业目的的推动下，人和人因为思维方式不同而出现两种不同的做法。

一种做法是中华文化所发现的方法——利他。稻盛和夫先生的利他运用得非常娴熟，只有不停地利他，才能真正实现我们的商业目的。和利他思维相对的就是算计、计较，这种算计往前走一步就变成自私了，为了达到某种目的，甚至不惜、不择手段。为什么会走算计这条路，因为他没有看到那条正确的路，或者看到以后不相信。事实证明还是利他是正确的路。如果你是一个商家，别人和你来谈合作，一个是算计你的，一个是来利益你的，你更愿意和谁合作？这个很清楚。这些年来，稻盛哲学在中国的推广力度很大，传统文化的推广力度很大，中国很多企业家学稻盛、学传统文化，已经养成了利他思维。进而形成一种风气，如果大家不能互利，不能帮助别人，觉得你太算计就会不和你往来了。喜欢算计的人觉知他人的能力弱，常常会不知所以然——为什么我的目的达不到，为什么突然谈判破裂，为什么别人不带我玩……什么原因，你的思维方式没有跟上时代，没有跟上文化，人家在利他思维的轨道，而你在交易思维的轨道，人家在互相成就，你在算计计较，不同频，所以人家就把你淘汰了、边缘化了。

追求商业目的没有错，但用什么样的思维很重要，最好的方法是把因果好好学一学，跟因果相关的《能断金刚》推荐给大家，这本书多看一看，如果看不懂，我争取后面安排课程为大家多介绍一下，因果如果不讲透，利他做不到，后面一切免谈。每次我在带“精进 180”班的时候，第一堂课一定先讲因果，把利他讲透，讲明白以后马上开始做，做明白以后才能真正提升心性。我接触了很多企业朋友，觉得能过关的人目前还是少数，多数人做不到，多数人还是算计，但越算计越不成事。可能他觉得算计好像有效率，其实很多事比算计效率更高。建议大家能把因果学透，利他思想就建立起来了，这个是更快的一种方法，也是我们这些年实践过来的。稻盛和夫先生也讲：懂得因果报应法则就能改变命运，因果报应法则核心是利他，但是做商业当中有太多的交易，容易形成一种交易思维，交易思维本身没有错，可是在交易思维基础上会把企业障碍住。如果不建立利他思维，很多事看不明白。交易思维和利他思维的主要差别是我们会关注我得到多少，而忘记了对方真正的需求。

利他思维运用在商业中好处很多：其一，能建立起稳定的供需关系，你总在为顾客着想，你的供需关系很稳定。其二，你感知顾客需求能力会显著提高；其三，会有良好的人际关系，因为你处处利他，人际关系好，不管是供应商、顾客，还是好朋友、老师，会有好多人来帮助你，会有很多资源提供给你，这些都是利他思维带来的，而不是交易思维能提供的。交易思维只是看到短期利益交换，再往下拓不开了，这次交易结束，下次是否还能合作不一定。顾客有需求存在，你看不到了，人际关系很淡薄，就像买菜卖菜一样，买完菜就走，彼此也没有什么心的交流，这是交易思维本身的不足之处。利他思维的建立和运用跟我们个人的修学有关，如果想提高心性、牢固利他思维，建议大家把因果学好，这样我们的断恶能力和行善能力会显著提升，这是这些年我们实践证明的，这是第一步，建立正确的思维方式。

第二，规划事业。怎样在事业中提高心性呢？要留意善恶。恶会伤害心性；善会滋养心性。善怎么落实，不是捐一所希望小学就完成任务了。

有六个步骤介绍给大家：

其一，选择善的行业。《孟子·公孙丑》说，矢人岂不仁于函人哉，矢人唯恐不伤人，函人唯恐伤人，故术不可不慎。造弓箭的人和造铠甲的人行业不同，心性也不同，事业行善必是大善，事业造恶必是大恶。如果我们所选的事业本身是一个恶的事业，即使赚钱了，但心也受伤了。普通人只关注外在世界，我们行善了，我们造恶了，不知道善恶对我们的心都有影响。心并不是孤立存在的，它和我们所做的事业有关，所以提高心性需要断恶行善。作恶越多的时候，心就越麻木；行善越多的时候，心就越慈悲。我们越慈悲，服务的人就越多，梦想就越大，境界就越高，一切好事都来了，一个人想做心性修炼，首先行业要选对。有人也许会说我管心受伤不受伤，赚钱就好了，钱可能会赚到，可是你的命运呢？我们希望命运好，就要关注心性，如何关注心性，第一个步骤就是断恶，然后就是行善，这是关于心的一个基本要点，如果我们不知道的话，谈心性就比较遥远了。

心并不是简单的心理健康干预，要靠长期行善来养，善能养心，恶能伤心。“相由心生”，人到中年以后面相是不一样的，这和平时行为有关，而平时行为主要在行业中。林清玄写过一篇散文，以前有一个人到山里捕猫头鹰去卖，几年以后发现这个人整个面相都变了，长得像猫头鹰一样，那个人心被伤了，表面拿着恶行伤害别人的时候，也在伤害自己。善能养我们的心。有人可能去过养老院，你在养老院待一上午，为老人们唱歌、跳舞、煮汤，陪老人聊天，当你离开的时候，你会发现你的心变得和平时不一样了，因为你的心被滋养了，善在滋养你的心。所以选择一个正确行业对于我们来说非常重要，事业行善，工作就在行善，行善就是工作，多好。

其二，发起善的愿心。行业很好，要用善心来做，如果心不善，善的行业也做不好。比如，你从事医疗，这是一个善的行业，但医疗行业也有做坏事的人，因为发心错了。又如，你从事教育，教育是一个善的行业，可是你发心错了，你用教育害人了，体罚孩子、伤孩子心性、误导孩子、收人家红包、勒索人家、让人补课等。你做了这些事情，好像赚了一些钱，但你的心受伤了。心受伤，会耽误你的命运。心乃命之源，命的源头被你伤害了，后边路不好走。即使你做的是善的行业，也要发起善的愿心来做才行。

其三，做出利他的产品，你的产品要是善的，要能利益顾客的，要为社会做贡献的，产品很重要。一说行善，大家会说让座就是行善，3 月植树也是行善，这些是偶尔为之的事情。我们是做企业的，企业之善在哪里？善在企业中，每天把产品做好，这就是善。我们的产品能帮助顾客，能解决顾客的烦恼，能成顾客之美，解顾客之忧，那就是善。假如我们不在这些善上下手，产品做得很糟糕，很多残次品，让顾客很烦恼，那我们还去哪里行善？我们经常做次品的话，也会伤顾客，也伤我们自己，因此做出利他的产品也是养我们自己的心。

其四，照顾好你的员工，员工和我们是一家人，把顾客照顾好了，把产品发给顾客，顾客给我们资金了，钱拿回来带领员工过好日子。这时候不能自私，如果我们只是想着自己不想着顾客，只想着自己不想着员工，会怎么样？员工心里会难过，会觉得我们太自私了，自私也是一种恶，和员工一起赚的钱，却被一个人独享独占，这就是一种恶。可能我们会为自私找很多理由，企业是我办的，分配制度是我定，我多分一点应该的……你这么想没有错，可再往深处想，难道员工没有付出汗水吗？难道员工不想过好生活吗？谁能够照顾好员工，谁就是行大善。《东方红》里唱道“他为人民谋幸福，他是人民的大救星”，为人民谋幸福，本身就是大善，我们为员工谋幸福的时候，也是行大善，心性就得到滋养。

其五，要为国家多缴税。税收交给国家，国家拿来做善事、做正事、做大事。铺路、修桥、救灾、扶贫、济困，建公办学校，建公办养老院，建公办医院，都是国家承办，所以我们缴税也是行善，缴的税越多，贡献越大，在支持国家办教育、做医疗、做养老、做交通、发展经济。作为企业要想着怎么去多缴税，合理的税收用来更好地建设国家，这就是一种善，不能占国家便宜。我不反对合理避税，要看你的心，一个真正有发心的企业是愿意为国家多缴税，因为他知道这些税收交予国家以后，会用到国家建设上，会用到百姓生活中，这也是我们的大善。

其六，积极参与公益事业。要参与公益事业，武汉有疫情，捐款捐物；建方舱医院，参与出资；筹建希望小学，帮助留守儿童等，积极投身于慈善事业，都在滋养我们的心性。这六条都是我们企业人在世间该做的善，也都是心性修炼，心性修炼不是一件孤立的事情，如果你把这个事业规划好了，每天都在心性修炼。事业选的是善的，发的心是善的，产品是善的，又善待了你的员工，又对国家纳税，又善待社会，这都是心性修炼。心性修炼并不是孤立的，跟日常行为息息相关。

什么会伤你的心？也是这六条。

其一，行业不善，对社会有危害。

其二，发心不善，老想做一些违背商业道德的事情。

其三，制造的产品对顾客不善。

其四，不善待员工。

其五，偷税漏税。

其六，不参与社会公益。

表面看我们可能会得一时的小便宜，但深层看我们的心会发生负向的改变，这个心不纯粹、不美好，命运就会往下转。古人说，命运连着心，心连着我们的行为。

第三，知行合一。有了这些大的宏观设计以后，我们要知行合一，把它落实到生活中去。不行不知，不行无用。我曾经和朋友们说：如果我们不去行孝，永远发现不了自己的不孝；如果我们不修谦逊，永远发现不了自己的傲慢；如果我们不行布施，永远发现不了自己的吝啬；如果我们不行利他，永远发现不了自己的自私。

这颗心，难知难见，行的时候才知道心对不对。行孝的时候才发现不孝顺，很多该做的没有做到，以前觉得自己很孝顺，是“我认为”。当你去行谦逊的时候才发现自己好傲慢，这个举止很傲慢，这个语言很傲慢……为什么以前对傲慢不察觉？以前我们心休眠了，不显露出来，你行的时候才知道，这就是要去行的原因，而且要逆心而行。何谓逆心而行？逆着过去那一颗自私的心、傲慢的心、不慈悲的心，逆着它而做。正是那颗心，影响了我们的命运，所以我们要逆着它走。怎么逆着走？建立正确思维，指定事业规划，就要去做了，不要听自己过去习性的，否则找一堆理由不肯做就白忙活了，这个心就修不了，心性就提升不了。

进入心的修炼以后才是真正硬碰硬的时候，很多人在这个点上会退缩下来，会给自己找理由。不是我不孝顺，怨我哥哥，怨我弟弟；不是我不谦虚，是那个人很傲慢，我要和他讲一讲；不是我自私，是我今天确实没有什么可以利他的。你一做才发现，原来是这样。

给大家讲一个小故事，是我自己当初一段真实的经历。有一年我到外地去讲课，正好当地有一个文化机构，正在办传统文化，需要支持，我就支持了一下，想分讲课费给他，但是要分多少呢？分给他一半吧。我接着讲课，讲到一半我就想：我的心量够不够大？我是一个心量很大还是很吝啬的人？观察才发现自己是一个吝啬的人，对方那么需要帮助，而我恰好有这个钱，还不急用，为何不帮助人家？面对这个挑战时，瞬间发现自己内心很吝啬，自己很羞愧。下课后我找到对方这个机构，我还想做一点表示，这是我这一次的所有讲课费都在这里，你们都留着用，对方很客气不肯收，我就硬塞给他们，转身上了大巴奔机场，上了大巴后，内心突然变得很放松，突然觉得自己好像成长了，逆心而行，觉得心量突然大了。

之前自己做不到这一点，帮别人都是帮些随手小忙，但是遇到钱的时候不肯帮大忙。学了传统文化以后开始练心了，拿自己的心练，我们做文化也好，做企业管理也好，到心这一关的时候很不容易。过去的习惯，凡事都愿意算计，不肯真正赤诚地去帮助别人。那次我看到自己过去的心了，我要和过去告别，就坚决地做了一次，发现也没有什么，生活照样过，讲课费都给了他挺正常。那个机构很感谢，后来大家成了很好的朋友，以后我有困难他也来帮我。过去心量不够还不承认，这是麻痹自己。我们要去行，你不去行的时候心动不了。

心性修炼重在“行”上，你“行”不上来的话心修不出来，修不出来你就不行，心还是过去那副样子。你能去“行”心慢慢就拉大了，就改变了。为了促进“行”，我前面讲了建立思维方式、建立正确的规划，但最关键要落在“行”处，不落在“行”处不行。

对于我们来说要这样做，对于很多年轻人来说最好放到一起去集体行。近年来我们在做教育，也在尝试让这些青年学生在行中改变心性，通过设计各种课程、各个环节来调整内心世界。他们行了以后，发现内心不一样，发生很大变化了，当他心发生变化以后笑容更多了，人也改变了，我们对他们进行心性教育，发现这个做法非常好。《大山孩子的心性成长》这部片子，是我们对一些中专的学生而做的心性改变的介绍片。我们办了一个师范中专培养幼儿师范，招收一些初中毕业生，他们喜欢学传统文化，喜欢学幼儿教育，还有新时代自媒体专业，我们对他们主要做心性培养，培养好心性以后再教专业能力。学制 3 年，第一年我们重点就是提高心性，做了一年，发现孩子改变非常大，2 年下来心性变化很大，我们再来给他们讲专业，特别愿意学，去实习的时候，实习单位的领导也很喜欢他们，这些毕业生没等毕业就被别人抢光了。很多人说我喜欢这样的年轻人，就需要这样的年轻老师。在此，把这个片子分享给大家，一起看看来自大山里的孩子心性的成长与内心的改变。（下面来自视频内容）

大家好，我叫沈灵江，来自贵州省水城县花甲乡海子村泥座组，我是明德师专二年级的学生，我现在在大连毓秀巴学园做一名幼儿实习教师，今天端午节我们在为小朋友们包水饺。

旁白：灵江在毓秀巴学园带一个不太爱讲话的小朋友，她每天都抱着这个小朋友。她非常有爱心、有耐心，心力很足，再脏再苦的活儿，灵江都是冲到第一个，所有跟她在一起工作的老师，都对她的吃苦耐劳和乐观精神，非常地感动，我想这就是一个心性教育的好老师。她跟我说，她的梦想就是能够好好地学习幼儿教育、学习传统文化，成长自己，早日把心性教育带回贵州。灵江的家庭很特殊，父母都有身体上的欠缺，灵江是独生子女，能够从贵州大山走出来，我觉得肯定与她内心的那个愿望有直接联系，虽然她的愿望看起来还很微小，但她心的力量是很强大的。她有想要走出大山，想要改变生活，想要把教育带回贵州大山里，让更多孩子受益的这颗心，力量是非常强大的。所以每天中午大家都在睡觉的时候，她会在教室里看书，每天早上起来的时候去外面锻炼身体，几次获得了奖学金，这些都跟她的愿分不开，我相信她一定能够愿望成真，也相信她未来能让更多的孩子、更多的家庭乃至社会受益。

灵江：感觉自己越来越自信、开朗，能让自己开心，也想带给别人开心，就是这种感觉，来到这儿赶快学习，努力提升自己，然后回去让那边（家乡）的人从小就受到这种教育，他们就慢慢成长了，会比我现在读完书再来学习更好。是老师在我身边影响着，让我变得这么自信和开朗，我想要做这样的事情，就是想当老师。

问：你想成为什么样的老师？

灵江：想成为柏映老师那样的老师。因为可以教更多的人；还有像晓雯老师那样的老师。看到孩子就特别关爱，特别喜欢那些小孩子，现在就是这种感觉。

问：你将来的愿望还是想当幼儿园园长吗？

灵江：对呀！就想自己能有一个团队，开一所幼儿园，就以这样的心性教育教那边的小孩子。我们那个地方没有更多的教育注入里面，那里的人一辈子可能就以种地为生，什么都不会想了，我希望他们能够受到更好的教育，就像我这样的，以后能有更大的志向或者发心，再去用我们的文化建设自己的家乡，让家乡变得越来越好。这种有教育情怀，又能够踏踏实实，一点一滴去付出去担当的精神，我想就是明德师专所培养的师道精神，用一代人对文化的践行，托起祖国的下一代。

这些孩子来自山区，来自大连市对口扶贫单位六盘水。孩子们来了以后确实有很大的成长，这是我们自己实证过来的，我们看到了他们的快乐成长。

通过这些年教育实践，我们总结发现一名优秀的教师，其实最关键是心性，没有爱就没有教育，是逼不出来的。我们不可能拿一根教鞭说，老师请你爱孩子吧，这没有用的；也不可能说，这位老师你不爱孩子，就罚你100块钱，这是没有用的。爱是心的流淌。教师如果之前没有接受过这种心的滋养训练的话，她从事教育是很危险的。我们对明德师专孩子的心性做了很多滋养，心性能适合日常生活，也是相关联的。

企业家日常有四件事要特别牢记，这四件事就是养我们心性的，简称“四善”——善待员工、善待顾客、善待家人、善待自己。我在带企业家“精进180”班的时候，请企业家每天打卡，其中四项就是四善，每天晚上都要回顾，每天这样严格要求自己。像我，善待顾客就是善待我们的家长和学生，善待员工就是善待老师，善待家人就是我对自己的双方的老人和自己的亲人，善待自己就是对自己身心的养护，如果每天能把这四善做好，就是非常好的心性修炼，就把稻盛和夫先生的心性修炼落实了，看着很容易，其实很难。

稻盛和夫先生说过：“发生问题需要对事情做出判断时，瞬间浮现在脑海中的想法几乎都出自本能。因此，不可以用刚刚冒头的想法立即对事情做出判断。这时需要冷静，先把这个判断暂时搁置，然后运用理性进行思考，或者用善恶来衡量，不是看对自己是否有利，也不是从感情出发进行判断，而是动用理性，用善恶去判断，暂且放入一个缓冲器，待考虑好以后再下决断，这一点很重要。”瞬间浮现在脑海中的想法都是出于本能，而这些本能很多都是错的，怎么办呢？稻盛和夫先生的做法是先冷静一下，不从感情出发，也不从是否对自己有利出发，看善恶，用理性，考虑好以后再去下决断，他说这一点很重要，我们无论是对顾客、对员工、对家人，能不能保持这个理性？

稻盛和夫先生又说，“除非是真正的圣人君子，一般人做不到凭直觉就马上能用善恶来判断事物，通常人都会用本能去判断，正因如此，碰到问题我们不要仓促得出结论，而是把最初浮现的判断放置一旁，转而先弄明白问题的本质，用善恶的尺度去衡量，修正自己最初的想法，这样设置一个缓冲器，就能够做出准确无误的判断”。他说除非真正的圣人君子，一般人根本做不到判断。这些都属于心性修炼，心修炼在生活中、在工作中、在点点滴滴处。

稻盛和夫先生给我们提供一个最基本的标准就是以善恶、不以得失来做判断。而我们做商业的人往往——凡事因为得失而忘记了善恶。人们平时的思维在得失中，为了得失甚至不惜造恶——这时往往忘记了善恶这把标尺，只要我能够得到，哪怕是恶的，我都敢去做；只要让我失去，哪怕是善的，我也不去做，正因为这些状况，这种错误的判断标准使我们失去了心性修炼的最好机会，甚至让我们心性跌落。这是思维方式出的一个很大的问题。

稻盛和夫先生为什么提出这些观点，因为人们为了得到不惜造恶，害怕失去不敢行善，这是很多商业人的思维方式。这种思维方式表面看我们确实得到了也没有失去，但别忘了它背后连着我们的心性，心性变坏，命运随之变差，“心乃命之源”，命运变差以后还是长久的赢家吗？岂不是输了？这就是现代商业的陷阱。为了一时的得到不惜造恶而损伤心性，因为害怕失去而不敢行善，导致心性不能提高，命运起不来，做了一辈子商业，晚景凄凉。

如果我们不知道中间这些关联、背后那些差别，善恶的决策标准我们根本守不住。差之毫厘，谬以千里。我们只是注意观察表面的得失，而没有去观察心性的起落，不在这个点上去观察自己，没有把心性作为衡量标尺，而以得失作为标尺，这就出了大问题。这背后是我们内心世界的问题，是被那种错误的心支配了。

如何才能最直接地认识心？心到底是什么状况？它其实只有两种情况：一种是经过认知后的心，净化的心，也是我们追求的心。一种是没有被认知的心，失重的心，自我的心，烦恼的心。当我们遇到事情时，到底哪个心做主？这就是人生的功夫了。

心性修炼为什么不容易呢？遇到事的时候，遇到得失的时候，你的心往哪里走，是自我的心、失重的心做主，还是要追求那个净化的心？这就是稻盛和夫先生会写这本《心》的原因，会反复强调这件事情，他不是逼着我们简单做一个好人，是告诉我们如何去握住命运。心被得失而缠绕变得很自我时，我们已经失去了理性，我们还认为自己赢了，其实已经输了。稻盛和夫先生总结说，不知有多少次，我意识到最初浮现在脑海中的判断是错误的，故而重新思考，从而避免了失败。谁更有智慧？谁更理性？

企业经营者在日常工作中需要对各种事情做出判断，此时如果放任自己，人就会不以善恶而以得失做出判断。考虑得失属于本能，算计损益看自己赚还是不赚，由此做出判断。不仅如此，还会感情用事，以自己是否感觉舒服来做出判断，或者以无谓的虚荣心来做出判断。要以一颗善良之心做判断，必须经过严格的训练，否则很难做到。有人会说，老师，为什么必须要用善恶做判断呢？这有多难。为什么非要修炼心性呢？修炼心性等于改造命运，稻盛和夫先生不是难为我们，是告诉我们如何做一个理性的人，否则我们会堕落。

很多人就是在得失判断时瞬间忘记了正确的标准，结果滑天下之大稽，被天下人抨击。这种事不少，这两三个月出了很多这样的例子了，表面好像在法律上占了一次上风，好像在文凭上占了便宜，可是以后人生的路在哪儿？真的赢了吗？群众的眼睛在瞪着你，算计有用吗？放任自己行吗？为了虚荣心做事能支撑得住吗？如果大家能够早学一些历史、文化的话，我相信命运不会走到今天。

我们在实践中怎么去做？如何保护我们的心？要注意我们的语言、行为、心念。在这点上要学会管理自己，什么该说，什么不该说，什么心该动，什么心不该动，什么行为能做，什么行为不能做，都要有数，这些构成命运。不是要让每个人为难，而是让我们掌握命运。

命运掌握在自己手里。你能管住你的心念吗？你能把握你的语言吗？

你能管住你的行为吗？如果能，你就能掌握你的命运了。如果这些善恶都不分的话，你说掌握命运那是空谈，那是得过且过，将来命运如何谁都不知道，可能好也可能坏，可能一时好也可能出问题了，这些都是修炼心性的真功夫。

修炼心性并不是一句空话，它就在每天的生活中，点滴都是在自己心念、语言、行为处下手。古人告诉我们，大道至简，学会管理自己的言行心念就可以调控自己的心，进而掌握自己的命运，这是中华文化的价值所在。它能让种种复杂的学问落地，以及人生获得最大化的利益。

很多人忙了一辈子。学问很大，才华很大，为什么人生归宿不好？不会管理自己，不知道从哪里开始管。你能管住心，就是对人生、对命运真正地把控，这是人生最大的利益所在。握不住的话，其他的都谈不到，未来怎么样还不知道，人生还是深一脚浅一脚的。

管好自己的心，断恶修善，既是培养慈悲也是培养福德，也就是追求幸福的过程。那么，如何培养我们的智慧？两个要点：一个是宁静的心灵，一个是圣贤的思想，一内一外。内在让我们的心保持宁静，最好定期做一些静心的功夫，通过静让心沉淀、过滤，把那些杂质滤掉；对外，要学规律、学大道、学圣贤思想。内外结合的时候，我们的智慧就能开启了。外在学过圣贤思想，内在有静心的功夫，才会有智慧。《能断金刚》一书中讲过，“灵思泉涌是保持完全的宁静，接受伟大思想家的精神与思想，以及愿意服务周遭人物所种下铭印（因）的结果”。他增加了一点——愿意服务周遭人物。

其一，保持宁静的心。两种方法推荐一下，大家如果有时间可以学习禅修，但学禅修最好学那种有传承的，有百年以上传承的，不是后人自己制造的，那个有风险。第二个就在工作中学习专注，活在当下，你手里有工作，专注在这工作中一小时把这活儿干完，吃饭就吃饭，劳动就劳动，扫地就扫地，在扫地中专注，在吃饭中专注，就是一颗宁静的心。

其二，学习圣哲的思想。儒释道经典，经常看一看，看看近代伟大人物的书，看看稻盛和夫先生的书，星云大师的书，南怀瑾老先生的书。把这些书抱在手中经常读，有助开启智慧。

其三，积极服务他人。抽时间为他人提供服务，去养老院、孤儿院……帮助那些需要帮助的人，都会帮助我们开启智慧。现代人智慧不足，就会出现比较自我，没有正见、人生很错乱。

为什么现代人智慧不足，这三个错误都犯了。第一，心很散乱、躁动，经常无缘无故地伤害自己的心灵，去那些浮躁的地方，听那些浮躁的音乐，接受一些浮躁的干扰外缘。第二，不看经典，喜欢刷手机。手机可以看，但不能长期大量看，看多了没有用，它会充塞你的大脑，都是刺激眼球的东西，没多大价值。有时间看一本好书多好，把大量时间浪费在看手机当中就没有智慧了，没有智慧我们怎么择业、择偶、择友，判断不准，人生好多烦恼。第三，很多人不愿意服务他人，不愿意给予，不愿意帮助。因为不愿意帮助，智慧就少，重大判断做不出来，人生就可惜了。你还觉得人生怎么老走错步，是智慧不够，很多跟智慧相关的正确行为你都没有做。

中国人讲开智慧，修心性的很重要，不是一味地往里填充，而强调内在要静。弘一大师说，“炼心之法，大要只是胸中无一事已。无一事，乃能事事，此是主静工夫得力处。”无一事乃能事事，这个像什么呢？举一个例子，中国人处理问题像“我心若明镜”，把心修得像明镜一样，来什么一照就显现出来了。一照，是手表，手表走了以后，又变成镜子了。他处理事情，一看就明白了，无一事乃能事事。这个“无一事”并不是说无所作为，并不是说这个人昏庸什么事都不想，它是一颗经过训练的心，心变得很清静，因为很清静，他直接能看到事物的本质，因为看到了事物的本质，就可以迅速采取正确的措施来解决这个问题，它讲的是这个道理。

心性经过慈悲、智慧修炼以后可以达到不思虑而有智慧，很多事不用想，一看就知道怎么办。不思虑而有智慧可以达到不计得失而无私利他。心长期修炼以后，对任何事在得失上不计较了，利他的时候很勇敢、无畏利他，行任何事皆内心安稳，行走坐卧皆身心光明，无一事不可告人，心无愧于天地，这种状态出现的时候，就是这个人的心性达到很高的状态了。

有人问为什么要达到这个状态，因为这种状态很自在、很幸福，以后大家去修一修就知道，这是我们希望达到的——不思虑而有智慧，不计得失而无畏利他，行任何事皆内心安稳，行走坐卧皆身心光明。很坦荡很自在，为别人着想得特别好，你愿意和他相处，如沐春风一般。

平时在我们生活中，也可以来检查我们的心性：

是否能和亲友相处融洽？这是你的心性。有人说我就看不惯谁，问题不在外，在内。

是否能接纳朋友的不同观点？有人对你提出批评了，你能接受吗？比如，和你发生辩论了，你能接纳吗？

是否因为事业与才华变得更加自我？我事业做得很大，我才华很高……怎么叫更自我了——很傲慢、很固执、很爱炫耀。

是否为大众做了什么？如果你没有为大众做过什么，是心性不够。心性够的人都在为大众做事，那是他慈悲的显现。

这四个观察点反过来看也是一个人心性的显现，我们通过生活中这种痕迹，能观察出我们内在心性来。

除此之外，心还有这么几种问题——我贪我痴我见我慢。心如果修炼得好，可以达到不贪不痴不见不慢的状态。我贪的人自制力很差，容易受诱惑，不能忍耐，不能控制，贪心大的状态，欲望很强大；我痴，很愚痴，不会做事，不通人情，不知道怎么和社会互动；我见，好争执，固执己见，倾听力很差，听不进不同声音，只有他才是对的，别人的东西进不来；我慢，傲慢狂妄，其实不会什么东西，这是心性不良好的状态。

心性如果良好，不贪不痴不见不慢。不贪，自制自律，进退有度，不受诱惑，善于忍耐；不痴，善于洞察事物规律、人情练达、做事思路很清晰；不见，能深信圣贤之教诲，善听他人之劝诫，既能够广学、博闻，还能兼听来自各方的建议，本身自己已经很有智慧了，还能听得进别人的建议就很了不起，而且不固执；不慢，谦卑平和、待人诚敬，懂得去向不同的人学习。像这种状态的人都是良好心性的显现。

一个人，表面这样那样，背后是心性的体现。心性不是一成不变的，它跟你的修行有关，如果你持续修慈悲智慧，心性就能改变。这种改变带来幸福、带来快乐。人生之苦，苦在不自由上，欲望、情绪、烦恼成为操控我们的黑手，被迫任其摆布。

多少人，在社会那么有名望，还被欲望操控，犯下大错；多少人，已经腰缠万贯，情绪却那么大，一言不合就发脾气，自己气得够呛还得病；多少人生活很优越，却烦恼满身、痛不欲生，得精神类疾病，这些人很苦，都是心性不足引起的。如果我们能够修心性，这种欲望和情绪对人的束缚，这种烦恼对我们的伤害都会慢慢离开我们，我们慢慢就能够自由了，这种自由才是一种大幸福。

稻盛和夫先生说："尽管人在世间尝遍酸甜苦辣，历尽幸与不幸交织起伏的人生，在撒手人寰之前，还是得努力不懈地活下去。这整个过程就像磨刀，让我们提升心性，修养精神，带着比出生时更高层次的灵魂离开人世。如果你问我：'这一生所为何来？'我会毫不犹豫也不带一点骄傲地回答：'我是为了做一个比降临人世之初更好的人而来。'换句话说，哪怕只比原本好一点点也无妨，我就是为了带着净化过的崇高灵魂离开人世而来的。"

第5章

怎样把握市场机遇

工商业是怎么一回事

当疫情到来时，企业遇到了困境危机，大家会思考：敢问路在何方？

首先还是要回到原点，先不着急说答案，因为答案只能管一时，不是说2020年过去了，我们就永远没有问题和困难了，我们还有2030年、2040年，所以不仅要学方法，更要学原理。企业因何而存在？因何而发展？回到这个根本的话题，这家企业我们创办出来，它为什么能够存在？又为什么能够发展？不知面对这些问题我们内心会有什么样的思考？我想这正是我们企业人在这次疫情中应该去补的课。

关于这个问题，德鲁克先生说："企业生产什么不重要，顾客购买什么，顾客看中什么才更重要。"顾客决定了一家企业是什么样的企业，也正是为了满足顾客的需要，社会才把创造财富的资源托付给企业。要转变思维方式，生产什么不重要，想卖什么不重要，关键是顾客想买什么，顾客看中什么。因为我们能够满足顾客的需要，所以才能存在；因为我们能够满足顾客的需要，所以才能发展；因为能够满足顾客的需要，所以才能得到社会把创造财富的资源托付给我们。简单地说，企业因何而存在，两个字：市场！

这个市场如果在，我们就在；如果不在，我们就不在。企业的市场在顾客那一端，因为有他，所以有我，此生故彼生，彼生故此生。先彼后此，没有市场的存在，企业本身一定会失去存在的价值，这是一个基本的非常浅显的道理。那么在遇到困难的时候，正是我们要去创造市场，突破原有市场模式的时候。

2020 年春节，复星集团的董事长郭广昌有一段讲话："什么叫危机？我觉得是突然出现的问题使外部市场发生变化了，整个社会环境发生变化了，当下的社会没有办法去解决、去满足，对所有人来说都是困境，这个就叫危机。可是对于企业来说，企业为什么存在？它正是为市场而存在、为解决问题而存在的！任何一个优秀的企业一定是穿越了很多次危机才能壮大，才能发展。"

大家会想，危机过去了，让企业遭受了很多的创伤，奄奄一息甚至重创，怎么会壮大发展呢？仔细去理解这种关系：危机是整个社会的，而能够去化解这个危机的有国家力量，也有企业的力量，企业能够抓住这个危机，化解这个危机，哪怕是化解了危机中的一部分，它也抓住了机遇，有所发展壮大。在别人看来这是危机，在这家企业看来这恰恰是机遇！因为对于顾客来说，在危机中会产生新的需求，而对于企业来说，危机中产生的新需求就意味着新的发展空间。

当一个动物面对危机的时候，它能跑出的速度肯定比平常更快，它的反应速度也更快。同样地，企业面对危机的时候也可以有更快的反应，也就是说，一家企业如果在危机中被打倒了，并不是危机把企业打倒了，是你的反应不够快，不够准。危机可能变成机遇，但是你没有抓住，这是我们自身的反应问题。

那么很多朋友会说"我要做什么反应，我怎么反应？我的企业员工都走了，订单都丢了，供应商也不给货了，我怎么反应呢？我们都这么困难了，需要别人帮助啊，需要把员工找回来，需要别人借钱给我们，需要别人给我们订单，还要让我们做反应，我们做什么反应？"这恰恰是我们需要解的结，就这个结果你想不透、解不开，那么你在困境中看到的都是困难，看不到机遇，但那些大企业，正是在一次次困难中找到了机遇，实现了突破。

复星集团在疫情到来时，连续做出了六七个动作，是很多企业根本没有想到的。第一个动作：在除夕夜启动了战时机制。在抗疫的第一阶段，从全球采购了近 300 万件防护物资驰援中国。什么时候开始的？除夕夜。可能那时候我们对疫情还是没有完全理解，只是觉得可能是临时性的 1 周，可能是 1 个月，没有想到什么，只是把本来春节全家集体到外面吃饭的行动给取消了，探亲的计划取消了，要结的婚可能先改为只领个证而已，仅此而已。而人家在除夕夜就启动了战时机制，反应够快！

郭广昌还说："我们瑞典的呼吸机厂商 BREAS 在这次抗疫过程当中的产能比平时扩大了近 10 倍，现在已经向全世界支持了 8000 多台医用呼吸机，复星医药研发的诊断试剂也很快得到了中国、欧盟、美国的应急审批，然后通过复星全球的网络来把这些急需的医疗物资支援到各个国家，来支持他们的抗疫行动。还努力搭建便捷的检测方式和网络，让更多老百姓能够更快、更方便、更安全地检测，放下对病毒的恐惧，安心地生活。还通过 C2M 柔性制造来推出更多环保、时尚的口罩，满足大家对健康和美的双重需求。然后加快和我们德国的合作伙伴 BioNTech 在抗新冠病毒疫苗研发方面的工作，目前该公司已经在德国展开了疫苗的临床试验，马上动手了，这次疫情之后，再不断加快我们线上化、健康化、家庭化，我们未来的很多产品将围绕这三个要素来打造。"

疫情之后"三化"：第一化，线上化，改造线上——方便了；第二化，健康化——大众健康；第三化，家庭化——围绕家庭作为客户来调整产品。

他做的这七个动作，有六个是当下的，一个支撑未来的。我们从案例能看出这家企业的反应速度，你有什么思考？

企业和企业为什么有这么大的差别？为什么很多企业在坐以待毙？甚至有的企业连听一堂课的精气神都没有了，就是困倦、放弃、自卑、沮丧，可是复星呢？郭总又说："不要错过任何一次危机对一个组织、包括个人的考验。在面对危机的时候，你要能通过这个危机去打造你的组织机制、创新你的组织机构，把人才团队锻炼得更强。”

这种思维的人物都是这么想问题的，不要错过危机对你的考验、对你的帮助。在危机时可以打造你的组织机制、创新你的组织机构，把人才锻炼出来。这里的关键因素是思维方式的问题，绝不是简单的策略问题。德鲁克先生的《动荡时代的管理》一书对大家有帮助，大家喜欢也可以看看。我们不学习、不借鉴这种思想是不行的。

著名公益人徐本亮老师说过这样的话，他说：“如果一个社会组织不能够满足社会需求，不能够有效地解决问题，不能给服务对象带来价值，他就没有存在的价值和理由。”这句话很有意思，假设有一天你的企业在疫情中倒闭了，别人问你企业怎么倒闭的？你也许这么说：因为资金、人才、订单、供应商怎么样……你会找出这样那样的理由，但这是真相吗？

一家企业倒闭的真正原因是他不能够满足社会需求，不能够有效地解决问题，不能给服务对象带来价值。因为这三个“不能”，所以企业就倒闭了。从个体来看，这是一件很悲伤的事情，我不希望倒闭，可对于整个国家来说，你刚好应该倒闭，因为你留存下来意义不大了。

如果你想去满足社会需求、想去解决问题、想给服务对象带来价值，那该怎么办？这个内容你学会了，找到了思路，就会有出路了，你会重新再造你的价值，让我们的企业东山再起，即使暂时遇到危机也不怕。

回忆一下德鲁克先生的“经典三问”：

第一问：我们的业务是什么？

第二问：我们的业务将会是什么？

第三问：我们的业务应该是什么？

德鲁克先生是现代管理学大师，这“经典三问”句句指向一家企业的核心根本，你现在在做什么？你下一步要做什么？你应该做什么？那些发展很好的企业，这三个问题的答案一清二楚。那些迷茫的企业，这三个问题可能只能回答一个，第二问和第三问回答不了。

真的如此吗？我以我自己作为一个案例，我来回答我自己。

你现在的业务是什么？

我现在的业务是传承中华文化，培养经世大才。

你的业务将会是什么？

我的业务将会是研发运营体系，普及教育。

你最终业务应该是什么？

我最终业务是把文化留给后人，把育人体系留给后人，把一批高端人才留给后人，这“三个留给”就是我们最终要干的活儿。

三个问题在我们心中是想了无数次的，整个假期老师没有休息，最近连续加班做我们整个的体系编写，我们编写了上卷，是我亲自写的，叫《教育远望》，下卷是我们对德、智、体、美、劳各个项目所做的编写工作，老师们一直没有休息，都在加班。白天给孩子上网课，业余时间在编书。针对这次网络课堂给很多学校带来冲击，我们还编了一个让孩子在网络课堂中快乐成长的教学方案和策略，孩子们收获最大，这是我们当前要做的。就是“我们应该做什么？”“我们将会是什么？”这些问题要了解清楚才好。

其实危机就是转机，危机本身就是机遇，怎么去看待它？怎么去认知它？怎么判断？怎么把握？从哪里感知？从危机中、从疫情中。首先，危机之中其实会暴露出很多未被解决的社会问题，迫切需要被解决，这是机遇。其次，疫情过后，同样会暴露出很多未被满足的社会需求，迫切需要被满足，这是机遇。不管是当下还是未来，一个又一个机遇已经到来了。

很多企业的裂变快速发展都是在危机中出现的，像历史一样，没有东汉末年天下大乱就没有魏、蜀、吴三分天下，曹操和刘备手无寸铁打天下，最后各占1/3的江山，就是在这种混乱中出现新的事态与机遇，看我们怎么去把握，看谁想去解决这些事情。

那么怎么解决？首先，还是来重新认识一下工商业，我总在强调“不谋全局者不足谋一域”。我们在局部看问题的时候往往看不到机会，看不到机会就像下棋一样，这个“车”要杀这个“马”，那我就躲不开啊，走不动了，怎么办？放开整个棋去看，不怕，因为我那一炮调过来，把“车”挡住就没事了。有的时候我们为什么找不到问题的机遇？是因为没有看到整体性的东西。一家企业要建立整体思维，要了解整个工商业是怎么一回事就好办了。

这幅图中间一个人是代表人类，下边是大自然，是天地宇宙万物、江河湖海。我们奔向一个远方叫幸福。这就是人类的生存状态：人类生于自然中，奔向幸福生活。从远古到现在，这个状态没有改变过。这跟工商业有什么关系呢？人类的幸福来自勤劳和智慧，用勤劳和智慧从大自然中去汲取、去提取、去收获他所要的各种必备的生活物资。

整个人类经历了这么一个过程：最原始的是狩猎和农耕，后来有了青铜器，再后来有了作坊，有了集市，所以过去首先产生了农业，后来发展工商业，再后来发展服务业，三大产业依次产生，农业是从大地取出粮食，工业是从大地取出矿藏转成钢铁，就是从大地取出元素，转成各种我们要的生产资料和生活资料，形成我们所吃、所用，然后通过服务业送给我们，这三大产业联合起来了，并变出了各种各样的产品，而这些产品服务于我们，就产生了人类的幸福生活。

那中间两个基本动作是勤劳和智慧，所用一切的提供者是工商业，这个杯子，这台电脑，这块手表，包括这本书，都是通过工商业出现的，它的源头是大自然，是天地给我们的。这本书的纸浆来自天地，墨粉来自天地，这个杯子的瓷材料来自天地，经过工商业的加工，转成了我们自己生活的产品。

取之于天地，流通于工商，用之于黎民，回归于自然。这句话就是我们生活的一个基本状态，取之于天地，资源取出来了，农业反复取，工业的取一次还要回流回去，用于人民百姓，最终还是要再回到自然，整个交流不断就可以了。

这中间出现了两个词，“财富”和“货币”。财富就是资源和产品在流转过程中的一个通用名字，财富的“实物”是实现美好生活必备的物质组成。你的房子、车子、衣服、鞋子、电脑……你所有拥有的这一切都是财富，都是由资源产生的。

这些财富需要流通，原始的流通方式是物物交换，为了方便流通，人们创造了“货币”来代表货物，它是资源流转的媒介，它本身不是资源，是作为财富的虚拟物，是一种符号代表而已。我们对财富和货币基本就看清楚了，我们看到这幅图以后，我们基本知道人类美好生活的全过程。

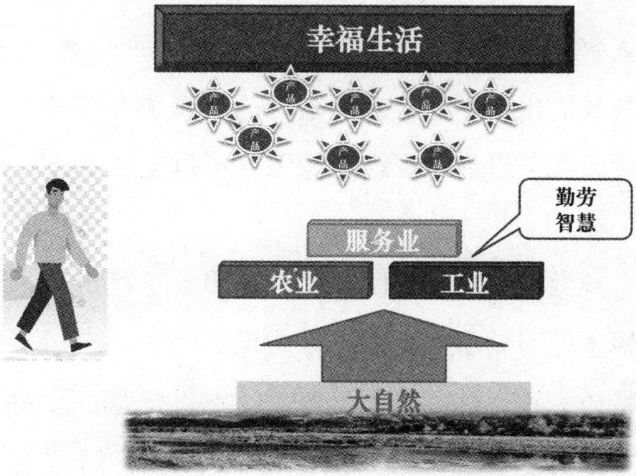

大体来说，出现危机是出现了以下三种情况：

第一种，天灾和人祸。像海啸、疫情、地震，这时候是人类本身的业因爆发，大家学习传统文化知道这是有因果关系在里面，生命遇到了危险，这时人类即使拥有获取资源的能力，他能够生产制造，能够种地打鱼，但是无法进行正常的劳动生产，因为资源使用不上。比如，这次疫情，我们有的人突然上不了班了，有的突然做不了事了，因为这种意外发生的疫情、地震、海啸等天灾危机，把我们原有的秩序全部打乱了，我们有能力使不出来。就像一个本来很健康的人，突然得了重病，即使满桌的美味佳肴，他也享受不到。

出现这种情况导致整个链条推不动，人类的勤劳发挥不了了，文明使用不出来了，所有事情都要围绕这个抗灾救人而展开，这时候经济肯定会出现暂时性的衰退，这是必然的。这种情况也很好解决，等过去就好。你看看今天的唐山也是一派生机，看看今天的汶川也没有问题了，老百姓又过上幸福生活了，它需要一个忍耐期就可以了。

第二种，人类忘记了“要取之于天地、流通于工商”这个本职工作。不再和大自然进行有效资源互动了，不劳动了，也没有智慧了，他把货币当作追逐的对象，玩资本，就如一个村，本来这个村人都是种地的，后来有人倒粮卖粮发财了，全村人就都去倒卖粮食发财，买卖粮食的人多了，玩资本运作的人多了，种地的人少了，生产劳动的人少了，这种情况下，大自然即使想帮我们也帮不上，人类在自己的圈子里转圈圈，和自然链条已经断开，因为人类误以为守着很多货币就可以生活下去，造成这种虚妄的假象。

这种情况会导致财富总量下降，供少需多，于是出现了经济衰退。这种问题造成的根本原因就是人类思维方式出了问题，忘记了我们本来的勤劳善良的天分特质，不再勤劳，不再善良，不再智慧，开始玩虚拟，以此为追求，在咖啡厅高谈阔论，两人倒杯咖啡开始谈“4 个亿、3 个亿我砸进去……”，个体看来很好玩，整体看来不行，他们不知道资本的本质是什么，也不知道资本的使命是什么，这个没有搞明白。这对于这一时代来说很可惜，还美其名曰“烧钱”，“烧钱”是损害自然对我们的呵护。

莫言先生说过：“我们应该用我们的文学作品向人们传达许多最基本

的道理。譬如房子，是盖了住的，不是用来炒的。我们要通过文学作品告诉人们，在资本、贪欲、权势刺激下的科学的病态发展，已使人类生活丧失了许多情趣且充满了危机。”病态发展、资本贪欲、丧失了情趣且充满了危机，值得我们反思。

第三种，就是大自然的有效资源会被榨干。

目前还好，将来可能会发生。如果大自然对人类的供给严重不足，人们因此走到尽头末日，那是最可怕的。农业还可以发展，但土地大量板结，农作物不能正常生长；工业还在发展，但资源用尽了，到这种情况就麻烦了。这是什么原因造成的？没有回归于自然。很多有远见的企业和组织已经开始预防这种状况了。

有一个朋友是做包装行业，他立志做最节约资源的包装，并且做可回收的包装，我非常赞同他。它的包装品不浪费任何的资源，用的时候很简朴，用完收回来还可以再用，所以资源可以反复使用，物尽其用，不是每次拆完包装以后往角落一扔，变成垃圾。

疫情基本平息之后，大家发现很多城市天空更蓝了，这是因为在疫情期间，我们对整个自然能源的榨取暂时停下来了，大自然歇一歇有所恢复了，也可能是出于这个原因，大自然在向我们发出一些警告。

“这次疫情到来，大自然到底要告诉我们什么？”为什么要去想这个道理呢？如果想不清楚，弄不明白，我们有可能没有收到告诫和提醒，会重蹈覆辙。疫情之后，工商业、生活、人类的整个文明体系需要做一些新的调整。

市场机遇在哪里

疫情威胁到了人类的生命安全；疫情造成了国内企业临时性停工停产；疫情导致部分中小微企业陷入困境；疫情迫使全世界经济衰退、外贸停滞；疫情致使百姓进入居家生活；疫情让教育从线下转为线上；等等。这是我们看到的一个个现象，这些现象我们都可以叫作困难。疫情给我们带来了这么多困难：生命中的困难、停工的困难、发展企业的困难、经贸的困难、不能离开家门活动的困难、教育只能在线上的困难等，我们会有这样的思维。

疫情对市场的影响有哪些?

困难	·疫情威胁到了人类的生命安全;	机遇
困难	·疫情造成了国内企业临时性停工停产;	机遇
困难	·疫情导致部分中小微企业陷入困境;	机遇
困难	·疫情使全世界经济衰退，外贸停滞;	机遇
困难	·疫情致使百姓进入居家生活;	机遇
困难	·疫情让教育从线下转为线上;	机遇
困难	·……	机遇

大家这么思考是可以的，但是作为企业人还需要再深入一步。把“困难”改为“机遇”。我们再来分析一下，因为疫情威胁到了人类的生命安全，所以一部分行业出现了新的机遇；因为疫情造成了国内企业临时性停工停产，所以很多企业出现了新的机遇；因为部分中小企业确实陷入了困境，所以帮助中小企业走出困境的行业出现了机遇；因为世界经济衰退，

外贸走不动，所以那些帮助世界经济复苏的一些产业将出现机遇；因为百姓进入居家生活，所以居家生活的很多生活模式发生改变，为此提供供给的企业出现了机遇；因为教育从线下转为线上，所以线上教育出现了机遇……这是我们做企业人应有的辩证思维，它既是困难也是机遇，像硬币的两面。

怎样寻找商机

回到微观来看，发现商业机会有哪些策略呢？下面这段内容出自德鲁克先生的思想，我整理给大家。在我们日常生活工作中有哪些商机，它潜伏在哪里？怎么判断商机？

第一类，意外的事情。

有哪几种意外的事情？

1. 意外的成功

举两个书中的例子。20世纪50年代，纽约有一家百货公司叫梅西公司，时装销售量是70%，突然一段时间家电销售60%，出现一个高峰，当时梅西公司一直认为自己是做时装，不是做家电生意的，对这件事没有在意，也没有去努力发展，错失良机。另外一家公司叫布鲁明戴尔，他的零售商店是当时纽约最灵活的商店，发现并抓住这个机会，把家电销售作为专门的一个产业，并获得了意外的成功。

还有一个例子，有家企业做生物临床测试仪的，这种设备原来是提供给医院用的，偶然之间发现有大学来找这种设备，还有工业客户需要这种设备，这家企业觉得很奇怪，问大学老师“你们为什么要这种设备?”大学老师说“我们要这种设备很正常，我们就是医学院，我们得教学生用这种设备”，工业客户也是这种情况。所以，他们根据大学和工业客户的需求临时调整，做了有针对性的生物临床测试仪，意外地重新开发出一个新的市场，这种意外的机遇带来了成功。

在中国古代有一个意外成功故事叫“守株待兔”。我们以前说守株待兔都是嘲笑人，说这个人好愚蠢，其实不是这样的，如果说这个人在树下遇到一只兔子撞过来，撞断脑袋你捡回来了，它是不是好事？如果你把它放大，容易成为产业链，这里分析说明几件事：

第一件事，此地有很多兔子，如果没有很多兔子，它不会来撞树的。

第二件事，如果此地有很多兔子，如果你找到一个合理的抓兔子的方法，就能收获很多兔子。

只是你不能靠守株待兔这种方法，你可以改变方法，但这种意外成功说明暗含很多可以开发利用的条件，你把它看准了就能开出一个市场。想开发这个市场需要三个步骤：

第一步，要确定意外的成功能够被发现，引起重视。重视以后，你会发现那是一个新的市场。举一个最近发生在我身上的例子，2021 年，我们在清华课题组的几个人有一个想法，元旦时想成立一个大师班，把几位中西方管理学大师的思想内容传承下来，包括稻盛和夫先生、特劳特先生、德鲁克先生，还有曾志强。我们找到了曾老的弟子，找到了国内研究特劳特先生定位学的一个传承人，还有研究德鲁克先生的一些国内名家，包括研究稻盛和夫先生的名家，想把这个班办起来，把这个学问整理出来，将来有企业好好学他，就这么一件事。有人建议我们几个带着企业家一起学多有意思，谁来报名参加学习都欢迎。后来我们突然发现有意外的成功，就是很多 40 ~60 岁的企业家非常关注家族二代接班人的培养问题，他们非常希望二代接班人从青年时接受良好的管理科学的教育。我的朋友就很兴奋地说：“柏映老师，这个班我们的招生方向可能需要调整一下，给那些老企业家培养接班人。”我一听有道理，便重视起来。这是一个意外成功的小故事。

第二步，要带着问题看意外的成功。怎么开发？怎么转化？不能“守株待兔”，还要看到这个故事背后意味着什么。怎么把它变成一个产业，为什么家电产业突然起来呢？怎么变成一个家电大产业？怎样从过去的一个卖服装公司变成卖家电产业呢？是单独分一块，还是整个公司做一个转型呢？

第三步，了解意外的成功转化成产业所应具备的条件。比如，我要开一家销售连锁，需要哪些条件，场地怎么选择，供应商在哪里找，销售策略是什么，卖给哪些人，等等。把这些都准备好，这件事就容易成功。

除了上述三点，还有一个叮嘱，就是需要关注和发现。我相信我们的企业在正常运营中都会存在意外成功的可能。我们一起来看看美国退伍军人学文凭的故事。美国二战时，好多青年应征入伍，军人退伍后需要工作，但他们只会打仗，如果想工作就需要文凭，这个时候有人抓住这个机会，开始教这些退伍军人，帮他们考文凭学专业。因为这一件事也做成一个大产业，这个产业做得很兴盛，很了不得。这是一个很值得思考的案例。

我自己也碰到过这样的事。2008 年夏天，我在为企业培训“弟子规”课，一些好朋友家的孩子放暑假，他们就跟我商量：柏映老师，您讲的“弟子规”课我们学着非常受益，暑假请您抽出点时间帮忙给我们孩子开个“弟子规”班吧？我就答应了，开始给他们的孩子讲课，我心里想着课程一共 7 章，我分 6 天讲完，最后一天下午举办一个毕业典礼就结束了，就很好嘛，6 天的“弟子规”班就这么设计的。我把孩子们叫来，他们坐着听，我坐着讲，白天听听课，晚上唱唱歌，锻炼锻炼身体就结束了。

事实不是这样，这些孩子非常不好教，很调皮。白天不听课，只睡觉；晚上不睡觉，只玩，把你累得疲惫不堪。第一天下来我就想打退堂鼓了，发现这帮孩子不好教，但是不能解散，得坚持。没想到就这帮半睡半醒地听着“弟子规”课的孩子，居然也有变化和收获。毕业典礼上，孩子对来参会的家长先鞠一躬，第一句话是“爸妈我错了”，妈妈从来没听过儿子说这句话，眼泪不受控制地哗哗流啊，说多少年孩子没有说过这句话了，感动得抱着我直哭，他儿子一看，就更来劲了，又来一句“爸妈我决定了，我养你们一辈子”，爸妈彻底泪崩了。之后家长找我说以后孩子就交给我了，我说我教不动。

到了冬天，孩子又来了，还来了一批新的，那就教吧，又这样过了一周，不行了，我得想办法呀，不能老是这样，我就想这个教学授课方法有哪些，用什么招好使，长善有什么办法……使各种招来对付他们。

在对付这帮孩子的过程中，我掌握了教育的基本常用技巧，就是后来我写的书《教子有方》，这本书重点讲了“四把钥匙”：上所施下所效、顺其愿而教、养子使作善和长其善而救其失。“四把钥匙”就是被那班学生给逼出来的，我把这个班称作“下蛋的鸡”。

办一期培训班，我的教育本领就涨一点，办一期涨一点，年年办年年涨，涨到最后我终于入行做教育了，就这么一个过程。我每年寒假暑假还带一批孩子。现在方法调整了很多，使用明德系统心性教育，孩子们基本6天下来就能改变，不像当初了。从2008年暑假开始，意外的一件事转变了后来很多的东西。没有那时候的这个意外就没有现在。

2. 意外的失败

做一个项目，做了一半做不动了，顾客方不要你的产品和服务，失败了。有一个挂锁老板的衰落的故事分享给大家。一个老板给印度乡村做挂锁，他们不需要真正的锁头。平时村里的人把锁往门上一挂，小偷就不来偷了。因为当地有一种神秘的说法，挂上锁还要去偷的话，就会很倒霉。所以当地人对这个锁的要求很低，结果你把规格价格又做得很高，乡村人就不想买，就失败了。

这时候城市中产阶级崛起，他们需要好锁，所以这个老板一看，他做两种挂锁，一种是没有锁头钥匙，只有一个拉栓的东西，象征性地往那儿一挂，还挺便宜的，农村需要；另外一种是非常坚硬，三种钥匙都非常不容易打开的，城里需要。根据城里和农村的不同需要，分别做锁，成功了。

老板面对失败时把这个失败当作创新的源泉，然后重新找到一个空间。那么这种意外的失败为什么会出现机遇呢？面对失败，不要着急去撤退，不要说没有订单不行 。先观察需求端在不在，是需求端出了问题，还是产品出了问题？只要有需求，你把产品重新做好，失败就是创新的源泉，这个失败是由产品和需求对应不上造成的。

这个故事在京瓷公司也发生过。创业初期，稻盛和夫先生创办京瓷公司，收到一份松下电子工业公司的订单，需要电视机显像管中电子枪使用的绝缘陶瓷部件以及“U”形绝缘体。由于电视机需求的迅速增长，松下希望把其合作方荷兰菲律宾公司进口的产品实现国产化，因为国产的价格便宜，进口的价格太贵了。稻盛和夫先生就考虑：“可否使用镁橄榄石来代替陶瓷来完成这件事?”可是在合成镁橄榄石的过程中，遇到一个困难，矿物原料是非常干燥的粉末，难以成型，不能添加到一起。可如果使用黏土来做这个传统工艺，就会混入杂质，无法取得这种纯净的物性，也不行。松下给了订单，京瓷交不了这个单子，眼看就要失败，稻盛和夫先生不放弃，在现场天天转，有一天，他走路时突然碰到松香，他一看觉得应该就是这个东西，可以使用松香代替黏土，把松香加进去，再烧制出来不就可以没有杂质了吗？一试果然行了。因为这件事京瓷拿了一大笔订单而成功了，后来松下把这些订单全部国产化了，都给了京瓷，这个叫意外的失败带来了商机。

3. 寻找的意外事件

再举一个例子，麦当劳的成功。麦当劳创始人克洛克原来是推销牛奶搅拌器的，卖给那些卖汉堡包的小商贩。有一天来了个商贩买了很多牛奶搅拌器，他很奇怪，就问：“你买这么多干什么?”他说，“客户要。我的产品好，我们这儿每天做得可忙活了”，克洛克就跟着去看，一看真是好多人在买汉堡包，他发现这里有文章可做，说明这里是一个产业，他又思考为什么这个产业这么旺盛却没有做起来呢？原来它没有系统化，所以没法复制。因为不仅这个街区的百姓需要，下一个街区的百姓也需要，那为什么在不同的街区没有开出同样的店呢？因为没有标准化、系统化。克洛克放下了推销牛奶搅拌器，去做麦当劳，把它做成标准化，重振了快餐业。就在这么一件小事中发现的，这个叫寻找意外事件，这种意外事件想把它找出来，必须要做感性的调查和理性的分析。

感性调查就要去感知顾客到底要什么，去一探究竟，回来分析这件事情背后的原因。如果说他发现了那个商贩这个汉堡包卖得很好，他说我也开汉堡包店，那最后只能和他一样，他没有分析背后没有裂变的原因。

经常提醒自己“我的知识还难以进行分析，但是我会去探索，我将走出象牙塔，到处观察，询问一些问题，用心听取意见，承认自己的不足啊”这样的话，这些意外事件就能使我们跳出原来的惯性思维。机会就是在生活中意外出现的。

4. 发现意外的事情

第一个例子——IBM 的成功：IBM 早先认定未来市场属于“主机型”计算机，所以它集中力量和资源主打主机型计算机。可是到了 1975 年，它发现家庭个人计算机需求旺盛，1977 年，它设立了攻关小组，1980 年开发自己的个人计算机。3 年后，在该领域占世界主导地位。

第二个例子——电视机问世后，很多人认为图书会滞销。但实际情况相反，注意到这一事实的，不是出版业，是百货商店零售商。因为这个原因，图书不仅没有滞销，而且变成一个新的产业——连锁书店。今天我们看到虽然出现了电子图书，但是很多人依然愿意看纸质书，我自己也是。这次我是专门针对这次疫情，从网上订了一批书，德鲁克先生的《动荡时代的管理》，又订了《自我突破》，我陆续还在找一些书，因为这些书如果不看的话，后面讲起来会没有味道。

再给大家举一个例子，《哪吒之魔童降世》2019 年票房突破 50 亿元，我特意去看了这部电影，因为想研究一下这部电影为什么能突破 50 亿元？预示着什么？为什么过去很多企业、很多这个行业人士花了很大功夫却做不出这样的电影来。我看了以后，这部电影就是应该突破 50 亿元。我在《使命与发心》一书中有段论述，因为这部电影找到了电影产业的使命，并完成了使命。同时这部电影在2019年出现，预示着从2020年开始，中国文化产业要开始了，2019年同时出了几部相同题材的电影，如《银河补习班》《少年的你》《老师好》《误杀》都指向教育。

在20世纪末21世纪初，新加坡出了一系列教育电影，很火爆，市场效果很好，如《小孩不笨》《小孩不够二》《小孩不坏》《奔跑吧孩子》这一系列电影非常热销，那个时候整个新加坡人对教育很关注，不知道怎么办，所以用电影这种方式来教大家怎么做教育。

这些问题的背后是有原因的。能够成功利用意外的事情，重要的前提是你必须具备适用于本行业的知识和技巧，否则，虽然这些需求出现了，你想做也不那么容易。比如，你想做《哪吒二》《哪吒三》，但是你得有这个行业的知识和技巧，否则即使看到以后你也做不了。就像我们当年一样，2008年看到教育问题，想进入教育，花了将近10年的工夫才走进来，才把教育刚刚能摸到一点，还觉得路很远没有摸完，很不容易，与行业进行匹配要靠学习、实践，要早发力。看得准，走直线；看不准，走曲线。

第二类，不协调。

不协调中基本隐藏着机遇，要特别注意那些不协调的地方。

1. 不协调的经济现状

不协调的经济现状就是这个社会在整体上看起来不对了，如某个产品和服务的需求增长，但效益却稳步下滑，这就是不协调。按道理说需求增长，那么效益应该也增长。需求增长没有带来效益增长说明这里有机会，而没有做出来。

这是一个美国战后钢铁工业的案例。美国战后，整个钢铁工业发展速度非常快，需求量很大，但需求量很大以后，钢铁产业并没有带来利润增加，原来是因为用户需求量非常大，但他要的这个料都是分散的，后来美国有的钢铁企业发现这个问题，建立迷你型钢铁厂，在钢铁生产程序上做出创新。到21世纪，美国所用的钢铁50%来自这种工厂，其实整个效率就上来了，说明整个产业链、产业模式需要调整，这里有机会，产业还是这个产业，它需要一个转型升级，这种转型难度在于它的技术是否可行，资源是否可以获取。就是你能迅速做出这种判断来做调整，有的人发现这个机会就抓住了。

2. 现状和市场之间的不协调

当现状出现问题的时候，这个行业中的人们想去解决这个问题，针对这个问题做出很多判断来。但是这些问题解决方案并没有获得所对应的结果，说明这里有一个空间，这个空间一旦能打破，就会有新机会出现，典型的案例就是集装箱的出现。

20 世纪 50 年代初期，港口越来越拥挤，船只难进港，很多企业就想要设计一种更快的、更省油的船，他觉得只要我的船省油、快就能解决船只进港问题，结果没有想到船速越快，船只越拥挤，问题不但没有解决，反而加剧了。就在这个时候意外出现了，集装箱出现来解决装卸的问题。30 年中整个货运量增长 5 倍，成本下降了 60%，船只港口停靠时间缩短了 3/4。集装箱这一事物给整个行业带来三种好处：货运量增加、成本下降、停留时间缩短，改变了整个行业。也出现了一些集装箱相关的产业，像集装箱船舶、集装箱造船，还有集装箱公司，整个链就这样出现了，早先进入集装箱产业的，都赚到了钱。在现状中突然发现一处不协调，由此寻找解决方案也就抓住了机遇。困难就是需求，解决问题就是提供产品。

3. 设想客户与实际客户价值期望的不协调

原来认定是这些客户，而实际客户不是这些，出现了不协调，这说明有商机。生产商和供应商容易简单武断地认为他们的价值观就是客户的价值观，所以当他的货卖不出去时，没有反思自己，而是埋怨客户不识货，不懂行。这是很自我的思维意识，这时候客户想要的东西得不到，企业想卖也卖不出去，供需之间发生了拧劲。

一个典型案例，松下和东芝之间的故事。在 20 世纪 50 年代初期，当时松下刚刚起步，而东芝已经是商业巨人，东芝认为电视机是给城里人用的，农民和穷人是无法买得起电视机的，但是在欧美国家普通家庭已经被证明能够去买电视机了，所以松下说我要造出一款让美国普通农民都能买得起的电视机，结果成功了，这个巨大的市场，拉动了松下，使松下后来居上。松下为什么能起步？因为东芝当时自己没有发现那个不协调的地方，没有去改正它。

还有一个故事是在美国证券公司发生的，当时美国证券业很发达，大型金融机构都认为很多人到证券公司投资是为了发财——这是它的一个惯性思维，把钱交给证券公司，为了去赚到足够的利润。可是这个时候美国出现了小中产阶级这样一个客户群——职业人员、小商人、富裕农民，这些人对投资没有专业知识，更没有太多的钱，花销相当谨慎。他们把钱放到银行觉得不是最合理的，还要放给证券公司。他放给证券公司是为了确保个人储蓄不贬值。这个时候美国中西产证券公司发现这个商机，马上为这些人设计了对应的理财产品，结果这个产品抛出以后，在市场热销，这家公司一下就起步了，超过了原来很多大型金融机构。这个案例和松下很像，投资产品重新设计。

4. 程序步骤和逻辑中的不协调

在操作程序中或消费者产品使用过程中，往往会出现一些不顺畅、不方便。这些麻烦说明事情存在需要改进的不协调。改进了这个不协调，这个产业就会迅速发展。这个像管道理论，一个管道中间有一段特别细，结果整个管道流量受那个最细的部分影响，把这个最细的部分打开，这个管道的流量就上来了。

举一个例子，储存分解韧带（眼睛手术）的酶的方法。当时给眼睛做手术，如果韧带做剪接的时间太长，需要用一种酶来分解，但这种酶难以储存，放久了就被分化，怎么办？不使用这种酶，韧带不能分解；使用这种酶，酶难以储存。给眼睛做手术是一件大事，这件大事就因为这么点小事导致整个链条打不开。后来有人就研究怎么储存这种酶。研究成功使整个链条就通畅了，然后赚钱了，做了一个大产业。

再讲一个故事，美国人有种植草坪的习惯，种植的标准难以掌握，顾客希望草坪可以种得很均匀，但很多时候是高一块低一块，多一块少一块，怎么种能种出整齐的草坪呢？美国斯科特公司发明了一个撒播机，使用这种机器播撒出的草坪非常匀称好看，这件事使这家公司成了美国最大的草坪护理产品生产商。这家公司发现了顾客的一个痛点——草坪长得不齐，于是抓住机遇并研制出播撒机获得巨大成功。

其实国内也有类似的例子，如我们使用的速效救心丸。人在得病的时候，对于吃药需要解决三个问题：第一，能不能方便取到药？第二，能不能打开瓶盖？第三，容不容易放进嘴里？这都是病人希望解决的问题。如果这些需求不被解决的话，很多病人在犯病期间手足无力，想吃这个药吃不了，生命就非常危险了。所以速效救心丸不仅要药效厉害，还必须解决容易取出来、容易开盖和容易入嘴这三个问题，如果这三个需求被解决了，这个药就好卖了。很多人专门研究药，却忘了使用者在用药的时候这个过程及其相关需求很重要。

我自己也发现类似的这种小问题，比如我们经常买的袜子，袜子上面用线绷着，想穿袜子需要将两只分开，有时候没有剪刀，就使劲把它拽开，结果袜子被拽出一个洞，不拽袜子还连在一起，也穿不了，袜子生产商是不是可以做一下改进，轻轻一弄就开了的那种。还有，我们新买的衣服上面用个绳挂着标签牌，我就想厂商和销售商能不能想办法让顾客拿到衣服的时候可以轻松取下标签？这就是链条不协调，这种事在生活中还有很多，所以，在中国商业机会有很多，大家会发现一年如果做1000次消费，让你真正特别满意的消费不会超过20%，基本行行有漏洞，有很多不协调环节都需要去打破，打破以后那个行业就起来了。只是大家不用心去发现，想想真的是让人觉得太可惜了。

5. 程序中某个环节发展不协调

这种不协调会导致程序最终目标难以实现。人们在一个行业的生产、工作或操作中，发现某些明显薄弱的环节，造成目标难以实现，你不改变这个环节，程序就运行不了。所以，改变这个环节，成为程序运行的迫切需要。

举两个例子说明。

第一个例子，关于电灯泡的制造。我们早先发现了电力产业，电力产业要用之于民，老百姓用电首先用来照明，照明需要灯泡，所以灯泡如果造不出来，电等于没用。所以那时候造灯泡变得非常迫切，发明家们就开始反复研究灯泡，经历过上千次的失败，终于造出来了，这一个环节出来以后，有个灯泡，电灯普及了，电力产业也就发展起来了。

第二个例子，关于中国的教育产业。我们在这个产业工作至少要有一个“德育”环节。我们说要“立德树人”，没有“立德”就不能“树人”，所以“立德”这个环节是教育过程中的关键，如果不突破，“树人”就做不成。而“立德”的问题是一个老大难问题，是很多教育部门没有解决的问题，有没有突破方案？有，在传统教育中能找到。面对目前的教育问题，有人说中国教育难，难在哪里呢？就是“立德”环节出了问题，因为这个环节薄弱导致大量问题出现：辍学、抑郁症、犯罪、巨婴、无业游民……都是德育跟不上来造成的。教育行业不是不想要德育，是德育核心技术那个环节没有被击破。所以这个环节必须被击破，因为这个原因，明德 2018 年在各地方启动了德育中心，希望帮助大家来做这件事。抱着为大众解决难题的发心，在教育行业中发现了这个薄弱环节，从而抓住机遇。

第三类，产业和市场结构。

这个大类一般来说有四个指标能看出机遇来。

第一，如果一个产业增长的速度超过经济和人口的增长速度，那么这里要出现机会。

第二，当某个产业的需求暴增了，那么随之而来满足这个需求背后的链条要进行调整了。比如，过去可能是 10 个人看病，突然有 1000 个人要看病，那么 1000 人看病就要建医院了。出现了很多种医院，必然要出现为医院提供服务的专业公司。例如，为医院专业做保洁的公司、为医院专门做药品的制药公司、专门为医院做医疗管理的公司等，行业的整个链条被拉开了，相关认知和服务方式开始发生变化。

第三，截然不同的科技整合在一起，潜藏了新的商机。最典型的案例就是苹果的出现。过去我们认为手机就是通信工具，大家思考的重点都放在打电话、手机号、如何保证信号的清晰度等这些问题上，后来出现液晶显示技术、触屏技术，现在这些技术和原来的通信技术一合并，出现了苹果手机，出现了今天的华为，整个行业重新布局了。后来又把照相的技术加进去了，手机变成照相机了，新的商机又出现了，所以很多国产手机因为照相功能很强大，也获得客户的青睐。现在一部手机它既是手机，又是相机，还是录音机，能干很多事儿。各种技术在融合，出现了各种新的商机。

第四，如果一个产业的业务经营方式正在发生迅速的变化，那么，这个产业基本结构的变化时机都已经降临了。例如，网络直播，现在很多人在用网络直播，大家看下面这幅图，过去顾客和企业之间的链接靠销售。过去销售主要靠线下销售，后来出现电商靠线上销售了，这就迈进一步了。新冠疫情暴发以后大家发现电商的好处，但是供需之间还是不能充分沟通。2020 年出现网络直播服务，这种服务方式出现后开始遍布各个行业，这背后是一个大的产业在出现，新销售产业——网络直播服务产业。

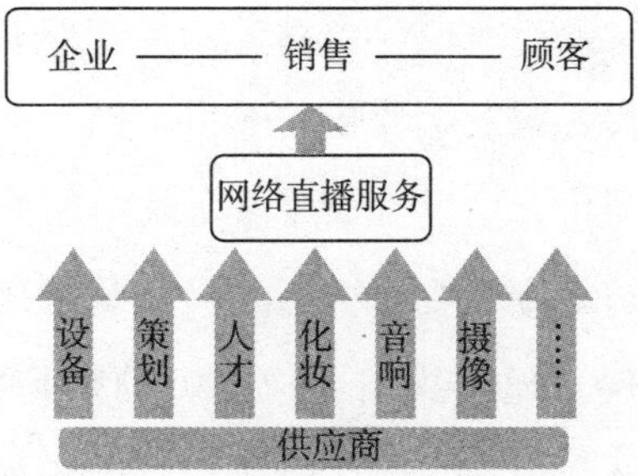

比如，我是做西服的，我是做房地产的，我是做杯子的，可能都需要

找到一家为我做网络服务的外包公司。首先要找到一家非常专业的网络直播服务公司，需要有后面的链条进行支撑：使用专业的网络直播设备、拥有专业的策划、拥有专业的网络主播、拥有专业的网络主播化妆师，还有很多链条支撑。因为公司出现这些链条以后，一层支持一层，使网络直播这个产业迅速发展起来。再往上推，又会出现供应商。比如，一所职业学校，专门为网络直播公司培养直播的专业人才，大企业会需要这些优秀的主播宣传企业赢得顾客，提高订单从中赚取利润。比如，主播通过网络直播带货增加销售 1000 万元，企业就提成 100 万元分给主播的公司，为此付出的所有人员都会得到相应的报酬，一个大产业链条就形成了。

只有链条才有分工，只有分工才会走向专业。当一个行业刚出现的时候往往是不专业的，都是靠天赋、靠眼光、靠眼疾手快而形成的。发展到了瓶颈期时会非常繁荣，大家都来做，瓶颈期一般来说不超过 5 年，瓶颈期关闭后就只会留几家规模大的公司，小公司陆续会被淘汰出局。

直播行业在 2020 年已经兴起，这个行业很快要进入专业期了，设备专业化、策划专业化、人才专业化、产品专业化、音响专业化、摄像专业化等都是专业化。因为这种非常专业化的服务，所以引来了一些大型公司进行外包，外包以后就是大家各干各的，A 负责研发产品，B 负责网络直播，C 负责把客户揽过来，D 负责把产品卖出去……分工非常明确。

就像当初房地产行业一样，早期房地产行业什么都干，后来出现了地产销售公司、地产开发公司、地产设计公司等，这是一个必然的趋势。一个产业在整个业务经营方式发生变化的时候，整个产业结构会同时发生变化，大家要注意这个变化，这里有很多值得我们思考。

再如，发生变化的物流产业，物流的代表就是邮局。小时候邮信、寄包裹都是通过邮局实现，现在我们选择更多的则是顺丰速运、申通快递、圆通速递、宅急送、联邦快递、韵达快递、中通快递等，规模小的就更多了。谁能想到邮局在今天会变成这个样子，同时还有大行业发展出来，这里有很多方面值得我们探讨、思考的东西，这就是机会。

1. 人口变化

人口的变化对整个商业影响很大，人口重心的转移、人口所占比例增长最快的年龄层、对社会价值的重要影响，这些都会形成整个商业的变化。

20世纪60年代初，美国第一批的生育高潮出现，这批婴儿正好长到青少年的时候，美国有一家公司叫梅尔维尔，它本来是一个非常不出名的鞋店，它专为青少年设计鞋子的款式，为少男少女提供服装，它就针对那批生育高潮时出生的孩子设计他们当时最喜欢的鞋和服装，结果成为美国当时获利最快的零售商。

2007年和2008年，那时在中国每年大学毕业生将近500万，2019年大概是870万名毕业生，官方报道就业率是80%～90%，实际上企业真正能接收的毕业生不到50%。学了16年，很多毕业生被淘汰，这是一个很大的商机。

我们在广东做过一个实验，找了100名大学生，教了3个月，之后孩子们的气质非常好。我自己也做过实验，每年的3—5月，我都会带一期明师工程班，把一些喜欢传统文化的爱好者引到身边来，他们经过3个月的培训变得非常好。当时我就写了一本书——《大学生职业宝典》，也出了光盘。800多万名毕业生中有两三百万分配不出去，这里绝对是机会。因为企业那一端需要人，而这端又供不出人，就差最后这一段，落实好这一段就能成功。

再来举个例子，2015年10月二孩政策放开了，2016年宝宝出生了，到2020年宝贝已经4岁了，我们看相关的产业链有哪些？幼儿园、幼儿服装、幼儿鞋帽、幼儿用品、幼儿玩具……二孩政策放开以后，这个市场需求量增加了。过去家里一个孩子，现在是两个孩子，等于整个市场的份额翻1倍，这些产业背后还有上游供应商，所以你就知道该做哪个产业该向哪里努力了。如果你在做婴幼儿产品，二孩政策现在还在，这个产业一定是有空间的，到2020年，中国的幼教产业还会有一个黄金时期，它没饱和，未来7～8年是一个黄金时期，你看到以后就能做事，这是人口变化的分析。

总结：不重视人口变化的企业人是很危险的。因为所有人类的工商业均指向人的幸福。

人口代表什么？代表需求的量，1个人的需求和1万个人的需求不一样。需求量发生变化了，产业肯定要发生变化，人口的消费习惯随之会发生变化，人口的价值观也会发生变化，整个产业全要发生变化，忽视这种变化是十分愚蠢的，这种企业是没有未来的。比如，人口出生率，一个新生儿需要3年时间上幼儿园，15年以后成为重要顾客，22年以后加入就业大军，一路全是消费，全是需求，全是商机。

送给大家这样一句话：强大者往往反应缓慢，圈里人往往视而不见。

那么多大企业存在，为什么小企业还能崛起？大企业它的好处是面面俱到，不足是反应太迟缓，看不到这些新商机出现，而圈里人往往被一种固定模式固化，不愿意去调整、去改变，反倒是视而不见。所以机会出现的时候错过，等别人做成的时候，一个新的商机、一个新的产业已经形成，非常可惜。就因为缺失一种思维方式——关注人口变化。

2. 西方市场发展史

还有一种思维方式是关注西方历史，尤其是经济发展史，大家看西方市场发展过程中到目前总共出现过五次大的机遇，第一次是贸易，第二次是工业投资，第三次是高科技，第四次是金融地产，第五次是新兴产业。

中国也是这么走过来的。我们在最早的时候打开了市场，出现倒买倒卖，从广东订电子表卖到东北，后来出现工业投资，再后来出现高科技产业，也出现房地产业，现在我们也出现新兴产业了，中国和西方很多是非常类似的，就是翻版，但中国还有第六次，大家想过吗？什么产业？文化产业。

南怀瑾先生在世的时候说过："21世纪人类最大的疾病是精神疾病。"精神疾病的治疗不是靠医院，是靠文化。如果文化用得好，人不会得这种疾病。因为一般来说先天性的精神疾病很少，基本都是后天的，通过后天这种学习不会得精神疾病或者说是能治好的。中国未来还有第六次产业机遇——文化产业，而且是个大产业，大家可以关注这件事。

简单回顾一下：第一大类机会基本出现在行业内部，意外的事情、不协调；第二大类的机会出现在行业外部，就是经济、社会、知识领域发生了变化，人口变化、认知变化、新技术变化，是这些变化。这些变化其中任何一个变化都可能引动一个产业变化，其中有一个变化会使整个产业发生大的变化——认知变化。

3. 认知的变化

认知变化就是人们对自身状况或事物的认定态度发生转变时，商机往往隐藏于其间。过去中国人对身体健康就是小病扛一扛，大病就放弃，治不起啊，后来家里有钱了，能吃药了，能住医院了，但却没有保健意识，保健事业并不是一个大行业。后来人们开始关心自身保健了，这是一个变化的过程。从1960年开始，美国人集体陷入一种自疑症中，从未如此关心过健康问题。

这一关心还关心出一个大行业来。在美国有一个叫《美国健康》的杂志，两年卖了100万份，又生出一个产业——天然草药采集包装。天然草药采集好一包就装一包，营业额居然过了数亿美元，还有保健食品，还有慢跑健身器材。1983年美国增长最快的企业是制造室内健身器的公司。这是认知的变化，因为人们认知的需求变化导致一个产业出现了。还有技术变化，过去做商贸没有互联网，后来出现互联网，互联网加商贸出现电子商务，后来出现“互联网+”，电子商务变成一个大产业，这是技术变化造成的，等等。

机遇因何而出现

这些机遇究竟因何而出现？在宏观方面，我们再分析一下这些机会机遇为何而出现。

下图是人类的生活总图，这是人类从大自然获取资源，用农业和工业加上服务业做出产品来满足我们的幸福生活，整个这么一个大链条，这幅图背后要告诉我们一个标准答案，这个标准答案大家都知道都见过，可能没有留心。

问：请问机遇究竟因何出现？

答：人民日益增长的美好生活需要和不平衡不充分的发展之间的矛盾。

这句话来自党的十九大报告，原文是这么说的：我国社会主要矛盾已经转化为人民日益增长的美好生活需要和不平衡不充分的发展之间的矛盾。简单说就是供需矛盾，需端是什么？人民日益增长的美好生活，供端是什么？是工商业。

我们给自己提供了一种机会，包括新冠疫情，尽管暂时对中国冲击很大，但是因为我们有 40 多年改革开放，人们对美好生活的这种需求依然在，关键是看每个产业能否快速满足它并能转起来，“不畏浮云遮望眼”这个根本矛盾还在，这就是机遇出现的根本原因。

商业机遇究竟因何而出现？因为人民日益增长的美好生活需要和不平衡不充分的发展之间的矛盾而出现的。大自然给我们提供资源，工业、农业、服务业做产品供给我们达成幸福生活，哪里发生变化了，有两端：

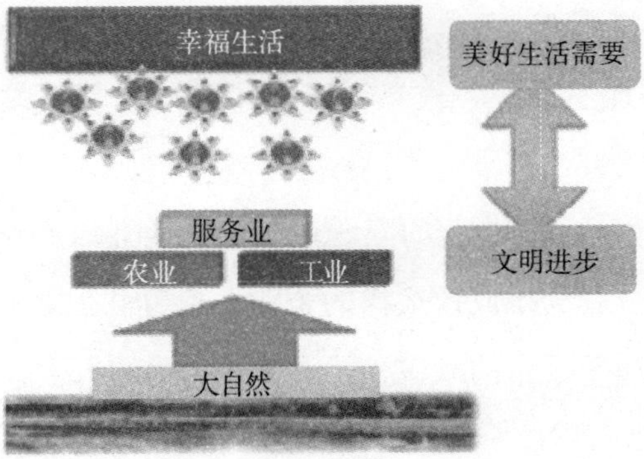

第一端，美好生活需要发生变化。现在人们的需求跟过去已经不一样了，过去是能吃饱穿暖就行，现在，还能买房子买车了，还要学点传统文化了，要夫妻和谐了，要家道传承了，过去没有这些需求，也想不到。很多文明在发生进步，文明的进步和美好生活需要互动时，使整个产业发生了巨大的变化，这就是我们看到的背后的真实原因。这就是所有机会的所在。大家看看上端的美好生活需要产生机遇，看下端文明的不断进步又产生机遇，两者进行碰撞组合，形成了产业链，就这么一个过程。

新冠疫情虽然严重，但挡不住人们对美好生活的向往，古人说：“不谋全局者不足谋一域。”谋的就是人类的大趋势、大规律。各行各业的共同使命，就是为人类社会创造幸福生活。某一家企业出现危机，乃至倒闭，真实原因是偏离了人类发展大道，失去了为人类创造幸福的能力。企业因为看不见大规律，导致决策不能够追随整个社会人类发展的脚步，成了人类发展的一颗弃子。你的困难并不是真实的困难，是思维出现了困难，出现了障碍。

徐本亮老师说过这样一段话，他说：“事实上，每一个社会组织不是为自己而创办和存在，它的存在是为了满足社会的需求，为了有效解决社会的问题。”那么请问你的存在要满足社会的什么需求？要解决社会的什么问题呢？如果你能够满足社会的需求，解决社会的问题，困难不再是困难，危机不再是危机。

我们总在寻找商机，而真正的商机就在社会的问题当中。看不到社会问题，是因为心性不同，心被乌云遮住了。所以需要站得更高，看得更远，冲破乌云，需要出来学习了。

稻盛和夫先生说：“企业的问题说到底是企业家心性的问题，企业家有什么样的心性，就会做成什么样的企业，抱着利他之心、关爱之心不懈地努力，那就顺应了宇宙的潮流，就能度过幸福的人生。”

第6章

人才与团队

人才与团队的基本原理

关于人才的重要性，日本经营之神松下幸之助先生说："企业即人，造人先于造物。"世界首富比尔·盖茨说："如果把我们顶尖的20个人才挖走，那么我告诉你，微软会变成一家无足轻重的公司。"联想集团的创始人柳传志说："能够经营好人才的企业才最终的大赢家。"IBM创始人托马斯·沃森说："自始至终把人放在第一位，尊重员工是成功的关键。"这些全球重点企业对于人才的态度几乎是一致的，非常重视，非常善于把握并运用。

《毛泽东选集》中讲道："政治路线确定以后，干部就是决定因素。"华为总裁任正非说过："华为拥有全球一流的数学家，但他们（京瓷）却拥有全球一流的化学家与物理学家。"这句话说的就是华为的人才团队和京瓷的人才团队，这足以看出企业发展到今天的真正原因。

现代管理之父德鲁克先生说："领导人花在人的管理与进行人事决策上的时间，应当远超过花在其他工作上的时间，因为，没有任何别的决策所造成的后果及影响，会像人事决策与管理上出现的错误那样持久而又难以消弭。"确实如此，最近这些年我身边很多朋友或者企业因为缺人才而发展不当，或者因为用错了人才而遭受损失。其实这样的情况，不仅发生在我们身上，连一些国际企业也是如此。

国际知名咨询公司德勤公司近年来对全球200家成长最快的公司进行

跟踪调查，排在最前面的 3 项让总裁们夜不能眠的事情依次是：第一项，如何吸引高素质的人才；第二项，如何留住主要员工；第三项，如何开发现有员工的技能。那么人才与团队的困扰我们究竟应该怎么化解呢？主要分三部分：原理、筑基和实践。

首先看一下原理。我们想吸纳人才，把团队组建好，它背后的原理是什么呢？这个大家是否想过？其实，任何一个人在世间行走，尤其是作为人才，都有自己的一个愿望，都有自己的追求。那么这个愿具体包括哪几项呢？一般来说分为两项：一项是都有精神追求；另一项是都有物质需求。所谓物质需求，就是希望生活富足，能够养家糊口，让儿女能上好学校，让父母过上安乐、美满的晚年生活。所谓精神追求，就是每一个职业人都希望过得有尊严、受人尊敬、被老板欣赏、被客户尊重，等等。这是所有职业人共同的愿，也是我们看到的一个最基本的规律。

那么这个愿靠什么去实现呢？就个人来说，得有职业素养，如敬业、感恩、利他等；还得有专业能力，即擅长某一板块或领域，如研发、人力资源、营销等。那一个人如果这两点都具备了就能实现自己的愿望了吗？当然不能，一个人能力再强，如果不进入组织的话，也很难实现这个美好愿望。所以他实现美好愿望必须要进入组织，这个组织可能是一个企业，也可能是社会组织，总之，组织就是全体员工实现梦想的地方。换句话说一个人能够进入组织，能够到企业来上班，能够乐于遵守企业的规章制度，能够接受企业的培训与管理，是因为什么？是因为他有愿望。这是一个职业人的基本思维方式。作为企业管理者、领导人，如果不了解员工所思所想，不了解每一个人的生活状态，那么根本无法带领他们，更无法进行企业人才与团队的建设。

而一个没有追求、没有愿望的人你是无法管理的，所以也就出现了“最近这些年不少大学生到企业后说辞职就辞职，说走就走，连招呼都不打”的现象。什么原因造成的？表面看是职业素养不够，深层看是他们没有愿。这也是很多人过去成长中的一个大漏洞，所以没有经过职业化训练的员工是不好带的。一般来说，真正的职业人都是有愿望的，都知道自己要什么，内心渴望什么。从而我们也就看出“组织”出现的一个重要原因就是：个体如果不经过组织，不进入组织，他们的愿是不容易实现的。综合起来看，人才与团队建设的基本原理是什么？就是成就他人，成就他人的美好愿望。我们只有成就他人，遵循这个本来的规律时，员工才会发挥他的专业，才会奔向他的梦想，所以，企业所谓的管理就是发挥员工的专业能力，提升他的专业能力，达成他的物质需求，实现他的精神追求。这也正是企业人才与团队建设要做的事情。

稻盛和夫先生曾说：“把员工放在第一位的企业，都活得很好。”为什么这样的企业活得很好？因为它符合道。而我们之前的习惯性错误在于只想成就自己，成就自己的财富、成就自己的事业、成就自己的名望，为了成就自己而去找人才、建团队，这是不符合道的。那大家可能会说：“那我想成就我自己难道错了吗？我是花钱雇佣的员工啊。”你是花钱雇佣的员工，没有错，可是如果你不去成就他们的话，他们也不会来成就你；没有利他，就没有自利。所以这个道没有悟透的话，我们在育人才、建团队的时候，走的每一步都是错的，即使想法看似再正确。

我有一个做人力资源的朋友，他的职业能力很强，给我讲过一个他亲身经历的故事。有一次，一位董事长找到他，跟他谈了这样一番话。这位董事长说：“我这人能力很强，家里钱也不少，但我这个企业就是没发展起来，所以我需要一个非常好的人力资源经理，我看你不错，你来吧，过来多帮帮我，这样事业成长起来后，我就能赚很多钱了，我把你叫过来就想谈这个事情。”朋友给我说完这个故事以后，我就问他是怎么想的，他说：“当我听到一半的时候就想走了，因为那位董事长只想着他自己那点事儿，他根本没有想过我，第一次见面就没有想过我，将来就更不会想着我了。这些不考虑我的人，我也不会真正为他们去奋斗的，只能说是一手交钱一手交货，所以我就要问他给我多少钱，钱给不够我是不干的。”很多人说这些职业人为什么这么冷漠？不是的，是很多企业家自己先很冷漠、很自我，他们只是把员工当作工具。所以，关于人才与团队建设的基本原理，核心就是四个字：成就他人。只有全力以赴去成就员工，实现员工的物质需求和精神追求的时候，企业自然就能发展起来了。因为企业和员工是一体的，而不是对立的，这一认知确立的过程就是悟道的过程。

《道德经》中说："非以其无私邪？故能成其私。"意思是说圣人坚持以其无私的心态，反而成就了他个人。所以，一定要无私地成就他人，这关打不破，我们就无法谈人才、谈团队了。我们很多人都渴望像刘备和诸葛亮一样，但千万不要忘了刘备是在成就诸葛亮，因为诸葛亮学富五车，满腹经纶，他非常希望出来做事儿，希望找到一个好的君王，所以诸葛亮成就了刘备的同时，刘备也成就了诸葛亮。在中国历史上，宰相级的人物很多，像诸葛亮名声这么大的却很少。历朝历代都有名相，唐朝有房玄龄，宋朝有寇准，明朝有张居正，等等，那为什么只是一个蜀汉的诸葛亮名垂青史呢？除了诸葛亮本人的能力，还得益于刘备。刘备是一个善于成就他人的人，他身边的人，个个名垂千古，像关羽，人人知晓的武圣人；张飞，公平公正的判官……这些人物在历史上赫赫有名，这不仅是因为这些人物本身能力很强，更深的原因是什么呢？是因为刘备就是一个善于成就他人的人。正是因为刘备竭力成就他人，成就他人的梦想，所以他人也会来成就他。

那关羽为什么选择刘备不选择曹操呢？曹操对关羽好不好？好，上马赠金下马赠银。那为什么关羽还要走呢？仅仅是因为兄弟情感吗？当然有，更深的原因是什么？因为关羽在刘备那里能获得精神追求。用现在的话来说，关羽在曹操那里是员工，而在刘备那里是董事，这足以看出差别了。即使曹操手下名臣良相也很多，但没有几个像关羽、张飞、诸葛亮名声那么大的，虽然他们都在极力发挥自己的才能，但他们的心是不一样的。所以正是因为刘备懂得人才之道，所以他那里才会人才济济。

大家想获得高端人才吗？想拥有一个素质强大的团队吗？同时，也反过来问问自己是一个能成就他人的人吗？有没有把成就他人作为自己人生的一种追求和梦想呢？还是开口闭口只谈自己的理想、自己的人生？有没有想过这个问题其中的差别？记得很多年以前，我在做书院的时候，有一次和老师们在开会，我们聊起了理想、梦想。那些老师说他们喜欢教育，想成为一名优秀教师，我就淡淡地说："你们把目标定低了，以你们的素质、专业能力和理想追求，成为一代教育家都是完全可能的。"他们眼睛都亮了，接着说老师那怎么能成为教育家呢？我说就靠两点：第一，有自己的教育思想、教育论著，当晚年的时候，只要能出一两本教育书就算成了；第二，有自己的教育成果，就是门下若有桃李，自然就是教育家了。我们说杨昌济一定是教育家，因为他培养了毛泽东。如果有一天你们也像杨昌济先生一样，那你们也是教育家，这两个事儿就完成了，他们听后特别开心，激动了好久，也特别有工作动力。后来再跟他们聊起这件事的时候，他们依然精神焕发，纷纷表示要成为像杨昌济一样的教育家。

有一次，我们去养老院看望老人，给老人们做了一些护理，感觉他们都很不容易。回来后，我们就探索：我们老的时候会怎么样呢，会不会孤苦伶仃啊？我说："我们说这句话就太没有志气了，咱们打个赌，经过我的努力，等我老的时候来给我洗脚的人一定会排成队。做了将近一辈子的教育了，要是没有这份志气，我们就不能再做教育了。你们敢不敢打这个赌？"他们都很兴奋，纷纷说敢。我接着说："就是要做这样的人，你家里有一个孩子，可是你班里有 25 个孩子，他们都是你的儿女，在你身边 12 年，不就跟儿女一样嘛，所以晚年你们还怕什么。我们就一起奔着这个理想去努力。"我们谈完之后，每个人都很开心，我自己也相当开心。我们就是这样子带团队：努力成就他人，成就每一个人的梦想，让每一个人在物质需求上获得满足，在精神世界里获得自己的人生追求。一切实现了，人才与团队也就出现了。

人才与团队的四大基础

利他才能自利，若无利他必难自利，也就是说不能成就他人的梦想、他人的愿望，就很难成就自己的事业，这就是道。所以我们在不知不觉中就犯了自私的错误，我们越自私，越没有人才，我们越自私，越没有团队，这是根本性问题，所以原理一定不能丢。原理看明白了，接下来看筑基。

筑基就是打好基础，而人才、团队就是基础。我们来思考一下：如果你是人才你希望在什么样的企业任职？如果你德才兼备什么样的企业能够发挥你的能力呢？大家想过这个问题吗？我们可以换位想一想。当你找到了问题的答案，就知道你的企业应该变成什么样子了，所以我们想获得优秀的人才，想打造团结、善战的团队，有四大基础，一个都不能少，大家看一下如下这幅图。

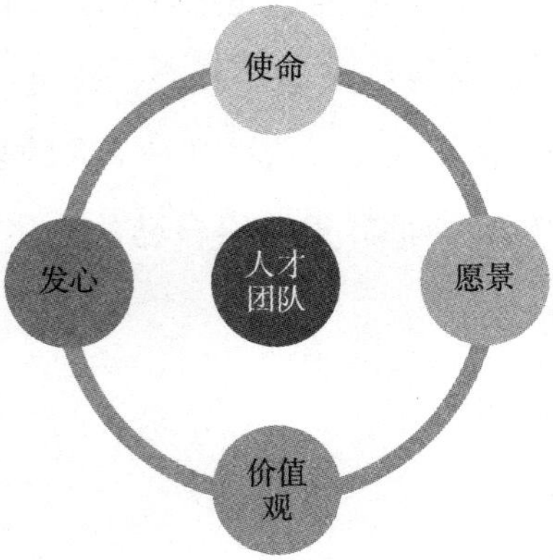

想做人才与团队，四大基础包括：发心，使命，愿景和价值观。这四大基础若没有，人才建设就如空中楼阁，根本无法建成。反过来说，企业人才与团队为什么会出问题，一定是这四大基础出了问题，要么不清晰，要么直接没有。这足以看出四大基础的重要性，那它们和人才与团队有什么关系呢？首先看发心，稻盛和夫先生说过："企业经营应该有真正的目的，这目的既不是圆技术者个人之梦，更不是肥经营者一己之富，而是对员工及其家属的现在和未来负责。"这句话就是稻盛和夫先生的发心。什么样的发心？对员工及其家属的现在和未来负责。那为什么要以这个为发心呢？孟子说："君之视臣如手足，则臣视君如腹心；君之视臣如犬马，则臣视君如国人；君之视臣如土芥，则臣视君如寇仇。"这就是规律，自然界本来如此，军就是董事长、总经理，臣是我们的人才与团队、高级职业经理人。我们把他们当做手足去爱护他，去成就他，去实现他的心愿，他就会把我们当作腹心，亲若一体；而如果我们把他们当做犬马，他们会把我们当作"国人"，就是形同陌路之人，工资好就留下来，工资不好就走了，就这么简单。很多职员之所以愿意谈钱，就是因为企业先是这么一个心态，他们没有真正理解职业人的需求，仅仅把员工当泥土、杂草去践踏，那么员工必将会把企业当作盗匪、仇人。我们是否反思过是怎么对待员工的？

海尔创始人张瑞敏说："每当我站在窗口，望着员工潮水般涌进工业园的时候，就感到一种沉重的责任，虽然我叫不出他们每一个人的名字，但我觉得几万双眼睛都在盯着我，希望我能给他们创造更好的生存环境和奋斗空间，为了不辜负这份信任，我不敢有丝毫的懈怠。"这句话我也经常拿来进行自我勉励，我不敢有丝毫的懈怠，为的就是不辜负学校老师们对我的这份信任。为此，从建学校第一天起，我就带老师们努力工作，照顾好每一个孩子，让家长信任我们并把孩子送给我们学校，学校发展顺利了，这样老师们就心就安了，而且老师们专业能力很强，这样家长们都非常尊敬他们，这样的人生就非常美好。所以谈人才，先谈发心，就是先问问自己，在我们的发心里有没有员工的忧愁欢喜，有没有他们的未来梦想，有没有他们的孩子及家人。如果这些我们都考虑到了，他们的心也就安了，可能一辈子收入都不会特别高，但他们实现了最大的人生追求——子女们都很好，拥有了一个幸福的家。其实，我们看这些问题就知道，我们发现的世界里是什么样子的，就会感召什么样的人才和团队，这是发心。

使命，第一部分是追求全体员工物质和精神两方面的幸福。第二部分就是三要素：致力于以什么样的技术和服务为谁实现什么。用这句话来描述一个企业的使命，那么使命的这两部分和人才团队有什么关系呢？关系非常密切且重要。首先，一家企业如果不以追求全体员工物质和精神两方面幸福为使命，他已经违背了人才与团队的基本原理，后面一切免谈。我走过很多企业，他们告诉我企业人才与团队问题解决不了，那是因为你没有去追求员工物质和精神的幸福。所以企业使命的第一条是追求员工的幸福，而不是企业的。

第二条，一家企业如果不知道他的核心业务是什么，不知道为谁服务，不知道如何去满足顾客的需求，那么即使有了人才与团队，也不会创造出高绩效。这样，无论是个体目标还是集体目标都难以实现，因为“体不明，相必乱，乱而无用”就是使命不清晰在项目上的所有动作才容易混乱，出现无效动作、低效工作，进而不能产生社会价值。那么这种项目中的问题去哪里找答案呢？必回到“体”上，回到使命上。

为什么员工没有效率，没有效率又会导致什么呢？员工和企业产生矛盾，没有效率是谁的问题，是员工的还是企业的？企业认为是员工的问题，员工认为是企业的问题，当他没有效率，不能引起大用的时候，就没有产生社会价值，不能产生社会价值员工的工资就很难定夺。比如一家企业，一名员工来到公司，年薪 8 万元，可是因为整体企业设计不好，他只完成了 6 万元的绩效，那么请问该怎么发工资？是发 8 万元还是 6 万元呢？发 6 万元，他认为企业违约，没有兑现承诺；发 8 万元，企业就会亏损。

那怎么保证员工的工作是有效率的？怎么保证人才与团队在企业能够发挥出他们的价值来？就得需要明确使命，要知道我们为谁而做，我们的核心业务是什么，我们应该怎么做，这样后期的很多决策就能统一了，而且还会激发员工的动力。正如稻盛先生指出的那样，“原来我的工作有如此崇高的意义”。这样的大义名分如果一点儿都没有，那么人们就很难从内心深处产生必须持续努力工作的欲望。一个员工想持续努力工作，愿望从哪里来？从大义名分，从使命中让员工知道他的工作是很有意义的，这样他们就会非常热爱这份工作并且努力为之奋斗。那么使命不明确会出现什么后果呢？第一，员工工作无效率、无序；第二，员工没有努力工作的愿望。所以，使命一定要完整的制定出来。

愿景，就是大家共同的梦想。什么叫共同的梦想呢？它包含两方面，既有集体的梦想，还有个体的梦想。而过去我们谈愿景只谈企业的梦想，或是企业家的梦想，这样是不完整的。我们也应该谈员工的梦想、高管的梦想、职业人的梦想，只有这两方面合在一起才叫愿景。比如说我办学校，我希望中国教育能够改革，希望孩子们得到最好的教育，这是大家共同的愿望。我说每个老师要成为优秀教师，要成为教育家，要桃李满园，这是个体的愿望。所以，两者之间要合在一起，不能只谈一方。那么这两个梦想我们展开来看包括哪些呢？我们可以成为一家受人尊敬的企业，可以有持续增长的利润，可以建立行业的美誉度，可以得到社会的认可……这都是集体的梦想。美好的未来，富足的生活，受人尊敬的职业，子女成才，安乐的晚年……这些都是个体的梦想。把这些合在一起就叫作共同的梦想，这才叫愿景。

那么为什么需要有这样的愿景呢？因为真正的人才一定是有梦想的人，反过来说，没有梦想的人很难是真正的人才，但是有梦想的人都想找到一家有梦想的企业来实现他们共同的梦想。这也是一个真正人才的特征。所以企业如果没有梦想的话，人才是吸纳不进来的。那如果企业招的人都是没有梦想的，那这些人也不会是人才，而且也很难接受管理。所以，我们找人才要找这种有梦想的人。《三国演义》中有一段刘备三顾茅庐的故事。刘备前两次来拜访，诸葛亮都没见，为什么呢？诸葛亮是在考验刘备的愿望是不是真的。第三次拜访两人见面了，见面以后，诸葛亮问的第一句话是“愿闻将军之志”。也就是说诸葛亮要听听刘备的理想是什么。刘备也如实地进行了回答：匡扶汉室。为什么匡扶汉室？因为老百姓生活太苦了。刘备这样跟诸葛亮一说，诸葛亮也就听明白了，最终也愿意出山了。

作为企业方，你的企业有梦想吗？如果企业没有梦想，真正这些有梦想的人是不会来的，这就是人和人之间的同频共振。所以这些问题的背后就是如果我们想去找真正的人才，那其自身必须要有一个远大的梦想，它是属于每一个人，这个梦想会怎么样，会吸引很多人才。

给大家讲一个故事，我的一个朋友是做制造业的，他需要一位总工程师，就去了一家国企“挖人”，那位国企总工程师年薪是60万元，我的朋友却用25万元的年薪将他“挖”来了。很奇怪，他降薪降这么多，那个人还会来，这是为什么呢？

因为这个企业有梦想，那位总工程师说：“在那家企业拿60万元年薪，都不知道能拿几年，到了我这个年纪生活都过得很好了，我到这家企业虽然只拿25万元年薪，但明年就拿30万元，用不了几年就拿100万元了，放一年来看，看似我亏了，放十年来看我赚大了。我愿意为我的未来去搏一把，相信在这份事业中会实现自己人生的追求，我不是为薪资而来的，但在将来我一定会获得薪资。”大家看到这个案例了吗？如果总在薪资上绕来绕去，没有谈梦想，就只能谈薪酬，这些我认为不是职业人的问题，是企业的问题。

我们还想找这种人才，又不能对人家有一个承诺，人家怎么来？这是我们从人才吸引来看。从内部管理来看，脱离了共同梦想、共同利益，这个组织就难以长久存在，因为它没有动力了，不知道该奔向哪里。所以脱离愿景，企业很多东西就难以来解决，其实有很多问题是在实现梦想中而解决的。那么在团队中领导者他是做什么的？他就是带领大家实现共同梦想的人，这也是我们作为领导者的职责。就像方太集团“五个一”，其中一个就是每个人立一个志，确定好要追求什么，然后大家朝着梦想前进，每天就很快乐，职场就变成了人生前进的一个台阶。

人才与团队问题不是出在外部，而是出在自身上，我们自身如果不努力学习成长的话，这个问题解决不了。就是我们要成为一个能够带领大家实现共同梦想的人，如果我们是这样的人的话，这个团队就好带了。

管理不是管，是带领。带着你实现这个梦想，为了实现这个梦想，所以我们要专业化；为了实现这个梦想，所以我们要敬业；为了这个实现梦想，所以我们要成长；为了实现这个梦想，所以我们要去研发产品；为了实现这个梦想，所以我们去拜访客户；等等。

有一家企业能实现梦想，能让工资越来越多，能发挥人的才能，能实现人的精神追求，还会有人跳槽吗？

价值观，有两部分，第一部分是共同思维方式。为了保证这个事业目标的实现，全体员工要秉持什么样的思维方式？要恪守什么样的工作作风与准则？要坚决反对什么？要坚决杜绝什么？要特别注意什么？要有共同的准则，共同的思维方式，就是一切为顾客着想的思维方式，要恪守绝不向顾客说不的工作作风，顾客要求就是第一，坚决反对伤害顾客，坚决杜绝占顾客便宜。要特别注意顾客的一些痛点、烦恼，把它改善，要形成这样的价值观。

因为只有在这种价值观的保证下，我们才能够去实现目标，实现顾客的满意度，才能赢得利润，有利润有钱了我们就幸福了。所以，因为这个原因要有共同价值观。

第二部分是团队文化，企业是一个人群的组织，不是自由的，所以一群人在一起合作协调发展，要立规矩，建立企业人文秩序，所以要建立团队文化，那建立团队文化它有什么好处呢？就是保证企业内部成为一个和谐的整体，能够共同前进、共同实现理想。

所以价值观分两部分，一部分是对外对顾客的，一部分是对内部人的，简单来说就是企业和社会、内部人的这两种文化要建立起来。建立好后变成规定，像第一部分，共同思维方式，举一个我自己的例子，我们学校立下了一个规矩，华夏学校是一家致力于全体师生共同幸福共同实现人生梦想的学校，这是定位，教师以教书为职业，以育人为追求，以弘道利众为理想，在教书育人中勤修福慧，成就自己的幸福人生，这是目标，为了完成这些目标，怎么做呢？

有四个标准：第一，好老师要有理想信念。第二，好老师要有道德情操。第三，好老师要有扎实学识。第四，好老师要有仁爱之心。

标准定下来了，这是我们的价值观，然后还有一个反对作为教师以何为耻的两条，第一条，以不能为国家培养人才为耻；第二条，以所教之学生祸国殃民为耻。

这两条什么意思呢？如果你教的学生到社会不是人才，是庸才。你对不起国家、对不起家长，所以这个坚决反对。如果你教的学生将来做贪官污吏、祸害百姓，让老百姓生活不好。做老师怎么能教出这种学生来，所以要立标准，不是简单说成绩，教书是一辈子的事，教的每个学生到社会至少得是人才，再往上说是杰出人才。

我们的价值观定下来了，要按这个去做，共同的思维方式有了，那么团队文化怎么建立呢？以道相交，互相成就，有情有义，敢想敢担，真诚以待，彼此感恩，互相学习，互相勉励。互相成就，我们对每一个员工都要有情义，员工敢于去想，放手去做，敢于承担，要形成这样的一种文化。

我们团队内部也曾经出过矛盾，有一次因为工作分工产生了点小矛盾被我发现了，那我要小题大做呀，我为这个事儿专门做了个《华夏史记》，把这事儿完整记录下来，然后把大家召集在一起，我说：“问大家一个问题，大家从四面八方来到这里来，为何而来？是为了闹矛盾吗？是为了彼此生气吗？那又何必呢，这不是耽误人生嘛，你看不起我，我看不起你，多没劲。我们在一起干什么的？以道相交，互相成就，真诚以待，彼此感恩，如果不能，还不如就此解散。”

要形成这样一种团队文化，在文化和价值观上要定住，要互相赞美，互相帮助，互相感恩，互相学习，彼此支持，彼此激励，不能互相伤害，不能互相猜忌，不能互相拆台，不能互相攻击，不能互相侮辱，不能彼此冷漠，不能彼此无情。

这个要说明白，如果能做到的话，团队就能共同往前走，人才就容易进来了。

关于价值观的建立有两部分，第一部分是针对社会的价值观，《庄子》中有这么一段故事，“故跖之徒问于跖曰：“盗亦有道乎？”跖曰：“何适而无有道邪？”夫妄意室中之藏，圣也；入先，勇也；出后，义也；知可否，知也；分均，仁也。五者不备而能成大盗者，天下未之有也。”你看，强盗也有他的道，圣、勇、义、知、仁，第一，能够知道人家家里哪块儿藏了宝贝看得很清楚，圣也。在去偷盗的时候带头在前面跑，勇也。跑的时候断后讲义气，义也。然后知道这个东西可偷还是不能偷，智也。偷到之后均分，仁也。这就是人家强盗的团队文化，然后还总结说这五条如果你没有的话，能做成大盗的话，天下都没有。

有了发心、使命、价值观、愿景，然后就是人才与团队，没有这些无法选人、用人、培养人。所以企业出不来人才，不能够把团队建起来，是因为这些基本都没有。

如何打造人才与团队

第一，如何找人才。针对人才找不到、没有人才可用这样的问题，教你一个方法，诸法因缘生，是中国文化中核心的一个理论、思想，也叫真理，说的是所有事物是有两个条件而生，一个是因，一个是缘。因在内，是作为当家人想找人才强烈的愿望；而缘是想找的人才，通过各种渠道、各种方法。如果因和缘都具足了，人才就有了。

那么人才包括内部人才和外部人才，内部是指你的高管、你的员工、你的经理人；外部是指你的顾问、你的专家、你的老师、你的朋友，这两者都有了以后才能出现。为什么企业没有出现人才？就是因不足、缘不足，所以没有果的出现，就这个道理。

稻盛先生做过一种论述："心不唤物物不至，心里没有呼唤过的东西，不会自动来到自己身边，现在自己周围发生的所有现象，都不过是自己心灵的反应，只有主动追求的东西才可能到手。"一个企业缺人才，他真缺人才吗？表面真缺，实际不缺，为啥？他心里没有想需要人才，没有那种强烈的要人才那种愿望，所以这个人才自然就不出现。

当年我在做文化的时候，发现文化有两点很重要，一是师资，二是课程，没有这两点文化推不动，所以那时候我们用了很大力气培养师资，想尽办法把想做文化的人吸引过来，用这种强烈的愿望，慢慢地聚起人来。愿能生缘，有这愿就能生缘了。

西汉·司马迁《史记·鲁周公世家》:“吾一沐三握发，一饭三吐哺，犹恐失天下之士。”

周公渴求贤才，谦恭下士，在家里正洗头时，突然有贤臣来见，周公马上把头发用手攥住见人；正吃饭时，突然有贤臣来见，饭都不能咽下去，就马上吐出来与人交谈，为延揽贤才而忙碌。

成吉思汗给丘处机道长写信：朕心仰怀无已。岂不闻渭水同车、茅庐三顾之事？表示对丘处机非常向往，也听说过渭水同车、茅庐三顾的故事，因路途遥远不能到身边去，想把道长请来。

他们的愿都很强大，那时候没有互联网、没有猎头公司、没有报纸广告，要想找个人很难找，全靠愿，对人才来说也非常在意。

再给大家讲一个关于人才的故事：太宗找马周。唐太宗治国需要大臣献国策，也想借此看看大臣的水平，要广听大家的建议，这时有一个手下大将长和要献国策，他不会献就找到一个门客马周，马周写完以后长和拿回去就交给了太宗，太宗一看说，这文章写得对治国太有帮助了，这么好的文章肯定不是长和写的，太宗马上就要把写文章的人招来，连续派了三波人去请马周。后来不仅启用了马周，而且对长和也进行奖励，免了他欺君之罪。

说这些故事大家可以看出，古人，这些雄才大略的人物，他们内心对人才的愿值得我们去学习。想想我们为什么没有人才？是外在没有人才，还是内在没有人才？想要人才的愿有多强烈？

给大家推荐一篇文章《短歌行》，是曹操呼唤人才时写下来的。

对酒当歌，人生几何！
譬如朝露，去日苦多。
慨当以慷，忧思难忘。
何以解忧？唯有杜康。
青青子衿，悠悠我心。

但为君故，沉吟至今。
呦呦鹿鸣，食野之苹。
我有嘉宾，鼓瑟吹笙。
明明如月，何时可掇？
忧从中来，不可断绝。
越陌度阡，枉用相存。
契阔谈讌，心念旧恩。
月明星稀，乌鹊南飞。
绕树三匝，何枝可依？
山不厌高，海不厌深。
周公吐哺，天下归心。

《短歌行》这首诗这么读没有味道，要去吟诵，吟诵出来就能感受到曹操呼唤人才的迫切的心。

这首诗中有几句呼唤人才的核心句：青青子衿，悠悠我心，但为君故，沉吟至今。呦呦鹿鸣，食野之苹。我有嘉宾，鼓瑟吹笙。越陌度阡，枉用相存。契阔谈讌，心念旧恩。山不厌高，海不厌深，周公吐哺，天下归心。

这四句话都是讲人才的，大家听一听这首诗的吟诵调，听一听曹操内心对人才的呼唤，他是怎么找人才的。不仅听词，还要听那个调子，不仅要听调子，听那颗想找到人才的心。所以汉末时，魏蜀吴三个君王，“天下英雄谁敌手，曹刘。生子当如孙仲谋。”曹操、刘备、孙权都是人才，很厉害。

想找人才先从心中找，这叫因，然后去识缘，从朋友同业中找人才、从报纸网络中找人才、从人才市场中找人才、从猎头中介找人才都可以，各种方法和途径都可以用，而且要敢于投入。有人说我用了很多方法，为什么人还是没找来呢？要看看你的因够不够，因就是你强烈的愿望，缘够

不够，看你用的方法还足不足，所有的渠道是否都已经用了，如果因缘具足的话，一般来说人才是能出现的，

领导者必须有寻找人才的能力，尤其是对关键人才的寻找，主要靠领导者，因为关键人才一般人识别不出来，自古英雄重英雄。领导找到人才的前提是他自己一定是人才，那领导怎么让自己变成人才呢？就要去学、去练。

第二，如何识人才。识人一般先识德，因为德很重要。一般来说无德之人不能用、不敢用，因为无德之人，不好调教他。一般来说德从哪里看呢？相由心生，文如其人，这个相不是面相，是行为，看他如何做事，他的语言、他的动作，再看他写的文章，看一看他内在思想，文章写得什么样内在世界就是什么样。所以看一个人的文章，看他做的一件事，就能看出这个人的德来。

再看看才，看才要看他做事，做事要看做事前和做事后，先看做事前他的发心思路是否清晰，因为一个人有才的话往往未曾做事先规划，有思路。做事有思路的人都是很有才的，他不着急乱做事，不是莽撞上场，而是思路很清晰，这就是有才的一个基本的特征。而没有思路的人往往边做边学、边学边干，干着不行，又得重新来，这就是才不够的表现。

做事中还要看他做事的条理、效率，先做什么，后做什么，能不能在最短时间内把事儿做出来，一个人做事的效率就是才能的展现。做事后要看成果、看责任心，就是他对事情成果的绩效出没出现，然后在所有过程中有没有责任心，如果这些有的话就是一个有才的人。所以才从做事中看，事前、事中、事后就能看出一个人才来，这就是看德和才两个最常见的方法。

除此以外我想说一下，当高端人才出现的时候要注意，比如像一些热爱学习的人、胸怀大志的人、很忠诚的人、性格坚毅的人、很自律的人，还有善于倾听的人，如果在找人时遇到这些人的话要特别关注一下，因为这些品德是不容易出现的，能有这些品德的人，一般来说他们内在世界都

是有些真东西的。

一个人要是爱学习，一般来说都是有理想；一个胸怀大志的人，他会为自己的梦想而付出时间，他真的有愿的人；一个善于倾听的人是能够自我改善的人，能够听别人建议的人；一个忠诚的人说明他德行好，他的忠诚不仅是美德，而且是一种修养，代表着对人生的追求；一个很坚毅的人说明他能下苦功夫、下笨功夫，把事做得很有条理；一个自律的人说明他一定是有追求的，因为自律这种性格不轻易出现，能出现自律的人都是有原因的，要么是经过长期的专业训练，要么是他很懂得克制自己。

曾国藩也讲过，看人有四条：功名看器宇，事业看精神，若要看条理，尽在言语中。看一个人功名有多大，看器宇，器就是容量心量，宇是眼光，能看几十年，甚至百年。事业看精神，做事的精气神，做事很积极，很努力。若要看条理尽在言语中，看大脑有没有条理，一说话就知道了，言语中带着条理的是有思想的人。

诸葛亮在《知人》一文中言：

一曰，问之以是非而观其志；

二曰，穷之以辞辩而观其变；

三曰，咨之以计谋而观其识；

四曰，告之以难而观其勇；

五曰，醉之以酒而观其性；

六曰，临之以利而观其廉；

七曰，期之以事而观其信。

拿这七曰一试就明白了，不要谈论是非，要看清一个人，要看他是否拥有自己正确的人生观，追求的是什么。不断地挑战他难为他，看他思维转变的能力，要看他的胆识与勇气。喝醉后看他酒后是不是一个收敛的人，如果这个人酒后很收敛、很克制，那么他是一个不放逸的人。给他利益，看他是不是一个廉政的人，最后把很多事情托付给他，看这个人的信用怎么样。这是一个方法，可以拿来使用。

古书还讲“上贵之相”，其坐也，如介石不动，其卧也，如栖鸟不摇，其立也，昂昂然如孤峰之耸，其行也，洋洋然如平水之流，言不妄发，性不妄，喜怒不动其心，荣辱不易其操，万态纷于前而心恒一。

如果你遇到这种人的话，就不是一般人，这人将来肯定是大人物了。用来选企业的 CEO、职业经理人，他往这一坐的时候是不是很稳当，开会一下午没动，往那一站像孤峰之耸昂然挺立，走路像水在流动一样。最关键是这八个字：言不妄发，性不妄躁。他语言不轻易说但每说必中，不轻易发脾气，脾气很温和很好，但也不是没脾气，不管谁喜怒都不能改变他，一般这种人都是大才。如果你能遇到这种人的话，大家好好在一起合作，能做大事。

古人又说“有才而性缓，定属大才，有智而气和，斯为大智。”看一个人他才华很大，可是性格很和缓，不张扬，很收敛，这一定是大才，很有智慧，凡事看得很清楚，很明白，和人接触非常温和，平和，不骄傲，不咄咄逼人，他一定是大智，又有才又有智，又心缓又气和，这是大才大智，这种人不容易见，如果能见到，一定得好好把人请过来。

这种人特别难得，我写《使命与发心》这本书的时候，发现还有一种人才很难得，叫空有兼备的人，这种人将来做高级职业经理人特别好，但不容易遇到。空有兼备，“空”当什么讲呢，就是他有梦想、有目标，人生的梦想目标非常强，但目标不是自私的，目标是为天下为己任的；“有”当什么讲呢，这个人能学习，能倾听，就是他既有自己的人生主张，还能听得进别人的劝告、能听进别人的想法，这样的人特别难得，一般来说，有的人能听别人劝告，但是自己没有主张，没有方向，这样的人不敢用，因为没有决断力。另外一种人是有方向、有决断力，但是谁说都不听，很轴、很固执，这种人不能“空”下来，你也不敢用，尤其高级职业经理人，不听你的指挥就麻烦了。

最后关于识人这部分给大家两条建议：第一，中小企业最好从内部培养人才；第二，最好选聘未来可造之才。

从内部培养有什么好处呢，就是这个人才是你一路看着走过来的，他和企业的使命、发心、愿景、价值观非常吻合，经历过多年的磨合。人才到企业来，首先就要尽快磨合，如果人才和企业的价值观不一样，使命不一样，愿景不一样，就会产生很剧烈的摩擦，这个很不容易。

怎么解决呢？还是从内部培养人才，这样的人才对企业内部非常了解，他经过长年累月培养以后价值观就出来了，还有专业化能力，也是可以慢慢培养的。我们与其摘果不如去栽一棵树，你摘的果拿回来可能能用，也可能不能用，但如果种一棵树，等这棵树成为参天大树的时候就好办了。

所以很多企业家说，这个人才报年薪100万元，可是我们连30万元都给不到，那怎么办？想要100万元的人才，可是给不了那么高的年薪，那就要找将来能够实现价值100万元的人，找目前只要10万元年薪，找这种人才中的黑马，然后去培养他，亲手塑造这种高端人才。

关于人才这方面，我想再跟大家讲一个小故事，来自《六韬》，原文如下：

文王乃斋三日，乘田车，驾田马，田于渭阳，卒见太公，坐茅以渔。

文王劳而问之曰："子乐渔也？"

太公曰："臣闻君子乐得其志，小人乐得其事。今吾渔甚有似也，殆非乐之也。"

文王曰："何谓其有似也？"

太公曰："钓有三权；禄等以权，死等以权，官等以权。夫钓以求得也，其情深，可以观大矣。"

文王曰："愿闻其情。"太公曰："源深而水流，水流而鱼生之，情也。根深而木长，木长而实生之，情也。君子情同而亲合，亲合而事生之，情也。言语应对者，情之饰也；言至情者，事之极也。今臣言至情不讳，君其恶之乎？"

文王曰："惟仁人能受正谏，不恶至情，何为其然！"

太公曰："缗微饵明，小鱼食之；缗调饵香，中鱼食之；缗隆饵丰，大鱼食之。夫鱼食其饵，乃牵于缗；人食其禄，乃服于君。故以饵取鱼，鱼可杀；以禄取人，人可竭；以家取国，国可拔；以国取天下，天下可毕。呜呼！曼曼绵绵，其聚必散；嘿嘿昧昧，其光必远。微哉！圣人之德，诱乎独见。乐哉！圣人之虑，各归其次，而树敛焉。"

文王曰："树敛若何而天下归之？"

太公曰："天下非一人之天下，乃天下之天下也。同天下之利者，则得天下；擅天下之利者，则失天下。天有时，地有财，能与人共之者，仁也。仁之所在，天下归之。免人之死，解人之难，救人之患，济人之急者，德也。德之所在，天下归之。与人同忧、同乐、同好、同恶者，义也；义之所在，天下赴之。凡人恶死而乐生，好德而归利，能生利者，道也。道之所在，天下归之。"

文王再拜曰："允哉，敢不受天之诏命乎！"乃载与俱归，立为师。

文王曰："树敛若何而天下归之？"

太公曰："天下非一人之天下，乃天下之天下也。同天下之利者，则得天下；擅天下之利者，则失天下。天有时，地有财，能与人共之者，仁也。仁之所在，天下归之。免人之死，解人之难，救人之患，济人之急者，德也。德之所在，天下归之。与人同忧、同乐、同好、同恶者，义也；义之所在，天下赴之。凡人恶死而乐生，好德而归利，能生利者，道也。道之所在，天下归之。"

文王再拜曰："允哉，敢不受天之诏命乎！"乃载与俱归，立为师。

这段讲的是文王见太公的故事，既讲到了文王对太公的尊敬，又讲到文王在选人才时是如何选的：第一，不看简历、不看出身，直接看德才；第二，文王选人才，用问答的方式问了一些核心关键问题，太公对答如流；第三，"天下非一人之天下，乃天下之天下也，同天下之利者，则得天下；擅天下之利者，则失天下。天有时，地有财，能与人共之者，仁也。仁之所在，天下归之。免人之死，解人之难，救人之患，济人之急者，德也。德之所在，天下归之。与人同忧、同乐、同好、同恶者，义也；义之所在，天下赴之。凡人恶死而乐生，好德而归利，能生利者，道也。道之所在，天下归之。”怎么得人才、怎么做团队，这段话刚好把人才与团队道理讲完了，把天下换成公司，道理是一样的。

接下来讲如何用人才的问题。简单来说，想要用好人才，有四个重要点：使命、战略、组织设计、岗位定职，如果没有弄明白，人才用不出来，为什么这么说呢？我大致归纳一下。

第一，使命如果不明确，人才发挥不了作用，到了企业来不知道干啥，不知道什么事是对的，这就麻烦了。

第二，没有战略做不成大事儿，什么是战略？就是把一个非常复杂的事情，通过分步骤把它化解掉，这就是战略。比如三年内战时期，国民党兵力强大，共产党兵力不足，共产党胜利用的就是战略，把一件非常艰难又不容易做成的事情通过分步骤一步步完成了。先打东北，在西北牵制敌人，敌人往西北去了，在西北和他周旋，把东北给拿下，之后打山东，淮海战役，半个中国打好了，然后百万雄师过大江，南方打完了，最后收复海南岛，按照战略部署成了。所以企业发展中一定会遇到很多困难，觉得很多目标不容易实现，就必须定战略，先做什么，后做什么，用什么来拉动什么，这就是战略。

没有战略做不成大事，做不成大事就会使团队的人总觉得没有成就感、总打败仗，没有战略是容易打败仗的，不知道先做什么，后做什么，不知道这事情该怎么化解。

第三，组织设计，组织如果不合理的话，企业一定会低效运行。企业各个部门之间如何配比，谁作为核心部门，如何联动，彼此怎样互为顾客，这些如果配合不起来就会导致效率上不去。比如说企业的研发团队很大，结果销售团队可能很小，研发出很多好产品结果卖不出去，大家就会很沮丧，研发这么多年没有资金回流，没有效益，赚不着钱，效率上不来，变成了一个短板，就像一个管道最短的地方把企业给挡住了。

还有各部门之间的配合，谁在前，谁在后，画出整个流程图，说明彼此之间的关系与互动。组织设计是要学习的，我推荐学学德鲁克先生讲的内容。

第四，岗位定职，就是岗位的职能是什么，每个岗位该干什么要写清楚，岗位如果不明确会导致企业无法考核，也没法进行专业提升，每个人不知道要干什么，也干不对。

这四个重要点是一步步来的，由使命到战略，由战略到组织设计，由组织设计到岗位定职，这四点说完了再谈工作，参照工作计划谈效率。

就像组装飞机一样，飞机上有很多零部件，我们先要了解有哪些零部件，还要了解这个飞机的架构是什么，然后把零部件一个个拧上去才行，如果既不了解零部件，也不了解飞机的架构，那组在一起就是一个杂乱的组合。所以人才为什么用不出来？识没有识好，里面架构没有打好，每个人没有事干，企业整个效率就上不来。

韩非子说："上君尽人之智，中君尽人之力，下君尽己之能。"上君要发挥每个人的智慧，中君要利用别人的力量，下君要发挥自己能力。如果没有抓人才的选聘，没有抓企业实名战略这些大事情，只在忙活自己喜欢的事情，例如喜欢营销就拼命干营销、喜欢研发就做研发，可是你是董事长，你的责任是尽人之智，不是尽己之能，你只做你应该做的，能分出去的都分出去，不能要求每个人什么都会，要通过组织让大家团结起来。

德鲁克先生说："所谓的组织，就是一种工具，用以发挥人的长处，中和人的缺点。我们绝大多数人，都只具有若干长处而已。何况我们还或多或少有些缺点。"怎么办呢？就要组合，通过组织设计，就可以让每一个人的长处得以发挥。我们常说没有完美的个人，只有完美的组织，团队组合形成一个组织。组织设计的过程不能要求每个人什么都会，而且在最后用人的时候，层级设计要把能人往高用，把能力不高的人往低用，否则组织会出问题。

《论语》中说："举直错诸枉，则民服；举枉错诸直，则民不服。"提拔正直的人，安置在邪曲的人之上人民就会服从，提拔邪曲的人安插在正直的人之上人民就不服。用人要特别注意，核心人员如果用错了，会出大问题，普通员工不会出大问题的，都是核心层出大问题。如果一个部门员工对部门长总是不服，一般来说就是用错人了，用人的那个人有责任，就是董事长的责任，董事长没有用好人，所以要注意这个问题。

第四点，如何育人才。这个话题其实更大，我只能给大家介绍一些整体的框架。首先在一家正规的企业中，任何一个岗位都要经过专业培训才可以上岗，如果想节约前期培训成本、时间费用，你常常会在工作现场发现，很多成本可能无法控制，人是要培养的，你不培养后来发现浪费太严重就麻烦了。子曰："不教而杀谓之虐；不戒视成谓之暴；慢令致期谓之贼；犹之与人也，出纳之吝，谓之有司。"不教而杀谓之虐，如果没有培养员工，就惩罚他甚至是裁掉他，这是对人的虐待，是不可以的，所以企业必须要育人，要拿出足够的时间育人。

时间比例

忙事: 育人	
10	0
5	5
3	7
……	……

这个表就是我们在忙事和育人上时间的比例，各种比例都有，每个企业当家人不一样，我主张一般在5:5以上，或者3:7，其实我忙事的时候，大约能占5。很多企业没有人用，是因为你在育人上没有投入时间，没有投入精力，一分耕耘一分收获，你没有耕耘怎么会有收获呢？不要做10:0的这种当家人。

育人主要育德和才，要搞明白什么是德，什么是才，怎么育德，怎么育才，把这些弄明白，基本就清楚了。一般来说德分三部分：企业之德、团队之德和员工之德，这三种德是我们要关注的。

企业之德就是企业追寻的目标是什么，我们要做什么，为了实现这个目标企业的承诺，承诺要大家共同遵守。

团队之德就是团队共同追求什么目标，为了达成目标，大家都尊重什么，如何团结协作，不把个人的习惯建立在集体利益之上，如果违反了，要么去培训，要么就得劝退了。

员工之德说的是员工个人追求的目标，为了实现这些目标，员工要怎么做？要敬业、要专业，敬业的标准是什么、专业的标准是什么？德要立住，所以教学德之前要先知道教哪些德，知道这些德的内容，把内容再教给他，所以很多企业教德的时候相对来说比较含糊。

明德企业文化研究院做过一个课程——六脉神剑，就是讲员工之德的解决方法，学习、敬业、利他、礼敬、感恩、勤俭六个好习惯。每个好习惯训练21天，21×6=126天，126天训练以后把好习惯训练出来，所以叫六脉神剑。这个课程在很多企业用过，效果确实很好，就是把员工的职业之德理出并落实下来。

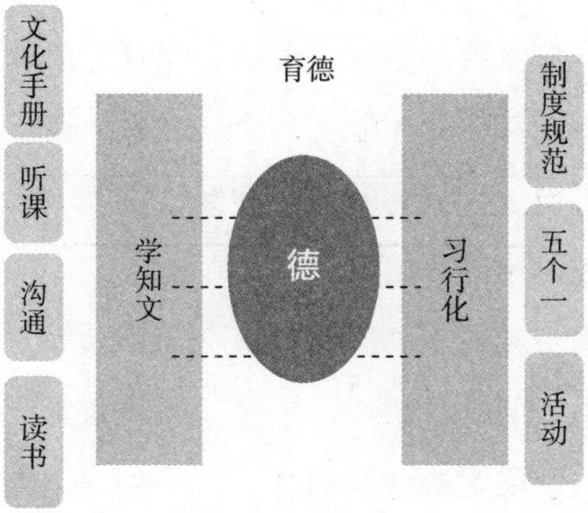

育人所育的就是学习、知行、文化，学占一面，习占一面，学哪些呢？学写文化手册，听课，沟通，读书这些动作都要做，那么习哪些？企业制度规范、企业活动；等等。把这两部分一抓德就起来了，这个方法很简单。

稻盛和夫先生说过，企业家要在企业内部建立正确的思维方式，确立正确的哲学，并不懈努力与员工共同拥有这种思维方式和哲学，这样的话企业就一定能发展，一定能保持长期的繁荣。说的就是员工那种思维方式，展现出来就是德，这个道理是一样的，内在叫思想，外在叫品德，其实是一件事儿。

有四个重要思维方式企业当家人和员工们要共同学习一下，这是我多年整理下来的，我觉得非常重要，就是员工要学、管理层要学、大家都要学，能把企业的基本理念说清楚。

一是，企业只有真实利益社会，才能实现自身价值和自身利益。

二是，企业只有爱护员工，员工才能爱护企业。

三是，员工只有利益企业，才能实现个人目标。

四是，企业只有带领员工共同利益社会，才能实现企业和员工的共同利益。

第一，企业只有真实利益社会，才能实现自身价值和自身利益。要问自己，我的企业有没有真实的利益社会，在真实利益社会上，我做得好不好，我有没有发力，有没有勇敢，有没有全力以赴？企业只有爱护员工，员工才能爱护企业，那就要问自己，企业有没有爱护员工？

第二，员工只有利益企业才能实现个人目标。那么这个观点有没有教会员工？要反复告诉员工，只有利益企业时才能实现个人目标，不利益企业的话，目标是实现不了的。

第三，企业只有带领员工共同利益社会才能实现企业和员工的共同利益，它和第一点是关联的，是第一、第二、第三点的合说，只有大家一起去利益社会的时候，才能实现共同利益。

所以竭力去利益社会是我们要做的标准动作，必须这样做，那么作为职业人，什么是才能？后面才有很多定义，我们来说一下，“才”简单来说就是才能，但这个才能不是一般的才能，不是我们的履历表的才能，是体现出“相”的部分。

依照体而产生的相，具体说就是基于使命战略计划而做的一种专业化能力，专业一定要符合使命，符合战略，符合工作计划，不能达成使命，不能实现战略，不能执行计划的，都不叫才。

企业用人时，第一，尽量选择和企业使命、战略、计划相近的人，否则如果相差得太大就不要选了，不管履历多好都不要选。第二，人才选拔进来后不要着急用，至少先培训两周，最好培训两三个月，主要研究本企业的使命文化、价值观、战略、计划等。就像谈恋爱一样，要注重过程，先不着急结婚，一旦结了婚再离婚就不好了，损失很大，要有互相磨合的过程。人才也要看这个企业所学的东西是否适合自身，企业也看他这个人是否符合企业，双方先用两三周的时间试用一下。如果在个过程中企业发现这个人确实一学能靠得近，这个人说企业正是我想找的，那接下来就可以使用了，如果在磨合过程中发现不对，聘用期结束了就不能再继续用了，所以不要让问题出现在岗位上。

最后才在哪里体现呢？创造价值，所有不能创造价值的都不是真才，真才一定是创造价值的人。企业出现争论背后的原因就是在用人问题上，用“我认为”来做决定，这是个用人陷阱，“我认为”遇到“我认为”，这两种人中间都有一些不真实的部分，最后产生矛盾，没有真正去核实。所以真正的才不是自己认为的，是他必须要创造价值，要符合使命战略，符合整个企业文化。

第五点，成就他人。要真想用好人才，必须极力去成就他人。一是必须最大化地发挥每个人的效能，比如一辆汽车轮胎能卖1000元，把它放到自行车上，请问能发挥作用吗？最后还怪轮胎不转，抱怨放的地方不对，就出现这种矛盾了，所以企业本身架构要搭好，因为后面问题都是前面造成的，企业容易在人才那儿出现问题，是基础没有打牢。

职场的工资差距很大，有的人一年赚三四万元，有的人一年赚八九万元，还有的人一年赚100多万元，难道都是因为人的差距那么大吗？可能是，有的人确实很厉害，而有的人确实不厉害。但我觉得不仅如此，大家可以看一看，凡是薪酬高的企业，可以去查，去看看它的使命、战略，看整个人才的培养体系，为什么有的人到这个行业之后就能做出这么大的绩效来，要思考一下是什么原因。

很多企业说没有发展好的原因就是没有得到人才，人才一来就行了，但人才来了就一定行吗？如果企业没有尽力让人才发挥效益，人才觉得干得没有意思，干着干着就想离开，就容易产生一些矛盾。

如何能使每个人发挥最大化的效能，这是一个很大的智慧，是涉及管理的方方面面，不是挖一个人一用就行那么简单，需要我们去下功夫的。另外发挥人的最大效能，对于当事人来说也是一种精神追求，是一种成就，哪一个职业人不希望能成就呢？

二是必须尽力使每个人不断成长。要把下属成长的事当作大事，那么成长有什么好处呢？只有成长能解决人本来的问题；如德不足、才不足的问题，成长能给企业带来更多的技巧，能帮助员工实现心中的目标，成长是双方受益的。

我们常说："自身的成长是解决问题的根本答案。"这句话同样适合于企业，员工的成长能帮助企业解决各种问题，把不会的变会，把不行的变行，把不足的补足，把跑偏的导正，企业就好办了。

如果不重视员工成长，员工想要的得不到，最终就变成了互相指责抱怨，不抓员工成长的企业你会发现它总出问题。没有哪一个市场会为你配一个绝对合适的员工，都要进行上岗先培训再使用，实践后再培训的过程。所谓人才，就是因为成长才变成人才的。

所以企业育人是本身的一个职责，不育人就想用人才，这是一种贪心、懒惰的思维。尤其年轻员工，成长对他们都很重要，因为只有成长才能得到更高的工资，才能获得职业安全感。

三是必须尽力保证每个人的物质需求。毛主席说："如果我们单单动员人民进行战争，一点别的工作也不做，能不能达到战胜敌人的目的？当然不能。我们要胜利，一定还要做很多的工作。领导农民的土地斗争，分土地给农民；提高农民的劳动热情，增加农业生产；保障工人的利益，建立合作社；发展对外贸易；解决群众的穿衣问题，吃饭问题，住房问题，柴米油盐问题，疾病卫生问题，婚姻问题。总之一切群众的实际生活问题，都是我们应当注意的问题。假如我们对这些问题注意了，解决了，满足了群众的需要，我们就真正成了群众生活的组织者，群众就会真正围绕在我们的周围，热烈地拥护我们。”

如果企业只重视学习，重视文化，不注重物质需求，员工对企业会没有信心。我们学校所有员工老师的父母，超过60岁以上的都会统计出来，给他们发养老慰问金，双方老人都行，就是代表学校的一点心意。所以企业付出一些，员工会感到很开心很感激，要去做，要关心员工，保证员工们物质需求。

四是必须尽力让每个人过得有尊严。这是人的精神追求，让每个人过有尊严的生活是我们应该去努力的方向。敬人者，人恒敬之；爱人者，人恒爱之。我们去爱员工的时候员工就会从内心爱我们，我们尊敬他，他才会尊敬我们。

分享《素书》的一段话，大家可以去参照。

怒而无威者犯，好众辱人者殃，戮辱所任者危，慢其所敬者凶，貌合心离者孤，亲谗远忠者亡，近色远贤者昏，女谒公行者乱，私人以官者浮，凌下取胜者侵，名不胜实者耗。

这都是管理的一些实战，管理者要小心，不然很可能出现走着走着人才就走没了的后果。企业团队做不起来，也是我们自身很多地方做错了，没有给人家尊重。

《礼记曲礼》中有这样一段话：“夫礼者，自卑而尊人。虽负贩者，必有尊也，而况富贵乎。”礼是要谦卑，要尊敬别人，即便是一个扛袋子的小商贩，他也有尊严。更何况企业人才，他们的尊严就来自成长，有专业能力，来自领导的尊重与认可，还来自企业的奖励，这是人的愿望，要去实现，这些都符合成就他人。不成就他人，我们前面说的那些关于人才，识人、育人、用人就都变成工具了。

关于人才与团队三大部分：第一，人才与团队的基本原理；第二，人才与团队的四大基础——发心、使命、愿景、价值观；第三，如何打造人才与团队。最终为员工的物质和精神着想，去培养、发挥他们，这些都是关键要点。

用稻盛和夫先生的一段话进行总结：“只有把员工的幸福放在第一位，大家团结一心，经营者与员工的心灵产生共鸣，企业才能走出困境，才能获得健康发展。我坚信，一个公司无论规模多么大，只要建立起员工心有所属的平台，就可以释放全体员工的地头力，公司就可以持续拥有竞争力了。”

第 7 章

产品为王

产品的重要性

产品的重要性，相信大家都有感知。我们谈一些成功企业，如华为，想到的是华为的产品；提到微软，想到的是微软的产品；说方太，想到的是方太的产品。无论是国际品牌还是国内品牌，能够让我们记住一家企业的就是它的产品。因为产品使企业能够和顾客之间产生供需链接，使我们体会到企业带给我们生活的便捷。

稻盛和夫先生说："因为灌注了这样的完美主义，才使京瓷在不断创造新产品的同时，获得了持续的成长和发展。"京瓷从小企业起家，做成世界500强企业，有很多原因，其中一个重要原因就是他们一直在狠抓产品。

稻盛和夫先生从大学毕业起就致力于做产品，一直到他退休为止。去京瓷参观时，令我很惊讶的是，整个产品大楼琳琅满目，摆的都是京瓷独立研发的产品。不止一款，不止多款，是数百、数千、数万款。一家企业把产品做到这个地步，不得不承认他们是实至名归的500强企业。稻盛和夫先生从创业之始到如今，一直坚持的理念就是把产品作为核心重点来抓。

有些失败的企业，像"三鹿奶粉""长生药业"等，这些企业的失败也是输在产品。三鹿的毒奶粉给很多青少年带来了伤害，长生药业的毒疫苗给中国人民带来伤害，百姓对这些企业非常痛恨。这些企业以所谓销售的名义、利润的名义，而忘记了产品、忘记了信誉、忘记了顾客需求，走偏了，败在产品上。

观察一个行业的升级换代还是要通过产品。比如手机，早期是诺基亚、摩托罗拉，然后有了苹果，后来又有了华为……产品不断地推陈出新，标志着行业的更新换代，这是一个最明显的特征。

中国电商行业的出现，以淘宝、京东为代表，使中国很多商超慢慢萧条，最后冷落无人，不得不关闭，也是因为产品，只是这款产品不是普通产品，而是一种服务模式。

大企业对于产品的专注，可以说是历来的一种精神、一种价值观、一种文化。正如松下幸之助老先生所说："如果一切东西都像自来水一样能够随便取用的话，社会上的情形就将完全改变，我的任务就是制造像自来水一样多的电器。"他致力于做像自来水一样多的电器。

松下的产品聚焦在第一能够随便取用；第二样式繁多，这样把企业做得很大。所以，每一家企业在产品上的价值观，具有人文思想会影响整个企业的进程，相比之下很多企业做所谓的运作，所谓的买空卖空只是资本的挪移，最终看一看是没有实际意义的。没有产品拿出来，结果是不行的，所以就知道产品有多么重要。

大连创发会的李会长跟我说：最近兴起的网络直播带货，对也不对。对的是能够促进销售，不过如果大家把关注点过于放在直播带货，而忘记了产品才是根本的话，那么整个行业会走偏。人们会认为，销售很厉害，产品不重要，这样不行。李会长建议还是把目光放到产品上，同时销售也要做。

说到产品，人们自然会想到冰箱、电视、手机、汽车、油烟机、零部件、服装、化妆品、房屋等，大家所需要的、企业所需要的一切物品，基本是这么定义的。想问的是，这些就是产品吗？这种定义，对我们整个商业运作有没有障碍，有没有值得商榷的空间？

我认为，真正的产品是解决方案，而不是某一种物品。一块手表，一个茶杯，一部电脑，一个鼠标，一个键盘，这些大概都可以叫作产品，但我觉得不够。真正的产品应该是解决方案。比如，在企业端我们做产品，生产汽车，生产零部件，生产化妆品，这是我们的想法。那么顾客端想要的不仅仅是产品，相比来说他更需要的是解决方案。

产品和产品之间，真正的差异在于谁的产品是解决方案。那些致力于做解决方案的企业，在未来才可能真正成为赢家。而很多企业只是在关注着自己的产品，没有向解决方案去转移、靠近，这之间的差距很大。产品是站在企业自身角度来看，而解决方案是站在顾客的角度来看。

举一个当年海尔送冰箱的例子，2008 年 9 月 18 日，江西省新余市仰天岗森林公园峰顶的仰岗庙里来了一批特殊的游客，海尔冰箱的 4 名服务人员。仰岗庙的住持在大门口亲自迎接海尔冰箱的服务人员。为什么送货的海尔服务人员会受此礼遇呢？

据仰岗庙的住持介绍：仰天岗开发后，登山的游人越来越多。到了夏天，很多游客上山后都觉得热，迫切需要冰镇矿泉水，可庙里连台冰箱都没有，不能满足上山游客的需求。为了改变这一状况，仰岗庙的住持想购买一台冰箱，在市内联系了几家商场，一听需要将冰箱抬到山上去，要么不肯卖给他，要么开口要昂贵的“送货费”。

海尔冰箱南昌的服务人员听说此事后，主动跟仰岗庙的住持联系，表示：您只管买冰箱，海尔免费送货。仰岗庙住持这才放心地购买了一台海尔节能冰箱。由于仰岗庙在山上，送货车上不去，海尔冰箱的服务人员就用毛竹、绳子把冰箱做成一顶“轿子”，然后一步一步慢慢向山顶挪。1300 多级台阶，4 名服务人员足足花了一个多小时才将这台冰箱抬到山顶的仰岗庙中。

海尔送冰箱的故事不是个案，在 20 世纪海尔出现以后，一直坚持这种做法。我们可能会觉得这家企业服务做得好，这家企业售后做得好，我们可以这样理解。但我认为一般企业卖的是产品，而海尔卖的是解决方案。它基于顾客端。顾客端买的不仅是冰箱，是一个解决方案，要解决山上游客食用冷饮的问题。

通过这个故事看两者的差别，解决方案是帮助顾客去解决问题，不仅是忙着卖产品，而是顾客需要什么，你才去做什么。这个领悟也敦促我要走出去，去想听听企业到底遇到了什么困难，尽我之所能提供解决方案。

我最近出了不少书，我想带着这些书出去，为企业家朋友提供解决方案，可能在我这里很简单的事，对于他们来说并不容易。上次有几位企业家来学校看我，我提供了一些书名，他们说：老师，这些书我都不知道。我说，不要紧，我马上发给你，如果需要的话，我帮你订都行。

陈春花教授说过，德鲁克先生很早就已经意识到顾客需要的不是产品，而是方案，原因就在于其能够站在企业的外部考虑。这意味着这些真正的前沿的管理学大家已经意识到这个问题，已经走出过去局限的思维方式。

刚才举的是工业的例子，那么农业、服务业、平台服务业的产品是什么？农业，我们直接生产的是粮食、蔬菜，但不仅仅是这样子，我觉得是一个解决方案，粮食、蔬菜和解决方案之间也有差距。普通农民在种粮食，邓小平在制订解决方案，从体制上解决农业生产效率问题，袁隆平在做解决方案，从技术上突破中国人吃饱肚子的问题。

如果围绕解决方案，我们就会发现农业还有很多环节能做，还有很多文章可做。像我们地处东北，东北是中国的大粮仓，那么东北未来如果整个粮食产业想发展起来，我认为真正要改变的是思维方式，从过去的产粮大省转成要为中国农业提供解决方案。这是两个完全不同的思维方式，过去是把东北的大米卖到全国，东北的大米如何好吃，这还是卖大米的思维，不行！应该帮助全国人民提供吃上好大米的解决方案。其实企业一直需要的是一种解决方案，生产产品，最终是一个解决方案。

有一个江浙朋友，是给上海一家企业做配套零部件的。有一次，他们把零部件生产好了，当天晚上应该发到上海去，发现没有车，上海着急用，当时这家企业方为了节约成本，车间厂长自作主张说："这个货暂时不发了，明天早上有大批物流，整体发过去就好了，这样企业能降低成本，对方可能稍微等一天就好。"企业董事长回来后，立刻召集车间人员开会。他说："我们家不是做零部件的，是帮助顾客提供解决方案的，顾客很着急用这些零部件，今天做好了，我们连夜就应该给人家送过去，哪怕出车费都不要紧。如果我们把做零部件作为我们企业使命的话，我们永远做不好。顾客提前下的订单，一直急着要，那么，提前送货就是我们的方案之一，不管今天是22：00把货做出来，还是半夜0：00，我们必须在天亮之前把货送过去，这样保证他们早晨一上班就可以用我的零部件做下一批产品，所以，你们一定要改变这种思维方式。"

这个案例给了我很多思考，像餐饮业既有产品又有服务，像贸易行业本身代理别人的产品，还有自己的服务，其实还是在做解决方案。比如，餐饮行业，大家不在家里吃选择去饭店，它要解决什么问题呢？家里和饭店吃的差别是什么？我们为什么去商超买东西？一定有一些特殊需求需要去满足，没有这个不行。

多年前我推出一个"传统文化与企业管理"的课程，很多企业找我去讲，当时讲不过来了，我就找了一家音像制品公司，帮我录课，希望录制好、发行出去利于更多人。录制之后，有两个环节让我非常不满意。第一点不满意的是，字幕配得很粗糙，多处出现错别字，尤其在引用名人名言时出现错别字。这件事，我没法接受，因为这些话是古圣先贤的，出现错别字怎么发行？这不是一家专业公司应该做的事情。我当时跟音像制品公司协商，还好音像制品公司愿意解决，但音像制品公司校对不出来，得把我留在那里去校对，可我时间有限，只好把原资料拷贝回来，心想：自己找了一家公司录课，还得自己用一周时间校对。这种情况下，我该怎么付款？不付吧，有合同；付吧，很不情愿。

第二点不满意的是，选用这家音像制品公司就是看中其发行能力强，我希望它能帮我发行，结果它没有动，而是让出品方回购，它靠这个来保本，用了这么一种思维方式。我没有办法，为了让更多人能看到光盘，就自己花了很多钱回购了一批，这事儿就完结了。这是10年以前的故事，以后我再录制光盘没有找这家音像制品公司。因为我的基本需求它都没有解决。后来这家音像制品公司一直跟我联系，说了很多邀请我去合作讲课的事儿，我都没有答应，因为它没有给我提供解决方案。这个案例让我记忆深刻。

比如，做电商，做销售的，这些企业本身没有产品，好像有又好像没有。好像有，我在卖别人的产品。开书店他不做书只卖书，卖出的这些书不是他出版的，书店的产品是链接式服务，是平台，是解决方案。这个解决方案解决的是供需两端连接的问题，因为供端需要把产品卖出去，需端需要集中化对比去买一些图书，需端不可能挨个儿去出版社买书，供端也不能说这版书出了以后一本一本地去卖。所以必须要求有一个中间端：书店。

很多企业不是没有产品，是没有找到产品真正的内涵。不只是工业企业才有产品，而是所有行业都有产品。我是办学校的，我们的产品是什么？有人说，是孩子，是也不是。也有人说，是课程，是也不是，不够。学校必须有一套完整的解决方案，这个方案包括家长的培育，包括孩子立德树人的体系，包括师资体系，是一体化的东西。我们做学校体系的整体建构，这是我提供的教育方面的解决方案。

我们从市场会发现各个企业都是有产品的，而真正的产品我认为应该是解决方案。从产品到解决方案是两种完全不同的思维方式。看一看自己的公司所经营的是产品还是解决方案。如果你经营的是产品，那么你一定很艰难，不断寻找客户端，着急卖东西；如果你做的是解决方案，我相信你的路越走越宽，一定有很多人来找你。当你帮你的顾客解决了一个又一个问题的时候，顾客就会不断地找上门来，整个路就打开了。这是两种思维，差别是很大的，要调回来。

德鲁克先生在《管理：任务、责任、实践》一书中讲道：“企业之所以存在，是为了对社会、经济和个人做出贡献，因此企业的成果只存在于外部，存在于经济、社会和顾客之中。”不是说企业赚了多少钱是成果，而是企业对于社会、经济、个人做出什么贡献才是你的成果。那么，能做出贡献表面看是产品，整体看是一套方案，这是你的外部成果，有了这个企业才能运转起来。

举个例子，家庭教育的责任重点在学校还是家长这个问题在国内一直有争议。很多学校说现在孩子没有教育好，是因为家长。可是我认为家庭教育的责任重点在学校，学校应该为孩子成长提供系统的解决方案。相较而言，在教育方面，家长是非专业的，而学校是专业的。我们不应该把专业的工作交给非专业人士去做。如果把家长当作客户来看待，学校有责任引导家长，培育客户，而不是把问题推给家长。不能说这个孩子没有教好是家长的责任，这本该是学校应履行的专业职责。学校该行使职责，也不是说要全揽过来，而应该是用专业化的教育思维去培育家长，教会家长怎么去教孩子，这就好办了。学校不要把家庭教育责任完全推给家长，自己撒手不管，这么下去，此题无解。

作为一个专业机构，学校应该研究如何教会家长育人的教育模式，并努力把这种教育传播出来。因为在培养孩子问题上，核心是育人，而在育人问题上，学校应该是主要研究机构。有的学校说我们只负责教知识，我觉得不对。国家教育方针说学校要立德树人。立德树人和教知识差好远。所以，学校不是提供一个简单教学，是要提供育人的整体解决方案。这个方案包括育德、育智、育体，完整提供才行。我们学校经常给家长上课，也注重学生中医养生、饮食习惯、健康锻炼等方面的原理与实践。

解决方案包括产品，但产品不一定等于解决方案。就像前面讲海尔送冰箱的例子一样，那是一整个解决方案。它包括冰箱，但是冰箱未必等于解决方案，在于企业站在哪一端看，如果认为你是做解决方案，那么你应该把冰箱给送上山；如果只是做产品的，你就想不到这个问题，就是两者思维的差距。事实上，没有无产品的企业，只是有的说不清楚自己的产品到底是什么。所有企业都是有产品的，包括商贸企业，包括学校，包括政府和大学都是有产品的，只要你有服务端，你有服务对象就应该有产品。这款产品不是我们过去说的产品，而应该是解决方案。

做好产品的四大要素

产品的缘起是指与一款产品相关的几个要素。这些要素如果找不到的话，这款产品就做不出来。想做一张桌子，木头需要加工，木匠手艺需要好，缺一样都做不出来；想做一次网络直播，需要直播设备，需要老师，需要主持人，还需要听众，这些要素如果不够的话，这款产品做不出来。

产品想做好，一共有四大要素：第一是需求；第二是文明；第三是智慧；第四是人才。

第一，需求。《大学》说："知所先后，则近道矣。"一个事物必然有先有后，知道先后，才靠近道。一定是先有需求，然后才有产品。可是现在很多企业先出产品再去找需求，找不到需求产品就滞销，找不到需求企业就破产，企业陷入卖产品的尴尬境地。因为没有把需求前置，这是次序出了问题。我们着急出产品，着急把产品卖出去，我们认为只要造出产品一卖，资金回流，企业就成功了，但顺序不是这样的。产品、需求、营销，放到第一位的一定是需求，有了需求才有产品，有了产品才有营销，这个顺序不能颠倒。如果把产品放到前面，这就麻烦了，产品因需求而产生，需求没有看懂，我们说产品，风险是很大的。

我对教育行业比较了解，很多朋友都说想投资教育，想办一所学校。我说："好啊！你想怎么做?""我想买 100 亩地。"我说："好啊。""想盖楼占地 4 万平方米。"我说："好啊。""筹两个亿资金。"我说："好啊。"

"我要招100个老师。"我说："好啊。""招1000个学生。"我说："好啊。"他说："你怎么总说好，不给我提醒些东西呢?"我说："因为你的思路都不对，我想听听你能做到多远。"他说："我觉得自己说得很对呀，我买地不对吗？盖楼不对吗？筹资不对吗？招老师不对吗？招生不对吗？我这些动作都是对的啊，你怎么觉得我思路有破绽?"我说："你想过吗，如果你在这个地方做教育，这个地方的教育需求是什么，你研究过吗？而这个需求量有多大，这个需求时间有多长，你思考过吗？如果这些没有思考的话，你办学校能成功吗？去哪儿招那些学生啊？能招得到吗？招不到的话将来怎么办呢？你要找什么老师，做什么产品呢?"这些问题都没有想过就投资两亿元，企业很容易倒闭，学校很容易倒闭。这个不行，要先看需求，既要看当下需求，还要看需求整个的变化，如果看不到需求变化也是不行的，像我们做"逆境突破"课程，这个课程就是根据大家的需求而做的。尽管如此，我依然担心课程作为产品还是不够，可能没有给大家提供更好的解决方案，所以我还在优化改进，希望听到一些企业家的声音，企业家的需求。

什么是需求？有人说这个很简单，我卖的是手表，需求就是手表呗；我卖的是杯子，需求就是杯子呗；那我们卖的是书，需求就是书呗。实际上有这么简单吗？卖大米，需求是大米，顾客买的仅仅是大米吗？如果你这么思考，这个问题想得太简单了。你去商场买衣服，买的只是衣服吗？你会随便买件衣服就穿了吗？需要看款式，需要看价格……

要注意顾客买的是什么，不要认为我卖的是什么，他买的就是什么，这样不行。要仔细研究一下顾客买的到底是什么，如果研究不透的话，我们对产品是辨认不出来的。顾客买的东西是很复杂的，研究这个问题要花很长时间。

我办学校是因为看到需求才办的。很多朋友说，孩子上学以后不快乐，真的不想学习。就问李老师能不能办一所让孩子快乐的学校，他的需求是快乐，因为他觉得快乐很重要，他说一个少年如果不快乐，这一生不管工作还是婚姻都会出问题的，他没有幸福感。快乐，这是一点需求。

还有人来找我说，老师，我觉得现在这所学校成才率好像不高，我希望我的孩子能成才，你有让孩子成才的方案，你办所学校呗。我说，那比较困难，他说，有方案就不困难。成才，这是第二点需求。

也有家长说，老师，成才很重要，能够兼顾一下文凭吗？毕竟这个时代要看文凭的。他说，我虽然对文凭不是那么在乎，但也希望孩子拿一个文凭。需要兼顾一下文凭，考文凭的方式有很多种。

根据家长的不同需求去思考会发现他买的不是一个简单的课程，也不是一个教育，他要买很多东西在里面。顾客会发现这里还有更多能够购买的东西，比如希望，想看到这个家族的子孙崛起，人才辈出，这时候就要给人家一种希望，他买的是希望。

顾客买的东西都不一样，不是说你办一所学校，请一些老师，拿课程一讲就结束了，不是这样的。这里顾客的需求很多，如果你研究不到，你不知道该给他什么东西，你给的不是人家要的东西。

2019 年夏天我们做华夏艺术节，晚上演出的时候，我在院子里坐着，孩子们一看我在那儿坐着，就喜欢欺负我，一会儿拽我腿，一会儿拽我胳膊的，胆儿大的就趴在我的肩膀上了……趴在我肩膀上那个孩子的父亲在后边拍了张照片，后来发给我了。他说：“老师，看我儿子在你肩膀上趴着，然后你还挺开心，这让我很感动!”我说：“谢谢你。”

这引起我的一个思考，他来要的是一个学校老师对孩子那种关怀、亲热、疼爱。虽然是不知不觉中的一件小事儿，我们也不是特意的，况且这种事儿经常发生，一般二、三年级小孩子愿意这样子，到五、六年级就不这样了，就那个年纪最调皮的时候喜欢这样子，但家长一看，孩子在学校，跟老师和校长是这样子的，心里就踏实了，作为顾客他购买的是爱。原来如此，这件事给我很多思考。

顾客买什么，你要卖什么，这个很有意思。

大家听过一首歌《卖汤圆》，买汤圆，卖汤圆，这一买一卖之间只是产品吗？只是一个汤圆吗？我们看一下歌词，思考其中的一些道理。这首歌我觉得是一个很好的营销案例，很值得我们去听一遍。

卖汤圆卖汤圆，小二哥的汤圆是圆又圆，一碗汤圆满又满，三毛钱呀买一碗，汤圆汤圆卖汤圆，汤圆一样可以当茶饭。

卖汤圆卖汤圆，小二哥的汤圆是圆又圆，一碗汤圆满又满，三毛钱呀买一碗，汤圆汤圆卖汤圆，公平交易可以包退换。

卖汤圆卖汤圆，小二哥的汤圆是圆又圆，要吃汤圆快来买，吃了汤圆好团圆，汤圆汤圆卖汤圆，慢了一步只怕要卖完。

这首歌很有意思，用词很精练，把商业的很多核心问题都说完了。首先，把产品介绍一下，汤圆。产品的样子是圆又圆、满又满。汤圆本身质量还好，圆又圆；装得还多，满又满，价格三毛钱。然后就开始介绍，你买我汤圆为什么买呢？有几个原因：第一，可以当茶饭，你吃了以后就能饱肚子。第二，公平交易包退换，觉得这个不合适的话可以退给我。第三，加了一个饥饿营销，你要来晚的话就买不着了。所以我们听到这首歌的过程中就有一种想买的冲动，如果我们家门口有这么一个卖汤圆的，我也想买一碗，为什么想买一碗？这个汤圆好，圆又圆、满又满，充满想象力，价格这么便宜才三毛钱，还可以当饭吃，还公平交易。

这是很小的商业往来，他卖的只是汤圆吗？好像还有很多东西在里面，那种浓浓的乡情，那种卖方对顾客的承诺，那种心愿，价格很公道，充满了生活气息。所以，就这么一个汤圆，你看他很会卖，就卖得很好。然后唱首歌儿，一看就想买了，就这么一个案例。

要注意分析需求，需求背后是有很多东西的。一般需求，是质量、性能，还有产品价值，还有信任，还有安全、环境、信誉、地位等潜在价值，通过产品和服务把它托起来。

顾客是有很多需求的，而这些需求无法靠一个单一产品来完成，它必须形成一个解决方案来整体性解决顾客一个问题，如果不能形成解决方案，单独卖产品这个路走不通。

汽车市场开放初期，有数百家汽车企业进入，最后只剩下四五家，为什么这四五家做得好？每一家都不是在卖汽车，而是形成针对顾客需求的完整解决方案。比如，专门做安全的，像沃尔沃安全性能很高；有专门针对身价的，奔驰车；有轻便省油的日本车；还有中国人自己的红旗车，代表国产品牌。关于需求，我们过去只说性价比，这个词说起来还是比较粗的，应该针对顾客在乎的细分需求。

我们学校在给孩子们选油，每一家来送油的时候都在说他家的品质好，我们反复对比，看哪一种油的压榨过程对孩子健康是最好的。我买的其实不是油，是健康，这是我们最在乎的。我得看清楚你用什么原料，怎么做的，不是一个简单品质达标了，这是你的说法，我要的不是那个标准。

关于价格，一般认为价格越低越好，也不是。我当年服务一家企业，这家企业去给广州本田做投标，报价好像是大于600多万元的一套设备，最终流标了，没成功。中标那家企业1000万元中标的。600万元投标没成功，1000万元中标了，原因是对方说600万元固然能省，可是你这个设备返修率太高，而且使用年限不行，我们综合测算一下，根据年限和返修率，不敢使用你家的，可能我们在这儿省了400万元，到第五年的时候我们会往里赔800万元都不止。

我一个朋友在成都开医院，他们引进透析设备，一个东南亚的厂商做新产品投放，找到这家医院。当地透析机已经被几个大品牌占领了。可是东南亚这个厂家因为一个付款条件成功了。因为这是一个初创的医院，整个资金流非常紧张，又着急上设备，因为他家服务非常好，客户不断上来需要新设备，上新设备后资金就不够了。他有客源，有品牌，就是没有足够量的资金。东南亚的企业看到这个需求以后，重点来谈付款条件。既然你的客流这么好，我跟你签订一份合约，随着你客流回来以后，你在收入当中拿出一部分钱来还我这款产品的价款，这样你的企业缓解了资金的困难，我也实现了打开西南市场的一个心愿。这家企业最后中标是因为付款条件。那么这个付款条件可能对于这个企业来说，暂时资金不能回流，但他得的是后期，是一大块市场。客户需要的不是一个透析机，而是一个完整的解决方案，包括产品的品质、产品的价格、产品的付款条件等。

性能不只是品质，品质还包括信任。比如，我们理发，愿意去老熟悉的店，不愿意换地方，因为信任。我们去一家饭店吃饭，一旦吃好就不想走了，因为信任。这里的品质，跟品性有关。

顾客到底买的是什么，有的时候凭我们自己的主观意识想不出来，可能我们所推广的并不是顾客所关注的，而顾客所关注的我们并没有推广，又没有标识出来，没有去发力，最终导致与顾客之间出现了一个隔阂，顾客就不能够续签，不能持续购买。

只有清楚地了解顾客需求，我们才能制订出有效的解决方案，即产品。一定要把需求前置，这点非常重要，如果需求不前置，贸然做产品，很容易输掉。要清楚了解顾客需求，而需求不仅包括产品，还要包括与产品密切相关的整套设计，这才可以。

看一个本田汽车的案例，本田汽车在美国推出雅阁牌新车，一投放市场，就备受欢迎。因为本田汽车专门研究美国市场的需求，整个车型的所有设计都是围绕美国高速路、美国人身高及家庭收入、行李箱尺寸、停车场等方面。为了生产出一款合适的车型，考察洛杉矶高速公路，并在日本修了约14.5千米的高速路用来测试；美国人身高和亚洲人不一样，调整车内空间大小；美国普通家庭买汽车关注耗油，就调整降油耗；根据美国人常用的行李箱尺寸，调整后备箱大小；观察美国人大多数停车场的设计，调整车型。这个案例，很明显是需求在前。

再看一个方太的案例，方太的“风魔方”和“云魔方”卖得很火，号称“不怕炒辣椒的神器”，炒辣椒都不会呛。这款产品也是先有需求，需求就是厨房油烟控制不住，不管抽烟机过去怎么改进，油烟总往外跑。除了跑油烟还有两个问题：第一，央视报道过，油烟被家庭主妇吸入后会致癌。第二，如果你炒辣椒就会呛眼睛，需要一款把所有油烟都吸走的抽油烟机。这个需求已经很明显地出现，顾客有这种痛点抱怨。

这个时候谁能把这样一个抽油烟机做出来，谁就可能占领整个市场。所以，这时方太就这件事开始研究了，研究一款不让一点油烟跑掉的抽油烟机，不让厨房的主妇吸入任何油烟，不让任何异味排出来。后来，就出现了“风魔方”和“云魔方”系列产品，投放市场后销量非常好，顾客非常欢迎。

方太为什么这么做？背后思想是什么？《活法》讲的是稻盛和夫先生怎么做产品，《方太儒道》讲方太怎么做产品的核心经验。书中有句话说：要怀着仁爱之心，想客户之所想，想客户之未想，想客户还不敢想，超越用户体验。也可以简单叫一心三想一体验。首先是一颗仁爱之心，然后想用户之所想，还有想用户之未想，还有想用户之不敢想。不敢奢望的事，有可能吗？有可能。

手机可能变成触摸屏吗？变成了；电脑能鼠标一点就行吗？就行了。电脑最早使用的是 DOS 系统，386、486、586，当时用电脑很麻烦，插入 A 盘和 B 盘调出指令。那个时候我们都练过，一般不敢用电脑，太复杂、太专业，得上一个培训班，学 3 个月，交不少学费，电脑普及不了。后来，微软出来的办公软件非常简单，解决了这个问题。这么多年，我们还在使用 Word、PPT、Excel 这些产品，非常实用。因为它能够超越客户之所想，超越用户体验。微软变成全球大牌企业是有原因的。就是在客户体验上，在客户之所想、未想处下手，产品是这么做出来的。一定是需求在前，然后才有产品。

如果从产品出发，这属于很严重的自我意识。如果从需求出发，这个叫利他思维，真为别人着想叫利他思维。要从需端开始进入利他思维，只是一味地说自己的产品有多好，一味地去销售又销售不动，这就是一种自我意识，这种自我意识会把企业完全阻挡在市场之外，企业会变得非常艰难。

一家看不见顾客需求的企业，要么在营销中受阻，要么无法生存。产品跟需求之间对接不上，因为对接不畅导致受阻，产品卖不动；要么生存不下去，走着走着就走不动了，就是你的产品没人要，原因是你自己不知道问题出在哪里。

稻盛和夫先生曾说：有太多的人只考虑自己的利益，但是事业的良机绝不会光顾这种以自我为中心的人。能够把企业经营得有声有色的人，都是能给客户带来更多利益的人。这种态度也给自己带来商业机会，带来更丰厚的利润。

不管是服务业还是工商业，中国企业真的要改变产品思维了。我们能不能成为给客户带来更多利益的人，而不是只想着我要赚钱，我不能倒闭，我要发展，我很困难，我的员工要流失……都是这个“我”字。

如果不能给客户带来更多利益，我们怎么会有更丰厚的利润呢？至少我要坚持这个态度，想给别人带来更多利益，一直这么做。我们的产品和顾客需求之间是有对比的，如果我们的产品能够大于顾客需求，那么，企业会进入高效生产，会引领社会文明；如果我们的“产品”刚好等于顾客需求，整个工作就是有效生产，产品就能流通出去；如果你的“产品”小于顾客需求，注意，我说的“产品”打引号了，它指的是解决方案，没有解决方案，不能够满足顾客需求就比较麻烦，产品就是低效的；最可怕的是我们的产品不等于顾客需求，那会导致无效生产。

所以，企业为什么出现低效率、无效率，就是你和顾客需求之间有很大的空间没有对接，没有做出来相应的产品，产品做得粗，利润就薄，一旦出现行业竞争就不得不退出。很多行业为什么产品利润率这么低？10%都达不到，就是整个产品的研发不够，产品的价值空间小，不能满足顾客需求。顾客凑合买，你就凑合卖，就这么凑合往前走，凑合凑合走不动了，这样就很艰难。

产品想要做好，第二大要素是文明。文明是指人类一切先进的科学技术、思想、人文等，就是我们想做一款产品，选用了这些基本的东西。比如，想造飞机，需要技术，需要材料，还有人文……科学技术，人文思想，我们统一命名叫人类文明。

好产品怎么做出来？做顾客定位，谁是我的顾客，针对需求进行聚焦，把需求搞定了。有了需求要做研发，想做好研发工作必须要做文明引入，如果没有足够的文明引入，产品是做不出来的，很难做出一款高端好产品。

很多产品，为什么产品质量不够好，性能不够好，就是在文明引入上输了。没有在这里下重手、想办法，所用的东西不够，用的材料不行，用的技术不行，用的人文不行，用的思想不行，所以做出的东西就不够。

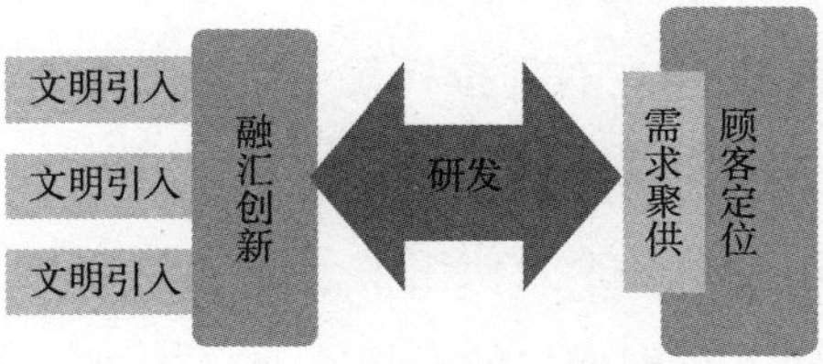

文明引入中还要融汇创新，再研发才可以。我们既要关注需求端，还要关注文明引入端。想要制作出最合理的解决方案式产品，没有足够的文明引入是无法实现的，要很多很多文明引入才能把一款好产品做出来。我见过不少好产品，这产品为什么好，我为什么想买它？它所用的东西货真价实，方方面面技术都很合理，确实很好。所以你看到产品后就想买了，价格也很好，即使这价格稍微比市场价格高一点，也愿意买。

比如，“舒提啦”行李箱，我感觉是目前国产行李箱的顶级品牌，这款箱子我仔细研究过，几个核心技术真的很了不起：第一，密封轴是防尘的万向轮，长期使用可以防尘，而且不缠毛发，这个是目前国内生产不了的，是精密机械轴承密封技术，这个轮子非常灵活，三层轴承，使这个轮子可以万向转动，这是第一种技术。第二，轴承耐磨，耐磨度达到200km负重行走测试，磨损仅0.13mm。而且灵活无卡阻，超出行业标准15倍，非常耐磨的一个轮子。以前我用行李箱时，最先坏的就是轮子。第三，整个川行系列专属纹理，是45度屋脊形纹理设计，加强四角抗冲击力。他们在做测试时是从2米高处往地上摔，并提出，3年以内摔坏可以直接换新，因为他们反复做过多次测试。使用这种箱子的一般都是经常坐飞机的人，托运比较多，工作人员装货时只能往里扔，质量不行可能一扔一摔就坏了。以前我用的箱子摔坏过好几个，摔裂了以后就没有办法再使用了，角摔坏了，也不能用了。“舒提啦”行李箱不仅材质好，而且针对这个角的设计、纹路设计，比较杠摔。

还有个很有意思的技术设计——固定防滑型刹车，在按钮上一按就可以刹车。推着行李箱行走时，以前稍微一松手箱子就跑了，现在增加了这个设计，一按按钮后轮子就能刹住不动。我以前用箱子，提拉杆一般用2年左右，有时1年左右提拉杆就卡住提不起来了。“舒提啦”行李箱如果出现这个问题，他们包退包换。

还有颜色问题，因为一个人使用箱子是很讲究的，男士、女士对颜色是有不同选择的。我买的时候，他们选了五六款颜色给我看，每一款我都很喜欢，最后我留了两款，又给我身边的朋友送了三款，他们很喜欢。不管白色，还是亚金色，看起来都觉得确实很大气，很高雅。我问他们，做这么一款箱子特别费事，一共研发了多少年？他们说，这款箱子前后研发了3年，20多次专程拜访了LV、PRADA的国际级供应商，来做一款好产品。他们说做这款箱子的初心是为了节约，用3年坏不了，用5年坏不了，资源被节省了，而且箱子的原材料都可以回收，没有任何污染。

我们就会发现想做一个解决方案式的好产品出来，得操很多心，要做很多事。稻盛和夫先生说，“为了按时交货而拼命努力，就是为了让客户在需要的时候把产品交到他们手上，还有必须做出完美无瑕的产品也是为了满足客户的期望，再进一步，为了让客户获得更多的利润，我们还必须开发新产品，一切都从让客户满意这一点出发。”这就是京瓷创业一直以来所坚持的一种理念。所以，看到这些产品好的企业都会喜欢，方太的产品我很熟悉，“舒提啦”的产品我也很熟悉。因为这些企业当家人我都很了解，他们对产品的这种执着、这种精益求精的精神很让人感动。

再讲一个案例，就是中国的高铁产业，讲文明引入，中国高铁产业从无到有。从引进消化吸收再到完全自主创新，今天已经成为世界铁路科技的集大成者，其中关键一环就是技术引进。初始时，国产列车，“中华之星”号动车组在实验阶段时，虽然可以跑出高时速，可以达到200~300千米/时，但故障频繁，自主研发遇到了难题。怎么办？做技术引入。

2004年6月17日，中华人民共和国铁道部（以下简称“铁道部”）发布《时速200公里铁路动车组项目投标邀请书》，这份标书的精妙之处在于，它指定了投标企业必须是中外合资企业。铁道部的真实用意就是让中国企业向外企学习国际先进技术，同时用巨大的蛋糕吸引外企向中国转让先进技术。在第一轮招标中，南车与日本大联合中标；长春客车与阿尔斯通中标；南车与庞巴迪中标。在第二轮招标中，西门子与唐山客车（北车）达成了单车2.5亿元人民币、技术转让费8000万欧元的协议，并且技术转让的内容非常完整，相当于德国人手把手教中国人如何设计高铁。凭借科研团队、工程师团队和产业工人的辛勤付出，唐山客车在3年之内就实现了西门子Velaro动车国产化，南车四方也如约拿出了时速300千米的自研列车。其中，南车四方开发的CRH2A经过进一步技术升级，成了今天高铁的主力车型CRH380系列。2008年8月1日，中国第一条350千米/小时的高速铁路——京津城际铁路正式开通运营，此后，高铁产业在中国得到了飞速发展，并走出国门，走向世界。

我们的高铁产业为什么能够发展起来，就是文明的引入，技术、材料，包括人文，没有引入是做不出来的，所以想做出一款好产品，要特别注意文明引入的问题，这个是我们今后在做产品研发时要格外引起注意的。

我是做教育研发的，研究人才是怎么培养出来的。下图所用的词语都是和教育相关的，如果想做好教育，这里的词语全要使用，这里一共使用了一二十种专用词语。教育里所用的东西很多，像六艺、七道、八德，课程、福慧、文化、礼乐、幸福、立志、心性、养正、因果、传道、授业、解惑、体制等都包括了。

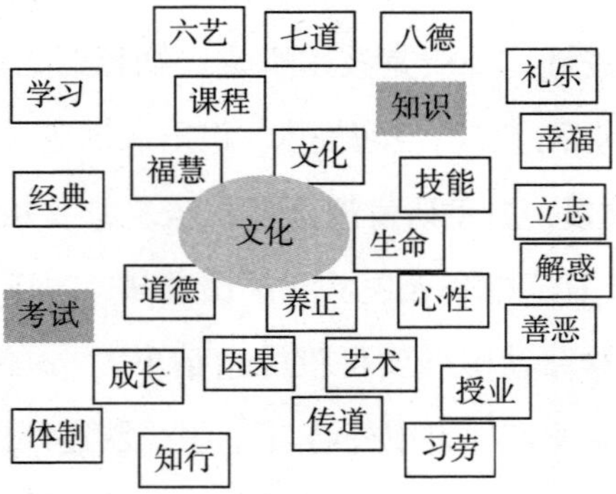

现在教育做不动，因为它中间只剩了两项内容，就是知识和考试，其他都没有，文明引入不够。中国教育研究至少是东西方两大教育体系要引进来，东方的伊尹、周公、孔子、曾子、孟子、王阳明、朱熹都是大教育家，近代的陶行知、杨昌济。西方的蒙台梭利、弗雷内、苏霍姆林斯基等这些大教育家，东西方联合发力才可能做出好的教育来。

再如，想把养老产业做好，它所对应的也很多。像孝道、医疗、保健、卫生、养生、饮食、运动、娱乐、老年大学、心理学、宗教、伦理学、服饰等，如果把这些文明组合用好了，会形成非常好的养老产业。

前两年不少朋友的养老产业做得很好，用了很多非常好的硬件和软件，别墅级养老院，环境很美，让人流连忘返，看到老人每天的生活都很舒服，就算费用稍微高点儿也觉得很值，这确实符合老年人的心愿，真正做到了引入各种文明。还有所养老院很体谅老人，有的老年人有信仰，这个房间住基督教徒，那个房间住伊斯兰教徒，还有的房间住佛教徒。有老党员退休以后，在房间放电视看新闻，还喜欢关心国家大事。因为满足老人不同需求，这个养老机构就发展得很快。养老产业的产品就是老年人幸福生活的整体解决方案，为了完成这个方案，需要各种文明引入才行，就是这样一个思维方式。

第三大要素，智慧。结合前面对比来说，需求是为了体现利他，为顾客着想；文明引入，是专业利他。智慧，是创新利他，是对各种文明的合理组合运用和创新，形成一款非常好的产品。各种技术不是引进以后就结束了，还要二次研发，进行合理组合运用与创新。这种创新不是照搬，所以智慧变得非常重要，要不停地去研究——到底要怎么组合，怎么运用，怎么提升产品的功效，怎么进行解决方案建设。

最近我们学校孩子们用一款护眼产品，眸眸哒唤醒眼霜。这款产品就是一款不停创新的产品，最开始用的是中药的药剂配方，使用中国传统中药来治疗眼睛问题，现在治疗眼睛多是用西药或者是配眼镜。他们就想能不能用中药来治疗眼睛，所以从 2014 年开始出中药配方，2015 年用药剂治疗，效果好但不方便，2016 年改成穴位贴敷，2017 年改成了眼霜产品，2018 年升级款眼霜出现了，我用过觉得已经挺好的了；到 2019 年又升级了；2020 年升级为眸眸哒唤醒眼霜。

从 2014 年至今，始终专注于这种护眼产品的研发与创新，目前这款产品用到了不少中药：冰片、薄荷、路路通、番红花、鱼腥草、谷精草、青葙子、人参、桑叶、当归等，就为了治疗眼睛，花费了好多精力。因为眼睛本身有恢复功能，如果只是一味地用戴眼镜来解决，一旦戴上就摘不下来了，这不是我们所希望的。到后期做手术，手术也不是我们希望用的方法，最好用中药恢复，这款中药眼霜确实很好用。

我们学校的孩子使用后有一些案例，一个小学二年级的孩子，近视一年多了，他在护眼之前，左眼裸视 0. 35，右眼裸视 0. 4，眼镜度数是 150 度。养护以后，左眼视力回到 1. 0，右眼也回到 1. 0，看书不用再戴眼镜了。还有一个五年级 12 岁的孩子，近视 3 年多了，左眼裸视是 0. 25，右眼裸视是 0. 2，度数是 200 多，用了这个眼霜以后，左眼视力为 1. 2，右眼视力也是 1. 2，已经正常了。

新冠疫情期间，很多学校做网络直播课，好处是孩子在家就能上课，坏处是孩子用眼过度。这家中药眼霜企业就这种状况紧急往前推进一步，就变成网络学习专用护眼霜，让护眼成为一种习惯，做这些事都是为了保护眼睛。

这些产品能做得出来，大家会发现还是文明的引入。引入了各种相关的技术，既有中成药技术，又有萃取技术，还有治疗技术，想尽各种办法提供解决近视等眼部问题的方案，所以这款产品被大众接受。

稻盛和夫先生说，企业是追求利润的组织。但有人却误解了这句话的本义，做事只顾自己赚钱。这是绝对不行的，让公司外部客户满意是第一位的。

做一款产品，出一个解决方案，公司运营必须要在这个问题上下功夫，精益求精做出解决方案式的好产品。韩愈说："业精于勤，而荒于嬉；行成于思，而毁于随。"事业卓越于勤奋，而荒废于嬉戏，成在不停地思考，毁在随便随意。我们做一款产品，用了多少技术、文明、原料、人文、想法，不断创新，不断改进，如果没有这些，做不出好产品来，这就是智慧的部分。

智慧从何而来？稻盛和夫先生在《活法》一书中说："在回顾这些伟大先贤的功绩时，我深信人类就是这样，从'智慧的宝库'中获取智慧和技能，将他们作为创造力的源泉，使生产进步，文明发展。"稻盛和夫先生说："那么怎样才能打开宝库之门获取智慧呢？除了倾注燃烧般的热情，持续付出真挚的努力之外，别无他法。就是说要想获得成果，必须怀抱善念，拼命努力，对于这样的人，神才会给予他火炬，照亮他前进的路，才会从智慧宝库中授予他一束光明，让他走向成功。"

为什么京瓷总能做出好产品来，而有的企业做不出来，这就是智慧的差别。智慧来自倾注燃烧般的热情，持续付出真挚的努力，怀抱善念，拼命努力。如果你能怀抱善念，拼命努力的话，就能不停地做出很多好东西，就能帮社会解决很多问题，社会就会进步。

稻盛和夫先生讲过他当年使用松香的真实故事：在合成镁橄榄石的过程中，遇到的最大困难就是矿物原料全都是干燥的粉末，难以成型，如果采用黏土这一传统工艺的话就会混入杂质，无法获取纯净物性，稻盛和夫日夜都被这一问题困扰。有一天他经过实验室时，好像被什么东西绊了一下，险些摔倒，他不由自主地叫了起来："是谁把这个东西放在这儿的?"结果发现鞋底上粘了类似于茶色的松脂般的物质，原来是前辈在实验中使用的松香。就是它！稻盛和夫的脑海中突然闪现出了灵感，如果在粉末原料中投入纯净的松香做黏合剂，那就应该能够成型，于是他马上将原料和松香放入锅里，一边加热一边混合，然后放入模子里进行成型，结果取得了圆满成功。而且将通过这一方法成型的物体放入炉火烧结后，联结部分的松香在烧结过程中全部烧尽，成品中没有留下任何杂质。他就觉得很奇怪，怎么会有这么一个想法出现啊，一个创新就出现了，为什么出现这种事情呢？他总结说，就是怀抱善念，拼命努力，就这么做出来的。

其实这个时代有很多创新，都值得我们去思考使用。比如，我们已经看到的互联网技术+现代商贸，形成了电子商务。又如，触摸屏技术+通信，形成了今天的手机。再如，通信+照相，形成手机加照相机，照得很好。复如，云端技术+通信，出现很多创新科技，还有好多好多都是在创新使用的。

李开复老师在TED的演讲中说："未来是人工智能的世界，失业的浪潮会席卷全球，只有创造性工作是有保障的，因为人工智能可以优化但不能创造。未来只有具备创造力的孩子，才能成为社会的精英。"创造力本身就是智慧，所以我们想做出好产品就需要创造力，也就是智慧。

第四大要素，人才。人以事聚，事以人成。人能聚到一起是因为有一项事业可以做，事业能做成是因为有人做。

人才和前面三大要素的关联：第一步，人才要去找需求，把需求定位准，看清楚；第二步，人才去汇集那些相对应的文明，都找齐，不断升级还需要不停地找；第三步，人才运用智慧对这些技术、材料、人文进行整合、创新、运用、组合，形成第四步，解决方案，这个方案才是产品。

比如，"舒提啦"行李箱，它的原材料固然很重要，那最后的颜色挑选同样重要，它使用的就是人文。就是一个出行的人，到底使用什么颜色的箱子是最合适的。再如，“眸眸哒”眼霜，材料很重要，药品很重要，怎么使用最方便，做成眼霜一涂就好这也是人文。所以它都是以方案出现的，不是以单个产品出现的，这就是人才要干的事情，也是我们做产品的一个过程。

有了人才以后，从需求到文明，从文明到智慧，从智慧到方案出现，才算完成了。方案又指向需求，这就形成了一个闭环。由此我们知道，第一，需要一批感知、调研顾客需求的人才，如果我们得不到需求，后边做不了。第二，需要那些汇集与需求所对应的文明的人才。第三，需要研发创新型人才。第四，需要制订综合解决方案的人才，不仅产品做得好，还要有整体解决方案。

从产品到解决方案，它是一个大过程，企业有人员、设备、材料、系统、环境，但光有这些还不够，还要针对顾客需求汇集文明，搞研发，出现核心产品。那么核心产品已经出现以后，还需要售前的、售中的、售后的一个整体解决方案，来满足顾客需求。

从产品到解决方案是一个很完整的过程，它不单纯是核心产品，核心产品本身就不容易造，还要从核心产品到整体解决方案才行。整体解决方案变成了聚焦的、专业化的、创新的、整体性的利他，这是我们要做的事情。形成聚焦的、专业化的、创新的、整体性的利他，形成这个概念就好了。这件事情不是偶发的，它是整体化一起走的。注意看，聚焦的指针指需求，专业化指文明引入，创新指智慧研发。最后整体化形成一个大方案，售前、售中、售后，就可以了。

所以我们在这里总结一下，如果我们想实现产品为王，有四件事很重要。第一，我们必须要深入了解顾客的需求。第二，我们必须要汇集引入足量的对应的文明，用少了不行，做不出来。第三，我们必须致力于产品的研发创新，在研发上下大力气。第四，必须制订出满足需求的整体解决方案，要把产品变成方案才行，到这里我们才能说到产品为王这句话。

一家企业做好真的很不容易，要花很多精力，要把每一步走完。正是因为某一步没有走，导致很多企业产品质量上不来，在市场没有很好的销量，尤其前后顺序没有做出来，就更麻烦了。

《书》曰：人之所获，天道酬勤；人之所失，天道罚惰。人之所以有收获，是老天酬劳那些勤奋的人；人之所以会失去，老天在惩罚那些懒惰的人。某些企业没有按照步骤去操作这些事情，该做的动作没有做，非标准化运营，导致企业产品价格上不去，质量上不去，销量上不去，出现了一系列问题。

产品与销售

关于产品为王，我想重点阐明产品与销售的关系。销售很重要，但产品更重要。企业没有销售是不行的，但如果产品做得不够硬，单靠人抓销售抓不了。国内一些销售做得好做很长时间的企业，都是因为产品好。

比如，修益升这款产品，也是我在用的，是央视广告热推的一个品牌。它专注益生菌研发 9 年，提出“科学补充益生菌，就用修益升”。关于益生菌这个概念，大家都熟悉，它对老年人肠道修复，对我们的消化、便秘都有很多帮助，人类离不开益生菌。五菌联动，保护肠胃，高倍增殖，促进吸收，还有强化黏附定植力等，是这款产品的好处。

这款产品做得这么好，企业在产品的更新换代上花了很多精力。第一代配方，2011 年 12 月。第二代，2014 年 6 月。第三代，2017 年 2 月。第三代配方增加了罗伊氏乳杆菌，由三株菌升级为四株菌，产品在不断地迭代。第四代产品，更名为修益升，相对于第三代由一种益生元升级为三种益生元，低聚异麦芽糖、水苏糖、低聚半乳糖，由四株菌升级为五株菌。第五代产品，去掉了嗜酸乳杆菌，替换为短双歧乳杆菌。第六代产品，推出了修益升的儿童型。第七代产品增加了针叶樱桃浓缩，含有维生素 C 和葡萄糖酸锌，实现了全人群覆盖。到了 2019 年 4 月，推出了第八代产品，相较于第七代，推出了全新的修益升抗敏益生菌，就此完成了成人装、儿童装、抗敏装多方布局。到 2021 年企业花了 10 年时间，推出了八代产品。

这家企业在产品上花费这么大力气，结果就是2012年销售额600多万元，2018年销售1.47亿元，销售额直线上升。10年间连续升级八代产品的同时，销量也直线上升。市场在变化，需求在变化，企业应该为市场提供真正的最新的产品。

如果不重视产品，只抓销售，尽管使用各种销售模式，久而久之，产品质量跟不上，顾客需求又在发生变化，企业还是会被淘汰，退出市场。

而比销售额更重要的，是顾客满意度。没有顾客深度满意，销售越多，企业可能倒得越快。销售很重要，没有销售不行，但是如果没有顾客高满意度，销售做大就是在给企业挖坑。

很多年以前，南方的一个朋友做了一款产品，说心里话，这款产品让我很不满意，价格也不好，性能也不行。但这款产品当时在市场上卖得很好，我提醒他这款产品不要再卖了，这么下去走不了多远，但是他们不相信，还是接着卖。不过1年以后就卖不动了，前期所有投入没有收回来就结束了，我们把这种做法叫"挖坑"。卖的产品越多，挖的坑越大，最后品牌没有了。能加快销售速度的产品，就是能让顾客满意的东西。而很多时候我们没有注意这个问题，老是想盲目扩张，这个不行。

德鲁克先生说："市场营销的目的，就是使销售成为不必要。"销售可以成为不必要，是因为整个产品设计完全按照顾客需求设计，最后变成刚需中的刚需。将产品变为解决方案，销售自然就会容易。

像《论语》这本书还用销售吗？争相购买！半部《论语》治天下，大家都需要这本书。这是做销售最后的境界，背后一定是产品在起作用，产品为王。

产品做不好，总结一下原因。

第一，不重视产品，不知道产品的重要性；

第二，不知道什么是产品，看不清产品，产品其实是解决方案；

第三，需求没有前置；

第四，没有做文明引入，产品性能上不来；

第五，没有研发与创新；

第六，缺乏人才；

第七，过度放大销售，弱化了对产品的重视。

商业的核心是以服务顾客为基础，但主要的意图是摧毁自我，念念利他，因此商业必然一往无前。我们做商业本身是为了提高心性，自我下降、利他增长，如果能这样做商业，我相信大众一定很喜欢，顾客满意度会很高，产品销量也会好。

关于产品为王，最核心的是四大缘起：一需求，二文明，三智慧，四人才，四个联合起来把产品做出来。天道酬勤，勤奋发力，“志不立，天下无可成之事；勤不兴，天下无可办之事”。我们用勤奋、按道执行，就能做出好产品。

第 8 章

企业文化与哲学共有

企业文化的来源

企业文化的出现和近代的管理学历史有一段关系。1945 年战争结束，日本递交了投降书，宣布战败。战争让中国受到很大的伤害，其实也让日本受到很大的伤害。日本通货膨胀率急剧增长，民众拿钱也买不到东西，生活用品的配给严重不足。汇率是 300 日元兑换 1 美元，当时日本人多数成为赤贫，自身也尝到了侵略战争的苦果。国内大多数工厂，因为原料供应中断而停工，产量达不到正常的需求。日本天皇在《终战诏书》中承认，“若继续战争，势必造成我民族之毁灭”。

后来，日本的企业管理开始复苏，大体经历了三个阶段。第一个阶段是 1945—1955 年，恢复与整顿阶段；第二个阶段是 1956—1965 年，高速发展期；第三个阶段是 1965 年以后，日本用 20 年进入了繁荣阶段。

战后的日本，第一个 10 年（1945—1955 年）完成了国民经济的恢复工作。1955—1973 年，日本经济进入高速增长期，GDP 一直保持在年增长 9. 8% 的高速度，工业增长率一直保持在 13. 6% 的高速度，每年都在倍增。日本的国内生产总值在 18 年间增加了 12. 5 倍，人均国民收入增加了 10 倍多。1965 年，日本人均国内生产总值相当于美国人均国内生产总值的 25. 5%，相当于美国的 1/4。到了 1986 年，按照人均国内生产总值计算，日本已经超过了美国，从美国的 1/4 到超越美国，只用了 20 年。

这样一个长期的、持续的高速经济增长，在资本主义世界是很少见的，这也引发了世界很多学者的震惊。对于经济发展而言，当时日本有很多劣势：第一，战争使很多日本男子失去生命，只剩下儿童、妇女和老人。第二，日本这样一个岛国，本身是没有资源的国家，国土面积也不大，劳动力也不强，只用40年，人均国内生产总值就超过了美国。

当时，美国派了很多的学者到日本研究经济高速增长的真实原因。他们发现，日本当时非常重视本国民族文化传统，重视引进、吸收、消化西方现代管理的技术和方法，并且重视结合，形成了独具本国特色的管理模式。

这“三个重视”是有逻辑关系的，对于我们现在的中国企业发展同样可以参照。中国企业如果想快速发展，第一，要重视中华优秀传统文化的学习。第二，要重视引进消化吸收西方现代管理学的技术和方法。第三，要形成中国特色的管理模式，中国式管理。最近这几年有很多朋友在研究这件事情，我觉得这个路是走得通的。

当时的日本主要向美国学习了工业管理与质量控制、教育和训练、组织设计。从早期的泰勒到近现代的德鲁克，管理学者非常多，人才济济，并且通过组织设计使整体效率最大化。

对于日本经济的迅速崛起后来居上，德鲁克很惊讶地说：“我总是被日本出乎意料的成功吸引，在我看来，了解这种成功是理解日本的关键。”美国是一个多民族国家，很善于学习，对于日本他们没有忽略，也没有盲目自大，而是多次去日本考察、研究、分析日本的管理经验，反思自身的成败得失，并提炼出了“企业文化理论”，出版了《独占鳌头的日本——美国的教训》《日本企业的管理艺术》《Z理论——美国企业界如何迎接日本的挑战》这些书。

企业文化就是企业的文化，源于日本的一套管理学，是一种管理理论，像“使命理论”“定位理论”一样，都属于理论的一部分。并且美国发现，美国的生产率偏低、经济发展缓慢，其最重要的原因在于美国的管理不重视人的作用，企业文化没有搞好。相反，日本的生产力提高和经济发展速度名列第一，关键在于日本的管理重视“人的作用”，企业文化搞得好。日本资源匮乏，起步又晚，但能够赶超美国，核心是极大地发挥了人的作用。

企业价值观是企业文化核心内容之一。日本的集体主义价值观比美国的个人主义价值观更加优越，这是因为人类生活中的一切重要的事情，都需要集体协力完成。集体主义要胜过个人主义，人类命运共同体的思想要超越分裂对立的思想。当时的美国已经发现这个问题，过度倡导个人主义，会使集体效率受到伤害。而当时的日本倡导集体主义价值观，从而使得日本整个效率倍增。

企业文化建设的经验具有普遍意义。日本的管理方法值得美国学习，美国积极向日本学习，并且取得了成功。比如，美国硅谷坦德计算机公司每季度以25%的速度增长，这个速度一般企业做不到。有专家分析认为，坦德公司的企业文化是取得成功的源泉。

再如，日本的本田汽车公司美国分公司，该公司的生产率与产品质量都超过了美国的同行，成功的秘诀在于靠优秀的企业文化而取胜，优秀的企业文化就是重视人、尊重人，团结和依靠广大职工群众。企业文化不仅在日本能赢，送到美国以后依然可以超越美国同行。

使命理论在美国的时候，以德鲁克先生为代表。到了日本稻盛和夫先生那儿加了一部分——全体员工共同幸福，这也反映了当时的日本非常重视人，重视人的幸福，这是由日本文化决定的，这个思想对今天中国的很多企业影响也很大。

1978—1991 年，哈佛商学院著名教授约翰·科特对美国实业界 22 个行业中的 10 家最大企业进行调查，得出一个结果，文化力量太强大了！重视文化的企业和没有文化的企业，十几年当中的成果对比近乎天壤之别。重视文化的企业，在调研的十几年当中，总收入增加了 682%；而没有文化的企业，只增加了 166%。重视文化的企业，员工十几年当中增加了 282%；没有文化特征的企业，只增加了 36%。重视文化的企业，十几年当中公司股票价格翻了 9 倍多；没有文化的企业，股票价格只增加了 74%。最关键的是公司净收入，重视文化的企业，净收入增加了 756%；而没有文化特征的企业只增加了 1%。美国当时发现，文化的力量已明显显现出来。10 家企业都很大，可是 13 年下来，已经拉开了很大差距，其核心原因就是文化。

盛田昭夫是日本经营四圣之一，他说“日本公司的成功之道并无任何秘诀和不可与外人言传的共识，不是理论，不是计划，也不是政府政策，而是人，只有人才能使企业获得成功。日本经理的最重要任务是发展与员工之间的健全关系，在公司内建立一种人员亲如一家的感情，一种员工与企业共命运的感情。在日本最有成就的公司，就是那些设法在全体员工之间建立命运与共的意识的公司”。

有的企业家认为，企业就是企业，“亲如一家”“共命运”不是企业需要去做的。可是这种做法现在很多企业已经在用，学稻盛和夫、学文化多年，效果非常好。2020 年新冠疫情期间，我到广东中山服务的一家老企业——海港城，在那时企业没有辞掉一名员工，而是组织员工一起学习，学平时来不及学的，找使命、促发心，突破逆境。我去了以后问他们老板开业以后的情况，他说开业不到 1 个月，整个业绩就恢复到了疫情之前，老顾客都回来了，而且对海港城更加称赞。

企业经过新冠疫情，员工和顾客没有流失，一切恢复正常，现在整个经营非常好，而下一步还有很多新的策略出来。企业为什么能这样？因为和员工亲如一家，形成命运共同体。在这家企业，员工有一家三口都在这儿上班的，父亲、母亲、儿子非常开心，说在这么一家企业上班，内心觉得非常有安全感、有希望、有未来。这家企业就是学文化、学稻盛和夫的，老板是我们企业家研修班“精进 180”的优秀学员。盛田昭夫也讲道：“日本公司的成功就是企业文化，而文化核心就是人，人的核心就是命运与共。”

1982 年 7 月，美国哈佛大学教授泰伦斯·狄尔和麦肯锡公司顾问爱伦·肯尼迪合作编写的《企业文化》一书正式出版，标志着“企业文化”这一新的管理理论的诞生。企业文化在当时是一个管理理论，距今已经40余年。说来遗憾，我们很多中国的企业还不知道什么是企业文化，还没有学习运用企业文化。

企业文化的重要性

企业文化到底是什么？它的作用为什么如此巨大？为什么13年中两家企业在净收入、员工总量、股票价格当中产生那么大差距？这就值得我们思考。

做企业，每天会遇到各种事情，团队、管理、营销、资本、产品等，我们必须要做出决策。在决策时，希望结果都是好的，可是随着决策的不断执行，水落石出，我们会发现结果一般有三种：优、中、差。一个正确的决策，会让企业走向一个新的高度，而一个错误决策会让企业陷入绝境和危机，甚至是倒闭。

做企业本身就是一个又一个决策的过程，投资、选项、用人……决策会决定企业最终走向成功还是失败。因为这些事情不得不决策，也不能不决策，不仅是企业高层要决策，中层员工也要决策，所以要研究决策机制。

作为一个当家人，一名管理者，一个员工，什么在影响着他对当下发生的每件事情的独立判断？什么在影响他的决策？为什么不同的当家人会做出不同的决策？为什么不同的管理者会做出不同的决策？为什么不同的员工会做出不同的决策？同样一件事，人和人决策的差距为什么这么大？企业和企业的决策差距为什么这么大？

我们深入探讨就会发现，是我们的思想，也就是我们内在的理念、知见、思维方式，是这些东西在起作用，而且起到关键作用支配着我们每个人的决策。

关于这个问题，稻盛和夫先生说：“我们在生活和经营中，需要做出各种各样的判断，这个时候我们会对照自己持有的‘思维方式’和‘思想’进行判断，作为判断基准的‘思维方式’以及‘思想’正确与否，卓越与否，结果将大相径庭。”

在生活和经营中，我们会本能地按照自己一贯所持有的思维方式和思想进行判断。你过去什么思想就什么思想，可是这个思想，你自己认为可能是对的，在别人看来未必对，从客观规律看来未必对，所以这个思想正确与否，卓越与否，结果将大相径庭。

有人说这个很好办，我用卓越思想来判断不就好了吗？不是这样简单，因为“人很难发现自己思维深处的黑洞与不足，除非他有缘遇到正确的，并愿意改变”。这是我们研究很多年发现的。

一个人的成败都不是偶然的，跟他的思维方式关系非常密切。可人往往会觉得自己是正确的。这种所谓的正确，前面要加三个字“我认为”，我认为我是正确的。但是真的正确吗？不一定。人和人的命运就此已产生了差距。

有的时候即使遇到了正确的，我们或者不接纳，或者不愿意改变。尤其当在人生道路、事业道路上已经获得了一定成功之后，人往往变得越来越固执，不愿意接受改变。可是不管你愿不愿意接受，结果必然来到你面前，可能让你喜欢，可能让你痛苦，这就是人生。

给大家举一个生活中的例子：在大学里有一个帅哥，家里有钱，但是没有道德。他看上女生A，他喜欢这个女生，气质高雅、思想深刻，他很喜欢有思想的人。女生A不理他，说不能和他在一起，他这个人没有道德底线、没有思想，是纨绔子弟，女生A就走了。这时候女生B对女生A说：“你好傻，这个小伙子这么有钱，还这么帅气，为什么你要远离他呢？我喜欢他，我要追他。”于是女生B就选择了追这个男生。

我们身边都有可能发生这类故事，女生A和女生B两个人，都渴望一段美好的恋情和婚姻，但她们做的选择是不一样的，差别很大。女生A认为，我这么做是对的。女生B认为，我这么做是对的。两个人都很难说服对方。女生A会说女生B你错了，女生B会说女生A你错了，都认为对方错了，这两个人如果见面可能会发生争论。很多年以后，女生B和这个男孩子结婚了，婚姻不幸福，因为男孩子道德有问题，不得不离婚。女生B开始后悔，我的人生怎么这样子？我的婚姻怎么这样子？原因是什么？就是思维方式的问题，可是女生B看不到或不承认自己思维方式有问题。

人们只愿意诉说自己的痛苦，却很少去反思造成痛苦的原因，这就是人类。女生B会说："都怪他，他道德有问题。"可是当初你为什么选择道德有问题的他？女生A与女生B命运之间为什么产生差距？首先是思维方式的差距，现在很多孩子，小学、初中、高中、大学都没有接受过正确思维方式的训练就走向社会。不仅事业是一个又一个决策，人生也是，要择业，要择偶，要择师，要择友……

要学习最首要的是突破思维方式的局限，打破原有的思想。尤其是人到了一定年龄之后，思想已经被固化，顺着过去近乎本能的思维惯性不愿改变。我自己也是，讲课多，愿意思考，思考多了以后，就不愿意打破自己的东西，觉得自己这个东西已经很完整了，很难再重新突破和创新，再加上身边很难有人给我提出意见。为了保持成长，我每年都会抽时间去拜访一些老师，找一些成功悟道的好朋友，他们的建议有的时候对我来说就是一个突破，因为自己有时突破不出来，看不到新的东西。我还是希望自己深入学习，避免感觉似乎知道了，其实还没有看懂，似乎明白了，其实还没有明白。所以人生学无止境，学的就是突破自我。

为什么突破自我？因为那些我们曾经不正确的、不完美的，或者说不精准的思维方式，影响了人生的很多决策，导致后期的结果不对。尤其我们做企业当家人的，在事业发展过程中，在面临逆境时，自我突破太重要了。

“管理者和员工在生产经营中，每天需要做出各种各样的决策判断，这个时候，他们会对照自己一贯持有的‘思维方式’和‘思想’进行判断，每个人作为判断基准的‘思维方式’以及‘思想’正确与否，卓越与否，其工作结果必然大相径庭。”我们把这段话运用到企业当中，就是影响一名员工、一个管理者工作的最终结果不仅仅是技术，不仅仅是经验，而是他对他所从事的工作做出判断的思维方式和思想，这个正确与否，卓越与否，结果必然大相径庭。

我们学校的老师，他们在上岗做班主任、做科任老师时，我和他们首先谈的不是教学方法，谈的是教育思想，谈“人才是怎么培养的”。如果一个班主任不了解人才是怎么培养出来的，这项工作是干不好的。就教育思想，我和所有班主任反复进行交流，直到发现他思想境界已经稳固了，对人才培养了如指掌了才可以。至于教育实践方法和经验，只要给他们提供优质教育书籍就好了。

同样，我们在学科设计上也是这样。任何一个学科首先谈的不是方法，而是思想。比如说数学，我们研究“为什么教数学”。数学要想教得好，有三个思维方式不能少。第一，必须知道学数学未来要把孩子培养成什么样的人，它的终点是什么？第二，当下年龄的孩子适合学什么深度的数学，起点是什么？第三，人类至今为止，东西方最先进的数学教育是什么样的？如果这三点研究不明白，不可能把数学教好，最终的工作结果也一定会出问题。因为你要知道起点、过程中和终点先进的经验，是属于数学教学背后的思维方式，我们用这三个点来判断数学教学正确与否、卓越与否。

同样地，企业也是这样，为什么我们创业10年企业做不动？因为经营企业的思想不对，这个不学习是不行的，宏观如此，微观更是如此。所以要想保证企业每一个环节所对应的决策都是正确的、保证我们的结果都是优的，必须在决策之前前置一个东西——理念。只有一个正确的理念做总控，组织所有人都尊奉这个理念做决策的时候，这家企业的所有决策才是安全的。

这个理念不是一句话，是从宏观到微观，从整体到局部，把这个理念汇总在一起，起了一个名字，叫作企业文化。企业文化是保证企业每一个环节能做出正确决策的理念综合体，企业文化的直接作用保证决策的正确性，间接作用保证企业每一个结果呈现都是优良的。

德鲁克先生说过，“每一位伟大的企业创始人，都有有关本企业的明确理念和理论，从而引导其行动和决策”。每一位伟大的企业创始人在决策的时候，不能靠我认为、我感觉，不要犯经验主义错误。一家企业的伟大，不是说后来的产值很了不起，那是后来结果的呈现，而是在起步的时候企业文化就做得很好。

一家企业走 5 年靠机遇，走 10 年靠经营，走 100 年靠文化。没有正确的企业文化引领，很难走过百年。可能这 5 年运气来了，赶上风口了发展很好，可下一个 5 年该怎么走？

这种成功一定是无法持久和延续的，带有很多的机会主义，包括很多企业二代接不了班，是因为父辈在家经营企业时使用更多的是个人的能力才华，而不是思想文化，所以没法传递给儿女。其实企业本身在文化上还有很多漏洞不足，自己还不知道，只是占了那个时代的因缘做成功了。

这样教儿女的时候，都是在教事儿，而没有教理，所以儿女学不明白。尤其父辈所经历的时代和儿女所经历的时代已经不同了，很多经验已经过时了，过去做销售去广交会，而今天做销售是使用网络直播，整个模式都发生变化了。但理念没有变，我们从这儿就能看出来，理念和理论多么重要，所以德鲁克提出来说要做这件事。

德鲁克这段话和企业文化有什么关系？有关本企业的明确理念和理论，简称“企业文化”。稻盛和夫先生也说，“企业家要在企业内部确立正确的思维方式，确立正确的哲学，并不懈努力与员工们共同拥有这种思维方式和哲学。这样企业就一定能发展，一定保持长期的繁荣”。企业文化与哲学共有说的就是企业家首先要在企业内部确立明确的思维方式，正确的哲学，也就是我们所说的企业文化。然后不懈地努力去与员工们共同拥有这种思维方式和哲学，用在经营生产管理决策中，保证企业的每一个决策都是对的，因此企业就一定能够发展，一定能保持长期的繁荣。一家企业不能保持繁荣和发展，首先，没有这样的思维方式，没有这种企业文化；其次，没有同员工哲学共有；最后，没有努力地把企业文化付诸实践。

如果从历史出处看，企业文化是一种管理理论，它源于战后日本的崛起和美国对日本崛起经验的分析。从中国文化来看，所谓企业文化，就是企业所运用的、遵守的所有思维方式、思想理念的总和，从大到小，从宏观到微观，它指导企业决定每一个事项、做出每一个判断。

企业文化用来指导决策，有了企业文化，决策就变得很简单，企业就可以放手让员工去做了，因为他们知道这种思想，知道这项原则了。文化是一个国家、一个民族的灵魂。这个灵魂，可以分解为你的思想和你的心性，你有什么样的思想和心性，就会有什么样的未来。

这次新冠疫情反映出我们国家的很多文化内涵：人类命运共同体，手足情深，守望相助、上下同欲，万众一心……正是这些先进的中国文化，使我们能够战胜这次新冠疫情。而且新冠疫情之后，中国很多企业家，很多文化思想者都停下来思考，新冠疫情是怎么出现的，未来往哪里走？产业怎么转变？我走了很多城市，发现与很多人探讨这个问题时，他们非常喜欢听。我认为未来后疫情时代中国经济要转型，从过去的传统模式转向以文化为核心的、优先考虑可持续发展的、与自然共命运的一种发展模式。对此，很多企业家也赞同。

广东几位企业家发起了一个素食文化促进会，他们想用这种方式能更好地维持人和自然的平衡。可以偶尔吃素，可以长期吃素，但最关键的不是吃不吃素，而是一种思想，一种人文，代表着对自然的敬畏和对动物的保护。他们的素食文化不是饮食习惯，是一种思想，用这个名词来代表这个内涵。发起人说我们在 2020 年关键时刻，成立协会引导人和自然如何和谐共存，想深入探索这个问题。过去探索了很多年，现在觉得行胜于言，不如去做，从少吃动物、多吃蔬菜开始，哪怕我只吃一顿，只吃一天，也代表对热爱生活的一种追求，低碳简朴，减少对大自然的浪费和伤害，用行动来证明，没有什么宗教色彩，没有什么饮食的偏好，完全是中国文化“仁慈”“尚和”的一个面向。

文化是一个国家、一个民族的灵魂，也是企业的灵魂，它能帮助一个民族走向未来。我相信未来很多企业家，在新冠疫情之后学习、思考并运用这些文化，中国一定会崛起。让一个民族崛起的不是高科技，而是文化。

前面讲到日本的案例，从 1945 年到 1986 年，日本战后 40 年崛起之路的主线是文化。而跟日本比起来我们更有优势：第一，我们有种类丰富的资源；第二，我们有更悠久灿烂的文化，日本文化中很多受中国文化的深远影响，如果我们把文化用出来，相信我们的企业、事业、教育都会有一个大的发展。

“文”和“化”，如果拆开来说，文就是我们的文化手册，所有理念的汇集和综合体，这部分叫文。化是哲学共有，转化、融化、教化、感化，变成每一名员工，每一个管理者，他的行为指南，他的思维方式。文代表我们决策所用的理念，这个理念来自规律，来自道，文了、化了以后，企业就可以依道而行了。依道而行第一步就是把道用文转出来，文以载道。道，是大自然万物的规律，也是企业生存的规律，人和人共存的规律，个人幸福的规律等。

一家企业能生存能发展一定有其规律，而这个规律就是道。企业是集体，集体在一起是互相成就，如果不遵守规律，就集体衰败，遵守这个规律，集体就共存共荣。作为个体员工来说，在企业要想实现他的幸福，就要遵循员工个体实现幸福的规律。

把上述这些规律用企业文化的形式展现出来，文以载道。然后全体员工照着去做，依道而行，让企业依照它自身生存发展的规律而行，让大家依照我们共存共荣的规律而行，让个体遵守实现幸福的规律而行。否则企业就不能生存，个体就没有繁荣。

文其实是道、是思想、是正见。道、思想、正见支持企业做出正确的决策。让这些正确的思想为企业所用，为全员所用。大家都遵守这个思想，都按照这个思想去执行、去决策，这就化了。先文，后化，叫企业文化，企业的文代表这家企业是有思想的。

稻盛和夫先生说，“自我开始创业以来已有40多年，这期间我见识了各种人物的兴衰起落，从30年、40年这样的时段观察，几乎所有的人都得到了与他们平日的行为和人生态度相一致的结果”。用40年来看，人和人结果不一样，因为你的文不同化不同，每个人都得到了和他平日的行为和人生态度相一致的结果，你无须抱怨。所以人和人在起点的差距是文化的差距，终点的差距是结果的差距。可是到了终点，人过中年，回头已晚。由此我们非常建议，最好的人生模式是前20年学文化；中间40年用文化；晚年传文化，这是最圆满的人生。

现在很多家长不明白，认为孩子高考分很高就是有知识，可导致我们人生的结果不是一纸文凭，而是思维方式，是平日的言行，是人生态度、是背后的文化，如果没有这个，是不算的。

企业如人，所以我谈到这一点的时候，不仅讲企业，还讲青少年的教育。我们轻视了文化的学习，在企业轻视了，在家庭也轻视了。因此我们经营家庭要用文化，经营企业要用文化，要做文化设计，要文以载道，用道来指挥企业，让企业依道而行，这是最初始的课程。

如何建立企业文化

关于企业文化的设计，首先进行总纲部分的设计，该部分包含四大板块：发心、使命、愿景、价值观，是关于道的四种展现，也是一家企业依道而行的保证。发心，就是为什么做这家企业；使命，企业是做什么的，企业的一个基本定位；愿景是企业未来共同的梦想，所以使命和愿景是对应的；价值观是我们做企业所尊奉的思想、思维方式和原则。四大板块的有效联合，可以让一家企业有序健康地发展。同时，这四大板块不是抄来的，不是文字概念，是企业当家人通过学习以后悟出来的。因此，我不主张企业去请一个外来的人，花几个月时间来替你撰写文化手册内容，但可以请人进行辅导。

我的一位好朋友葛老师，他就一直辅导企业做文化手册。我认为这个方式非常好，只是辅导而不代替，因为代替不能从根本上解决问题。所以，一定先要进行学习，然后去领悟，去思考，再落笔撰写，最后进行修改定稿。一旦你掌握了这些内容，在经营企业时就能应用自如，管理企业也变得游刃有余。所以，一定要先认真学习！

一、企业文化的总纲设计

1. 发心

发心就是为什么做这家企业。那到底为什么做这家企业呢？好多人说为赚钱，仅仅是为赚钱吗？我们来看有关发心的案例。稻盛和夫先生在52

岁创立 KDDI 的时候，曾经用半年的时间叩问自己的发心。他说：“你参与通信事业，真的是为了国民的利益吗？没有夹杂为公司、为个人的私心吗？是不是想出风头要引人注目？你的动机真的纯粹吗？没有一丝杂念吗？反复这样地自问自答，就是说是不是动机至善，私心了无。一次又一次，我不断扪心自问，借以审视自己动机的真假善恶，这样经过整整半年，终于确信自己心中没有一丝一毫的杂念，我这才着手设立 DDI，即现在的 KDDI。”

这个方法对我自己也很有帮助，我是 2014 年准备要办学校的，当时也是受一些因缘推动和家长对我的一些鼓励。那时我就问自己：“我为什么办这所学校？是为了个人私心吗？不是。我的动机是什么？”我问了自己好久，有一天早晨突然得出了两句话：传承中华文化，培养经世大才。我是为此才办学校的，心中很是兴奋，做事也更有方向了。

2016 年我们开始做名师工程，每年都向全国招聘一些文化和教育的爱好者，进行为期 3 个多月的培训，从一开始的文化入门到 100 天集训后去具体岗位上实践锻炼，最终成长为好老师，为文化和教育储备力量种子，到目前为止，已完成了八届。在招聘这些老师的时候会进行层层把关与考核，最核心的就是看他的发心。如果发心不对，我们不敢招聘进来，更不敢使用，因为这样走着走着一定会出大问题：做商业的，容易走向追求利益；做文化的，容易陷入追求名声。那些把利益和名声作为第一追求的人，是不能使用的，他们没有做到私心了无、动机至善，带着这样的发心将来定会出大错。所以，怀有这种发心的学生我不敢培养，他们名利心太强了，再给他一些文化的东西，等于给他一把剑，这样整个人都毁了，会完全陷入名利的旋涡里不能自拔。

以前我们自己也犯过这种错误，名利欲望一旦起来，人心就没法止步了。每天总想着怎么出名、怎么获利，尤其近两年抖音、快手等网络平台出现以后，除了保证社会信息交流更加畅通方便外，我的很多课也挂在这些平台上，更增加了一些年轻讲师的名利欲望，若没有受过严格的训练，直接上手抖音、快手等网络平台，这样很容易翻船。德根未稳，德不配位，只是着急出名，而不思考为什么做抖音、为什么要讲课，这样很容易就走着走着走不动了。

稻盛和夫先生78岁时受政府邀请去拯救日航，在拯救日航之前，他再一次审问自己的发心：我为什么拯救日航？连续问了几天之后，终于决定出山。事后，稻盛和夫先生回顾日航重建过程的日日夜夜，究竟为什么日航重建能够获得如此奇迹般的成功？他进行了深入思考。“为了重建日本经济，为了保住留任日航员工的就业岗位，为了日本国民，我鞭策这把老骨头不拿一分钱报酬，全力以赴投入了日航的重建。”正是稻盛和夫先生的发心，感动了日航上下，创造了不到3年重建日航的奇迹。而稻盛和夫先生为什么不拿一分钱？也是为了证明自己的发心和重建日航的决心。

我一直在向稻盛和夫先生学习，从办学校到现在，学校工资表里是没有我的，我在学校是零工资。为什么这么做？是为了激励自己。那我又为什么创办这所学校？是为了名吗？是为了利吗？不是。如果仅仅是为了名利，我是做不好的，当然随着事业的不断成长与发展，名和利是可以实现的，但不能把它们作为追求。

我们在福建办了分校——福建龙岩华夏学校，我知道这件事很难，但他们坚持要做。在筹建学校之前，我和他们的创办人进行了深入沟通，问他们为什么创办这所学校？他们的回答很简单：“老师，一句话，为了福建的孩子们。”为此，他们花了很多心血，也吃了很多苦，但正是这句话，他们坚持下来了。他们不仅借鉴太阳谷华夏学校的系统及模式，创办了自己的名师工程，还积极派老师来大连学习，这一切都证明了他们的发心。一个人愿不愿意学习，也是发心的证明。如果连学习都不愿意的话，是真有发心吗？是更爱事业，还是贪恋自己那些小执着？

稻盛和夫先生不管是做KDDI，还是重建日航都是从发心开始的，而且最终结果也非常好。KDDI进入了世界500强之列；稻盛和夫先生2010

年出任破产重建的日航董事长，到2011年3月底，仅用14个月，424天，做到了三个第一：利润世界第一，准点率世界第一，服务水平世界第一。从年亏损144亿元人民币，强势逆转为年盈利150亿元。为什么这么快？当然有很多经验和方法，但最核心的是稻盛和夫先生的发心。发心对企业极为重要，因为发心就是种子，就是因，就是DNA。发心是因，事业是果，中间是你的决策和勤奋。如果没有发心，即使你把决策和勤奋都加上了，最终你的事业仍然会出问题。

人到了五六十岁的时候，极容易在发心上出问题。我遇到很多认为自己发心很对、其实发心不对的人，从做事上就能看出来。一次我去拜访一个文化行业的年轻人，他文化学得很好，我们对坐论道，我能提出他的很多偏颇，他能发现我的很多缺点，而且他比我们年轻，甚至很多方面比我做得好。遇到这种情况我该怎么办？我该嫉妒他吗？我该对立吗？如果出现这些情况说明哪里出了问题？发心。我们做文化到底为了什么？是为了自己还是为了文化？当然为了文化。如果一代比一代强，出现很多后来居上的人，我们应该高兴还是应该烦恼？我们现在也算老一代文化人，如果我们不愿意去赞赏后人、辅助后人，甚至将文化据为己有，不传播、不传承，这样我们的发心一定是有问题的。从这些来看，人的发心不容易找到，也很容易出现欺骗自己的情况，以为自己做了些善事就有发心了。换句话说，当发心出现问题或发心不对时，事业也很容易出现瓶颈，但往往我们自己看不出来，所以一定要多学习、多看书、多请教。

我在创办华夏学校时也写下了自己的发心，既是写给自己也是写给老师们：为了文化的传承、教育的振兴、国家的富强，为了培养国家经世大才，为了成就老师们的幸福，我愿意奋斗终身，最终实现我的觉悟人生、奉献人生和圆满人生，这是我做这所学校时的发心。我必须要把发心写出来，经常去看，不能忘记，否则学校做不好。我经常跟老师们说，让他们监督我、提醒我、检查我，当他们发现我的发心出问题的时候，要采取各种行动以警示我。如果我的发心是对的，相信这所学校定会乘风破浪、攻坚克难；如果我的发心出了问题，那就是这所学校最大的危机。所以，作为一个当家人，一定要保证自己的发心是正确的。

2. 使命

使命是什么？简单来说，企业是做什么的。展开来说分两大部分：第一部分，企业要为员工带来什么样的生活；第二部分，企业要为社会做出什么样的贡献。第一部分支持第二部分，第二部分又支持第一部分，两者是互相联系的，谁都离不开谁。如果我们能对这两个问题做出明确的回答，那么企业使命就找到了。

找使命，先看书，再悟，再写文章。围绕这两个问题，需要写两篇文章："企业要为员工带来什么样的生活""企业要为社会做出什么样的贡献"。这两篇文章如果能写得出来，企业的使命就找到了。当然也可以对这两个问题进行现场问、现场答的形式，若立刻能答得出来也是可以的，说明使命在你心中装着。

在此和大家分享一下针对第二个问题"这所学校将为社会做出什么样的贡献"我所要做的三件事。

第一，为文化培养下一代人，把文化传下去，培养一些种子选手。我希望孩子们从小学文化，把根扎好，然后把他们送出去，再跟一些文化大师学习。这样，培养一批热爱文化、有志于文化的年轻一代，从而将文化传承下去。

第二，培养经世大才，培养对社会有贡献的人。经世大才的四个标准：民族之脊梁，国家之栋梁，百姓之依靠，人类之希望。培养这种大才真是太有必要、太有价值了。一次我去和中山市政府谈一个项目，那里政府领导的一席话让我感慨万分，他们说："2020 年新冠疫情给很多学校、很多孩子带来了烦恼、痛苦和不快乐，我们想做出改变，想让我们中山的孩子们拥有幸福的童年，拥有最好的家庭教育。我们想为中山人民谋幸福！"结束活动返程途中，我一边做方案，一边思绪万千，这么好的领导，能替百姓考虑，能为百姓挺身而出。我们就要培养这样的人，而这样的人是从小教出来的，我们要多培养这样的领导干部。这也是我建华夏学校的一个初衷。

第三，探索一套育人体系，留给时代和后人。立德树人，到底如何立德，究竟如何树人，要从理念到方法系统性地说清楚、做明白。

华夏学校要为员工带来什么样的生活，我想过，但想得不够细致、不够透彻、不够坚决，还要继续努力。我觉得我的学校老师们，目前似乎很幸福，但他们的工资标准没有达到我心中的期望值。我希望未来我们的老师们能有更高的工资，这样老师们才更有尊严，我要为此而不懈奋斗。

使命包括两大部分。

第一部分，全员共同幸福，就是追求全体员工物质和精神两个方面的幸福。

第二部分，宏观讲，就是为人类社会做贡献。细分下来就是精准地专业化地利他，即三要素：用什么、为谁、实现什么。说为人类做贡献这个宏观的词也行，但在决策时，它不够精准，不够专业化，所以尽量说为谁、用什么、实现什么。当顾客需求发生变化时，用什么、为谁、实现什么，要随之调整，但是精准的专业化的东西不要动。

使命有多重要？德鲁克先生说："企业宗旨（使命），是一个企业在建立之初和决策之始严重关切的头等大事。"使命什么时候定？企业建立之初和决策之始就要定了，是严重关切的头等大事，比什么都重要。

华夏学校的使命，我做了两部分：一是造就一批擅长育人的专家级教师，成就每一位教师的圆满人生，这是针对老师的；二是传承中华文化，研发教育体系，培养经世大才，这是我们对社会的贡献。老师们要过上什么样的生活？他们要成为擅长育人的专家级教师，如果能这样，他们一定可以获得圆满人生。我们要对社会做出什么贡献？传承文化、研发体系、培养大才，这就是我们华夏学校的使命，也是我为之努力的方向。

3. 愿景

愿景是什么？就是当使命实现后，会出现什么样的未来。愿是心愿，景是景象。愿景包含两部分：第一部分，未来我们要一起过上什么样的生活？第二部分，未来我们要为社会做出多大的贡献？愿景很重要，我们要知道我们的终点指向哪里，我们要为什么而奋斗，方向不能定错。方向定错，人生白过！

比如，我们作为老师，要过上什么样的生活？我认为要过上有尊严的、富足的生活。什么叫有尊严？我们很专业，我们会育人了，等我们老的时候，我们所培养的学生走向社会，在各行各业奋斗着，我们觉得很开心。因为我们对社会贡献很大，所以我们收入也很好，我们很富足。我们老的时候，学生们放假来看我们了，觉得很欣慰，我们要追求这种生活。

同时，我们还要思考要为社会做出多大贡献。每个行业都有贡献，我们教育也是如此，一所学校要关注什么？为社会做出多大的贡献。如果我们只是在研究考高分、考重点，不研究为社会做多大贡献，这是不可行的。如果我们教的学生失业了、离婚了、抑郁了，这是做贡献吗？还是给社会制造问题？如果给社会制造问题，我们完成使命了吗？

我们学校对社会的贡献，有三个追求：文化得以传承，教育能够突破，培养出经世大才，这也是我坚决追求的目标。经世大才，他可能是硕士、博士；可能是大专生；也可能像稻盛和夫一样，只是一个地方大学的毕业生；也可能像钱学森一样留学美国，是一个高才生。不管是高学历还是低学历，关键是都要为社会做出贡献。不能做出贡献，就违背了我们的发心使命和愿景。

愿景可以写出来，领着员工一起讨论："大家好，我们思考一下，我们今年30岁了，我们奋斗30年，到60岁退休。当我们退休的时候，我们想过上什么样的生活？当我们奋斗30年以后，我们希望对国家做出什么样的贡献？我们说一说。"这就是愿景，也是我们愿意出现的景象。到那个时候，我们走遍大江南北一看，到处人才济济，这就是我们的愿景；后继有人就是我们的愿景；教育突破、教师有尊严、教师很富足，就是我们的愿景！

有一次，我和老师们开玩笑说，我们立一个小目标，到老的时候看一看，有多少学生回来给我们洗脚。如果我们退休的时候，学生们端着水给我们洗脚，我们这辈子做老师做对了，做明白了。如果我们教 30 个孩子，我们就有了 30 个儿女；我们教 60 个孩子，我们就有 60 个儿女，说明我们这辈子做教育没有白做，我们就要有这种追求，并为之奋斗！

这是我们学校的愿景，给大家做一个参照：

一愿，文化回归，普惠大众；

二愿，教育突破，利国利民；

三愿，人才辈出，修齐治平；

四愿，祖国富强，引领世界；

五愿，教师幸福，桃李满园。

4. 价值观

价值观是什么？就是为了践行这一使命，实现这一伟大愿景，企业必须恪守什么样的思维方式、理念和原则。这个价值观既包括企业的，也包括员工的。它是为使命、愿景做准备的，我们想完成使命和愿景，我们必须有它所对应的思维方式，如果思维方式是错误的，愿景也就没用了。比如，我们的愿景是培养经世大才，可是我们的价值观错了，我们收他人红包，我们不爱孩子，我们伤害孩子的心性，那能实现这个愿景吗？肯定不能。

关于企业价值观，有四个重要理念是必须研究的：

一是，企业只有真实利于社会，才能实现自身价值和自身利益。

二是，企业只有爱护员工，员工才能爱护企业。

三是，员工只有利于企业，才能实现个人目标。

四是，企业只有带领员工共同利于社会，才能实现企业和员工的共同利益。

价值观不是抄来的，要看看你所立的价值观，能不能托起你的使命，能不能实现你的愿景，能不能把这些重要理念融进来。比如，作为管理者，必须爱你的下属；企业必须利于社会；员工必须忠诚；员工和企业必须联合起来共同利于社会，这都是价值观的体现。

二、企业文化手册设计的三大标准

想做文化手册，有三个关键点：系统设计、理事无碍、知行合一，这是文化手册设计的三条重要的标准。

第一条，系统设计，就是企业运营必须涵盖哪些重要事项。这家企业要运营了，核心大事有哪些？企业有哪些事情会出现呢？把将要出现的那些事情列出来，不能漏，要全覆盖，这个叫系统设计。所有企业的重要事项，在你文化手册当中，必须一一说明，让企业每一个事项在手册中都有标注。

第二条，理事无碍，就是企业对这些事项所坚持的价值观、思想理念要一一对应，就是一事一理，一理一事，理和事要对应起来。让企业每一件事在决策的时候，都有它所参照的依据。比如，我们要抓管理，就要先看我们的管理文化；要做团队，就要先看我们的团队文化；要做销售，就要先看我们的销售文化。每一件事都是有文化的，没有文化，就会增加很多沟通成本。

第三条，知行合一，就是这些事项将在企业如何落实？企业有很多事，如人事、人力资源、生产、研发、销售、现场管理、团队管理、资本、财务、品控、安全、社会责任、培训等。每一件事都要做决策。比如培训，要不要培训？怎么培训？培训什么？这些都需要决策。决策靠什么？靠理念来支撑。所以，事前面一定要加上理才行。理的部分就是企业文化手册，事的部分就是企业实践部分。

坚持“一事必有一理，理事一一对应”这个原则，就是我们所有的事情背后，必须有一个理论支撑，任何事情都不能拍脑袋，不能“我认为”，而用“企业文化认为”。就像我们要上一个项目了，需要投资，这时要根据“企业文化”来判断投还是不投，让理、事对应起来，这样企业经营才能更有序、更健康。

三、企业文化手册的编写

第一步，学习中华优秀传统文化。不是简单背诵经典，要学习传统文化当中的道理。

第二步，悟道。悟人生之道、事业之道，是心性提升的过程。

习近平总书记指出：“优秀传统文化书籍作为古今中外文化精华的传世之作，思考和表达了人类生存与发展的根本问题，其智慧光芒穿透历史，思想价值跨越时空，历久弥新，成为人类共有的精神财富。”

这段话可以用一个字表达，就是道。学道明道，行道悟道，能跨越时空，历久弥新，讲的就是这个道理。文以载道，道在文中，是我们要通过学习传统文化才能入道的原因。有人觉得学习传统文化有一段时间了，但还是很难运用到企业实践中。那么我们来反思一下自己在企业经营中是否做到了以下两点。

第一，是否已经完成传统文化的学习和训练，心性是否已经得到提升，决策不再为私欲所掌控。

第二，是否系统地学习过现代企业管理，有没有做过企业管理系统设计，有没有研发团队、营销团队、人才团队、后勤团队，为企业的发展及风险控制提供保障。

传统文化起源于中华，我们把它简称为中学，现代企业管理学起源于西方，我们把它简称为西学。用一句话来概括传统文化与现代企业管理学的关系，“中学为体，西学为用”。

体是道，用是理。体是树根，用是树干。体看不见，用看得见。体是方向，用是行动。体是初衷，用是方法。体对用进行指导。只有企业当家人心性提升，企业使命不再为个人私欲所左右，才能正确知道企业需要建立什么样的研发团队、营销团队、人才团队、后勤团队等。两者需要兼备，融会贯通，相辅相成。

在我服务的企业当中，凡是能把企业文化做好的，企业发展都很快，抗风险能力都很强，甚至有些企业的经营业绩在疫情中逆势增长。所以中华优秀传统文化在企业运营中起到了至关重要的作用，企业当家人要重视传统文化的学习，重视企业文化。

如何实现全员哲学共有

企业最核心的三件大事要注意：人、产品和营销，文化要覆盖这三大块，把人这件事说明白，把产品这个事说明白，把营销这件事说明白。

一、人的文化

关于人的文化要建立起来，如关注人、引导人、激励人、成就人、尊重人、帮助人等。文化的核心首先指向人，就是企业怎么能够把人的作用发挥最大化，这是日本的成功经验。所以，在企业文化落笔的时候，关于人的部分是浓墨重彩，得仔细地梳理一下。

我经过梳理发现，关于人的文化至少有六大项：人才、工作、共同幸福、团队、教育、管理，这六项跟人都有关系。关于人才的问题，重不重要？重要。关于工作的问题，重不重要？重要。关于共同幸福的问题，重不重要？极为重要。关于团队，大家在一起怎么相处？很重要。关于怎么育人，很重要。最后怎么做管理，是这么一个过程。要想文化落地就要把关于人这个大项中的六小项全都说一遍，这就可以了。

比如，关于共同幸福的文化。共同幸福是事，是目标，必须用文化把它说清楚。有三件事在文化手册里要说明白。第一，企业是否坚持以共同幸福为奋斗目标。第二，企业是如何实现员工共同幸福的，有哪些重大保障事项。第三，企业全员共同幸福的未来愿景是什么。

做企业文化，要全面覆盖，把那些企业真实存在的，但被遗忘的角落彰显出来。我们在做文化梳理的过程中，会发现企业很多的问题，我的员工为什么没有动力？因为我没有抓共同幸福。我为什么没有实现共同幸福？因为我不知道共同幸福的步骤是什么？我的员工为什么流失了？因为我没有共同愿景。我们不是为了写文化而写文化，而是通过写文化发现企业这么多问题没有处理，文化重在说理。

很多企业在人这里起不来，就是因为这六个模块没有说清楚，幸福说一块，工作说一块，团队说一块，人才说一块，管理说一块，教育说一块，单独说完之后，每一块下边还具体分几个小点，就能说清楚了。照这个去写，写完照做，这叫文化手册。

所以，有了这个文化手册，关于人的问题就好解决了。我们是这样帮助人的，我们是这样成就人的，我们是这样激励人的，我们是这样对别人负责任的，我们是这样实现幸福的，我们是这样做管理的，我们是这样做培训的，每一个都有理念的支撑。

很多企业，在“人”上糊涂就是因为理念不清楚。想都想不到，如何能做到？为什么员工不愿意工作？因为没有工作文化。为什么团队不和谐？因为没有团队文化。为什么没有重视教育？因为没有教育文化。为什么企业人才没上来？因为没有人才文化。所以文化先行，理念先行，文化要全覆盖。

一般来说，做文化手册很难一写就行了，头四五个月悟道，最后做文化手册。如果没有悟道，没有道思维的建立，文化手册做不出来。现在很多企业做不了文化手册是局限于企业家本身的思想高度，高度如果没有的话，手册会全是文字概念，写了也没用，不能变成实用的东西。做文化手册，之前的酝酿很重要，它要求企业家个人思想高度不断提升，提升完之后把它写出来、落实下来，落到每一件事当中。

企业文化手册编完以后，可以像操作指南一样，像《孙子兵法》一样，这叫企业文化，不是口号。花两三个月把它做完，以后 3 年、5 年、10 年，就都省力气了。这就是谋而后行，在谋上要多下功夫，别着急决策。

关于人的部分，企业文化也有常用的语言模式。比如，我们是一家什么企业？我们重视什么？我们倡导什么？我们鼓励什么？我们关注什么？我们致力做什么？什么是我们一直的追求？这种语言态度明确，表明我们对什么事重视。

比如，关于人才，我们重视人才，鼓励员工参与竞聘，我们愿意看到员工获得高收入，获得职业尊严，我们关注员工的成长，我们致力于培养最专业的职业化员工。这种语言可以反复使用，很有力量。

二、产品

一般来说，产品要想说明白，至少有五个点：需求、技术、研发、制造、服务。这五点说清楚了，产品基本就说透了。

关于需求，至少要说明两个问题：第一，企业的顾客是谁？企业顾客的需求是什么？这两个问题很多企业连当家人都没有搞明白，也有很多企业当家人明白，员工不明白。但员工如果不明白，他在执行操作、制造产品时，就出不来好成果。所以这些问题必须要变成文字，变成手册，反复阅读，哲学共有，一定不要疏忽！

一事必有一理，事理必须要对应，事不能空掉。可以在这两句话前面再加一句话，“企业非常重视顾客的需求，只有了解顾客需求，我们的所有行动才是有方向的”。可以先写上这句话，再往下写企业的顾客是谁，企业的顾客需求是什么。

研发是件大事，不是两句话就能说完的，要往下分成很多点，研发后边连着需求，研发要靠人才，研发要靠技术，研发有资本投入，研发有顾客体验等。不把这些点连起来，研发是做不了的。一家企业为什么研发做不好？因为没有研发文化。不仅要说企业重视研发，还要说企业在研发这件事上是怎么做的。

制度和文化相对应。文化是简说，制度是细说。先看文化，就明白纲领方向了，再看制度，就知道怎么做了。如果文化都没有说明白，制度是写不明白的，会容易“拍脑袋”，犯“我认为”的错误。制度是文化的细分部分，文化是制度纲领部分。而文化又是根据企业整个全覆盖的思想来建立的，企业有多少事就有多少文化，像盖一栋楼一样，不能缺东少西。

再如，制造，制造很重要，要研究质量、品控、效率、流程组合、怎么用场地用成本清库存的问题，还有成本问题、安全问题等。就制造这一件事，就有很多点要说。所以在制造这个大文化下，还有质量文化、效率文化、成本文化、安全文化，一层层细分。从产品到制造，从制造到质量，像目录一样，一层一层往下做，要学习这种清晰的逻辑和方法。

三、营销

营销也是同样的道理和方法，营销的组织构建，人才配置、销售策略，销售执行、满意度、持续改进等要做整体梳理。至于如何改进，需要从文化做起。首先要建立营销文化，没有营销文化做指导，不能统一营销思想的话，营销执行将无法聚力，难以产生实际效果。

第一，企业要清晰地知道营销的本质是什么。

什么是营销，是卖货吗，是推销吗？

第二，企业对于营销所持的明确观点和态度是什么。

我们是否重视营销，我们为什么做营销，营销是为了达到什么样的目标？

第三，企业营销要把握哪些关键事项。

做营销的关键是我们集体卖东西去吗？

要先确立这些纲领，需要把它列出来，一条一条来明确，流程清晰是有效营销活动的前提。

一家企业的营销做不好，要从以下三点反思原因：

一是，企业是否有营销文化，营销文化是否清晰；

二是，企业是否有营销策略及执行方案；

三是，企业是否有营销团队。

整体框架写完之后要在各点上进行细分，配置、人才、执行细节等。

然后回顾全文，对一些必须特殊说明的大事进行重点标注。根据以下三个原则：第一，系统设计全覆盖，保证企业所有大事全都说明白；第二，理事无碍，理事对应；第三，知行合一，进行企业文化手册的编写。

通过分析和企业文化手册的编写，可以反推出企业很多需要改正的问题，可以用导图做直观说明。关于人，要说明的内容有几点；关于产品，要说明的有几点；关于营销，要说明的内容有几点。除了这些，还可以列出其他相关重要的内容。例如，企业安全文化，成本文化，制度文化，财务原则，社会公共责任等。总纲的部分四大块：发心、使命、核心价值观、愿景。总纲和具体内容罗列开以后，企业文化手册的方向和架构就清晰了，编写就可以有的放矢。

当家人读企业文化手册的时候，可以清晰地知道这家企业是做什么的，为什么要这样做，如何做。员工读了这本书，能知道自己在做什么，能清晰自己的职责，能憧憬自己的未来。这本书可以作为企业指南，方向、规划、内容都要正确，并且能够承载全体员工的共识，避免在执行过程中产生诸多认知差异。这样的企业才是一家合格的企业，安全运营才能得到保障。一家企业若是没有这样的企业文化手册作为指导，那么这家企业是盲目的，会漏洞百出。

企业有了这样的企业文化手册以后，才能执行企业运营中另一个极其重要的工作，这个工作的分量是战略级的，并非战术级目标。它决定一家企业的命运，这项工作就是对全体员工做哲学共有。

为什么要对全体员工做哲学共有，哲学共有为何如此重要?

因为一家企业必然由一群人组成，而这群人在组合之初，必然抱着不同的目的，对是非的认知及理解必然参差不齐。人入道难，能依道而行更难，人很容易犯受本能驱策的错误。稻盛和夫先生这样叮嘱过，他说："企业经营者在日常工作中需要对各种事物做出判断。此时如果放任自己，人就会不以善恶而以得失来做出判断，考虑得失属于本能，就是凭算计损益，自己赚还是不赚而做出判断。不仅如此，还有感情用事，以你自己是否受到侮辱来做出判断或者以无谓的虚荣心来做出判断。要以一颗善良之心做判断，必须经过严格的训练，否则就很难做到。”

我们在日常生活中会放任自己，会用本能做出决策，很难做到依道而行。想要把文化落实下来，就必须要做哲学共有。哲学共有就是严格地训练，训练每一名员工，每一个管理者，包括决策者能够按照文化来做决策，而不是以本能做决策。这是文化的作用，不是写在企业文化手册里就结束了。决策时，要把“我认为”变成“企业文化认为”。

当企业决策出现分歧时，看看企业文化手册怎么写的，手册里怎么写，我们就怎么做。企业有了文化作为指导以后，可以避免争论。凡事查手册，手册里没有的，按编写原则及时补充，大家就不会在同一问题上产生理解错误。所以我们在做企业文化手册的时候要非常谨慎、严格、认真，执行的过程才能得心应手。

企业内部总会出现很多争论，就是因为各种“我认为”。董事长认为要这样，CEO 认为要这样，管理者认为要这样，各级思维方式及角度均不一致，多数时候只能站在自己的本位角度上去谈问题。很多企业老板都会觉得员工总是不能理解自己，这里出现了一个问题，如何能让员工理解你？作为企业当家人你都做过什么？你的企业有文化手册吗？你的企业做哲学共有这项重要工作了吗？全员一起学习企业文化手册了吗？企业文化手册被认真贯彻执行了吗？作为企业当家人有没有坚决执行企业文化手册中的内容？如果没有，员工不理解你是可以被接受的，因为他们没有认识你的渠道。企业文化手册可以解决这个问题，企业文化手册同样阐述了当家人的是非观、格局及认知层面。员工仔细研读和理解企业文化手册就可以了，企业哲学共有是必须要做的。

具体怎么做？有四个步骤。第一步，闻；第二步，思；第三步，修；第四步，证。闻文化、思文化、修文化、证文化。比如闻，我们可以去朗读、背诵、抄写，每天早上起来把文化手册读一遍。要读，而且具体部门读具体某一章。干营销的要读营销文化，干制造的要读制造文化，做培训的要读培训文化，不仅要读总纲，还要读和本部门所对应的章节，要做到每一个人都能清晰地背出公司的使命。经常朗读、背诵、抄写，这个方法很简单。

在这点上我有一些经验。创立华夏学校的时候，我对学校使命比较明确，我也在很多场合和老师们讲过，“我认为”他们都知道，有一年开学，在内部学习讨论时我问了这个问题：“大家说一说，咱们学校的使命是什么?”结果大家给了我很多种答案。我反思哪里出了问题？谁的问题？是我的问题，这所学校校长的问题。我把学校的使命写在黑板上，大家一起读三遍。写到学校的文件里去，写在学校的书中去，老师们经常看到，朗读、背诵、抄写，这个方法很简单，就像背《弟子规》一样：“父母呼，应勿缓。父母命，行勿懒。”说得多了，大家就记住了，清晰了。

格言佳句要经常背，“为他人着想是做人的第一等学问，为顾客着想是我们营销第一等学问”。每天念，“为顾客着想，是营销第一种方案，我们不是卖产品的，我们是为人解决问题的。”这是文化的好处，避免员工落入局部思维、自我思维、无序思维等非道思维。

局部思维会使人没有大局观，只想着自己负责的一块，无视整体配合，增加内耗。自我思维会让管理者心里没有员工，员工心里没有顾客，企业没有凝聚力，员工流动大，客户没有亲切感，客户流失多。无序思维会使工作流程凌乱，员工工作无所依凭，遇到问题逐级上交，造成企业工作效率低下，各级管理人百事缠身，一筹莫展。

面对这样各色的非道思维，企业管理者如何将全体员工引领回道思维的轨道？反复去背诵、朗读企业文化手册，使员工从非道思维中走出来。从“我习惯于这样思考”向“我本应该这样思考”转化，把大家的思维方式拉回来。这是哲学共有四个步骤中“闻”的作用。

思就是授课、演讲、讨论、感悟，授课要由企业负责人亲自讲，传统文化可以请外人授课，当家人必须自己讲企业文化，授课是员工了解和理解企业当家人的重要渠道。员工通过授课可以了解当家人的发心、格局和风格，从而做出自己的判断。

授课的内容是企业的使命、愿景、发心、价值观、历史，这些内容的出处就在企业文化手册。多数时候一堂课无法把所有的项目讲清楚，要多拿出时间来仔细讲，要让员工听得明白，看得透彻，这个很重要。当家人讲完了，请各级负责人讲，然后请员工讲，最终全体员工坐下来对问题进行讨论，发表感悟等，要经常做这样的训练。

稻盛和夫先生阐述自己思考的过程，他说：“发生了问题，需要对事情做出判断时，瞬间浮现在脑海中的想法，几乎都出自本能。因此不可以用刚刚冒头的想法，立即对事情做出判断，稍等一下，先把判断暂时搁置，然后用理性进行思考。理性在哪里呢？在书中或者用善恶来衡量，不是看对自己是否有利，也不从感情出发进行判断，而是动用理性，用善恶去判断，把问题暂且放入一个缓冲器，待考虑好以后，再下决断，这一点很重要。”而我们做哲学共有就是引导员工正确的思维方式，员工的思维方式正确之后，再给他制度、流程、方法，工作就容易做好了，这是哲学共有四个步骤中“思”的作用。

修是落实，定战略，宏观的、长期的；订计划，年度的、月份的，明确制度及操作流程。子曰：“学而时习之，不亦说乎。”学了文化，要把它变成战略、计划和制度来落实。“纸上得来终觉浅，绝知此事要躬行。”一边是企业文化，一边是计划制度；一个讲理论，一个讲实践；一个说理，一个说事，相辅相成，共同前进。

王阳明先生也说：“知行功夫本不可离。真知即所以为行，不行不足谓之知。”知行不能相离，真正知道以后一定要去行，如果没做，不能算知道。企业文化要有成果转化才算做得好，企业状态好转了，员工幸福了，顾客满意了，这个才可以。这是哲学共有四个步骤中“修”的作用。

证是证明文化的作用。文化可以解决现实中的问题，使人们变得很喜悦。要去奖励那些尊重企业文化，坚决执行企业文化，在企业文化中受益的员工。积极地发现他们，鼓励他们，使他们的道思维更加深入和牢固，让这些因为学习文化而做出好成绩的人给其他员工做示范，让全体员工深刻地体悟文化对所有人的帮助和利益。

当你的员工很感恩地对你说："董事长，谢谢您，我的思维方式转变了，过去我没有想明白，现在发现是我错了。按照您说的思维方式做事，果然有很好的效果。"这说明你的企业文化已经开始深入人心，而作为企业当家人的你，将来的工作也会更加轻松、顺利，终于可以将更多精力放在企业拓展经营上，而不是在各种是非琐事中焦头烂额。这是哲学共有四个步骤中"证"的作用。

学道、思道、行道，最后悟道，整个过程就是哲学共有。哲学共有不是单纯指老师给我们授课，授课是为了帮我们入道。比如，企业家研修班"精进180"，"商业法则""管理心法""企业文化"这些课程要用半年的时间讲，因为道不容易打开，并要辅助相应的课下训练，短时间内大家的道思维不容易深入，一旦动手实践很容易流于形式。企业文化手册是企业当家人道思维的完整展现，将道体现在企业文化中，企业文化承载于企业文化手册，而企业文化手册将道转化为各种具体事项，执行企业文化手册就是在执行"道"。

习近平总书记指出："文明特别是思想文化是一个国家、一个民族的灵魂。无论哪一个国家、哪一个民族，如果不珍惜自己的思想文化，丢掉了思想文化这个灵魂，这个国家、这个民族是立不起来的。"

这个道理同样适用于企业，我们要努力学习中华优秀传统文化，因为那里有"道"。

第 9 章

商业王道

“王道”，最早出自《尚书·洪范》，“无偏无党，王道荡荡；无党无偏，王道平平；无反无侧，王道正直”。这句词在后来运用当中，常和“霸道”相对应。在古代王道就是以“仁义”来治理天下，而霸道是使用武力治天下。“王道”类似于我们今天所提出的人类命运共同体，非战争，非暴力，仁爱和平。

稻盛和夫先生在《活法》的序言中两次讲到“王道”，一次在序言第六节讲到“时刻不忘上述正面的‘思维方式’，发挥天赋的能力，倾注全部的热情，这就是人生获得巨大成果的秘诀，就是人生成功的王道”。这里提到了人生成功的王道。在第八节中说道：“树立作为人应有的正确的人生观，尽力贯彻到底，这才是人生的王道。它不仅能够指引我们每一个人走向成功和辉煌，而且可以给我们人类带来和平与幸福。”这句话让我们深受鼓舞。能够指引我们每一个人走向成功和辉煌，而且给人类带来和平与幸福，这就是王道。

关于商业王道，我们可以分三个层面来说：

第一，商业未来之忧；第二，商业王道愿景；第三，如何实现。

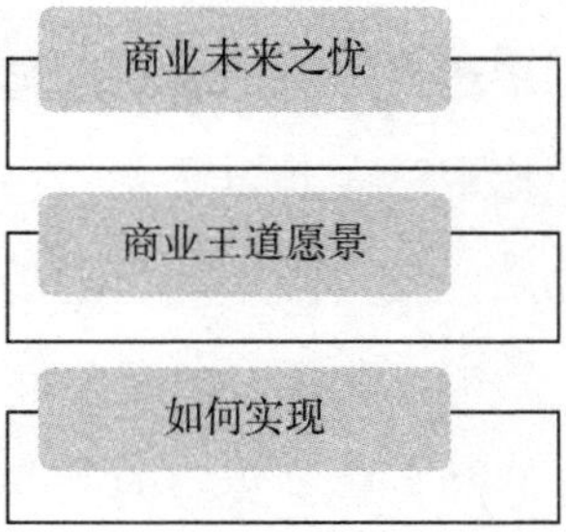

商业未来之忧

在商业行走中，可以发现企业家对商业的追求基本就是做大做强，一些企业加了一个目标叫基业长青，仅此而已。“做大做强”已经成为中国乃至全世界众多企业家的常见追求，大家以此为求、以此为习、以此为乐、以此为荣。大家是否想过，如果把商业仅仅定义为“做大做强”足够吗？“做大做强”是否就完成了商业的全部任务？在企业“做大做强”的同时，还有没有需要考虑和担忧的事情？

稻盛和夫先生在《如何构筑新的地球文明》中说过：“文明带给人类的便是欲望的无限扩大，而所有的压力都集中在了森林上。因为大家都开始意识到了钢铁的便利，而随着钢铁制造的增加，炼铁所必需的薪碳的需求量也急剧增加。树木被大量砍伐，在气候干燥，降雨主要集中在冬季的地中海式气候带，由于林木的再生能力低，森林便逐渐从这些地区消失了。”这就是“做大做强”的部分后果，是以森林的大量消失为代价。

稻盛和夫先生在该书中还谈道：“到20世纪80年代，以石油为原料的塑料制品在原材料的体积比上已经超过了钢铁。过度的消费产生了大量的二氧化碳和有害的污染物质，使得当今的世界笼罩在地球暖化与大气污染的恐怖之中。”谁制造了大气污染和全球暖化？在大气污染和全球暖化面前，“做大做强”真的值得再商量。我们的大与强是以什么为代价？这样的人类能走多远？

人类活动的巨大扩张已经远远超过了地球的承受能力，而这背后的推手就是现代商业。现代商业给人类带来了高度的文明和非常便利的生活条件，同时也大大缩短了地球寿命，使地球不堪重负——全球变暖等环境危机日益严重，无数动植物在悄无声息地灭绝，南北极的冰川都在快速地融化，土地沙漠化，塑料污染从陆地到海洋随处可见，森林大火、持续干旱、火山喷发、大型蝗灾，从“非典”、埃博拉病毒、禽流感H7N9、艾滋病到当前肆虐全球的新冠病毒……

面对一次次挑战、一次次灾难，我们忍不住沉思，谁是幕后推手？问题产生的因果链是怎样的？不关心人类命运只关注商业利益，这样的商业思维难道应该继续吗？“皮之不存，毛将焉附”，当人类命运受到巨大威胁时，我们的商业也将不复存在。

今天我们必须停一停，思考商业的方向。有人说商业就是满足欲望，刺激欲望就会有市场，创业从满足欲望开始，欲望就是商机。我们看到依然有很多人把这种错误观点到处传播，影响一代又一代的创业者，使他们走上刺激欲望去创造商业所谓的一个又一个“奇迹”的歧途，给人类社会带来祸患。这种商业“奇迹”背后的销售额、产值应该冷一冷，想一想了。

现代商业除了税收和就业以外，对人类到底是做贡献还是在堵塞人类的发展之路？我想，以刺激欲望为特征的商业，最终一定是两败俱伤、穷途末路的，这不应该是商业本来的样子，也不会给人类带来终极幸福。因为欲望不仅伤害了人类自身，也过度消耗了地球的资源。我们真的需要那么多衣服，那么多车，那么多无意义的消费吗？所有的销售业绩都是正确的吗？所有的做大做强都应该被推崇吗？这样的做法是不符合商业王道的。我们谈王道，不是简单谈辉煌、业绩、奇迹，我们希望用一种长远的眼光去辨析商业。

当今世界，人类文明无论在物质还是精神方面都取得了巨大进步，特别是物质的极大丰富是古代世界完全不能想象的。同时，人类也面临着许多突出的难题，比如，贫富差距持续扩大，物欲追求奢华无度，个人主义恶性膨胀，社会诚信不断消减，伦理道德每况愈下，人与自然关系日趋紧张，等等。这些问题的产生有很多原因，有社会文化方面的，有大众思想的方面，当然也离不开商业。

比如，资源浪费问题。现代物流很发达，我们通过互联网购物，几乎每个家庭都会产生很多废弃的包装品，在无意地消耗着消费品。很多资源来之不易，却消耗极快，历尽千辛万苦从深山和大地中开采出来，仅仅用一次便不再使用了。我们的水、纸以及一切资源都在循环使用吗？可能每个人会说这不是我的问题，但“当雪崩时，没有哪一片雪花是无辜的”。还有失业问题，这个问题对现在来说确实很麻烦。人类不断追求人工智能，以人工智能的发展来代替劳动力，不仅安全高效，企业还由此而降低了成本，提高了效率，但同时它也带来了失业问题。这对于未来中国企业乃至世界的企业来说，都是一个新的拷问，是承担社会责任，还是提高生产效率？可能有人会说，这不是我的事情，是国家的事情。请问国家又在哪里？国家是谁？国家就是我们，就是你、我、他。与此同时我们应看到，当人工智能在高速发展时，两个问题又出现了：一个是我们的教育，并没有为未来的人工智能出现而提早做准备，导致孩子们在大学毕业之后，就业能力越来越跟不上时代的发展脚步。另一个问题是，因为很多企业并没有学会获得良性经营的理论，致使企业发展时进时退，时快时慢，时兴时衰。

每一家企业的倒闭都可能带来几十、成百甚至上千人失去依靠，而今天，有多少企业家把员工的就业放在首位呢？可能还有人会说，对不起，这不是我的责任。那么企业家的责任是什么，仅仅是赚钱吗？如果这个社会只剩下财富，大家是否看到了危险？下一个问题就是贫富差距问题。贫富差距对于贫者来说是痛苦的，对于富者来说却是没有知觉的。富者会觉得这与我没有关系，我很有钱，我的财产使用 50 ~ 100 年都没有问题。可是大家不要忘了，我们是人类命运共同体啊！

从古至今，所有那些贫富差距严重的地方，最终都可能走向崩溃。因为没有了贫者，富者是根本无法前进的，就像大树离开了土壤一样，它们本来为一体！当贫者到了无业可就，被迫流浪、游行、反抗的时候，富者难道会安全持久吗？这些年，我们党和国家一直在帮百姓脱贫，为此而殚精竭虑，这不仅是一种仁爱，更是一种智慧；这也不仅是因为善良，同时也看到了贫富差距问题是引发社会问题的根本，会使社会走向崩溃，这样为扶贫、脱贫而不遗余力的国家，一定会长治久安！

我觉得这个问题不只是党和国家的责任。曾经有人和我探讨如何化解这个问题，我的观点是，第一，让所有的富者充满仁爱之心；第二，让所有的贫者都能自强不息，如此这个问题就化解了。差距不是问题，人心才是问题。就像我们的教育公平，很难做到绝对公平，你永远无法让大山深处的孩子和一线城市的孩子享受一样的教育资源，我们可以做的就是让城里那些享受高等教育的孩子，更有责任感、更有担当、更有爱心。他们知道为什么而读书，不是为了自私，是为了有一天可以帮助贫困中的人脱离贫穷，这才是长久之计。

这个问题在商业同样如此，那些小微企业纷纷倒闭时，对于大企业来说未必都是好事。当社会中贫困的人越来越多，失业率不断上升时，对于大企业来说也未必都是好事。我们永远要切记，“人类命运共同体”要彼此相生相惜！还有商业犯罪问题，那些不法商人牟取不合理的利润，非法集资，生产伤害人类的产品，靠过度刺激欲望来提高市场份额，不择手段地去获取金钱……这些都给整个社会带来了很大的祸患。

我们不是高谈道德，但一定要知道当商业伤害社会时，自己也不可能幸福安全，那些取不义之财的人，后来也都不会幸福。所以我们谈商业王道，绝不是倡导一个简单的道德，我们是在研究如何共荣，研究如何在利他中利己。由此出现了下一个问题，就是企业家的人生。

我们看到中国的企业家很勤奋，流着汗水辛苦赚钱，可是如果我们去统计 80 岁以上的企业家，能够晚年幸福、家道传承、事业传承的有多少人？为什么曾经家资百亿的企业，到后来却负债累累？为什么曾经患难夫妻白手创业，到最后却家道崩溃？为什么曾经是一方劳模的企业家，到最后或者锒铛入狱，或者贫困潦倒？企业家到晚年时真正赢得了自己该得的东西吗？今天这些问题已经出现了，我们不能轻描淡写地说，那些国家的问题、社会的问题、人类的问题，与我无关，我做企业只想赚钱。正是这种价值观，导致我们的人生出现了同样的障碍。

我的几位好朋友在给企业家上课时，一直呼吁环境保护，每次课后就会跟他们谈，关于环境保护不仅仅是一个道德的问题，更深层的是企业家本身的理性问题。如果中国乃至全球的企业家，不能恢复理性，不能为自己的人生而奋斗，或者为自己的人生奋斗但方向错了，那么这些问题是很难解决的。当你的企业在运作中污染了环境，你是否想过其中也包括了对你自己的伤害？如果你想过，那么你就会发现，大家都在一条船上。我们谈商业发展未来之忧，不仅是百姓、国家、环境，也包括企业家自己的未来何去何从。如何让我们的奋斗结出累累硕果，让我们的付出赢得生命的尊严，这些都是我们今天亟待思考与设计的。如果奋斗的人都不能获得圆满的晚年，那社会还往哪里走呢？

商业王道愿景

我们现在来描述一下“商业王道”的愿景，大家希望看到一个什么样的社会出现？怎样通过企业人的共同努力，来推动这个愿景的实现？

首先我们来看一张我们的生活总图。

人生在天地之间，为了生活得更便利，我们逐渐有了商业，商业从大自然取出资源，生产出产品来满足人类的幸福生活，这就是商业和人类幸福的一个基本状态。我们感恩自然，因为它为我们提供了资源；我们奋斗于商业，因为商业将资源转化为产品，商业为人类生活提供了种种的便利。这就是我们所看到的事实。如果追根溯源，就会发现，这些幸福生活靠产品，产品靠商业，而商业根本靠大自然。如果大自然这个源头断了，整幅图是不成立的。今天我们需要和大自然和谐共处，要敬天爱人，要礼敬、感恩、珍惜大自然。如何与大自然和谐长期共处，这是我们企业人需要思考的话题，也是商业王道应该追求的愿景。我个人认为，长久的美好生活要远胜于当下的财富回报。比如，我们的祖先在院子里埋了一桶黄金，希望我们这个家族百年千年传承不息，我们不可以把金子挖出来用一年全部挥霍掉，一时的风光只会换来后面无路可走。所以珍惜自然，感恩自然，这样的商业才是人类应该追求的。“敬天”是“王道”商业愿景中的第一块；第二块就是“爱人”，爱百姓爱大众，因为我们是一体的。这是我画的商业王道的一幅图，也是我非常向往的一幅图。

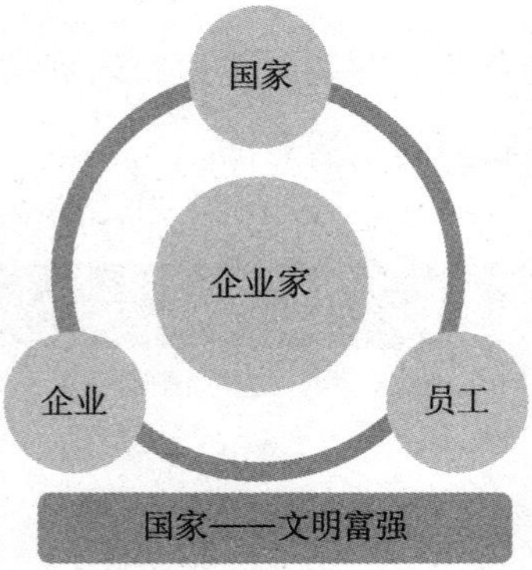

这中间有三个点：国家、企业和员工，中间靠企业家来联通。企业家通过奋斗让国家更富强，让企业发展，让员工安居乐业，这三者互动、联动、长期和谐发展，是商业王道所追求的。不抛弃任何一方的利益，不割断彼此的关联，一起和谐共生，你念着我，我想着你。企业服务于国家，照顾好员工；员工服务于企业，奉献于社会；社会富强了，造福于百姓，整个社会就和谐发展了，而这中间的推动者正是企业家。由此便出现了这样的场景：国家文明富强，企业进入良性发展，员工能够安居幸福，而企业家因为完成了这些重要的时代使命，进而实现了事业成功与人生圆满！这是我能够想到的商业王道的愿景。

企业——良性发展

员工——安居幸福

企业家——事业成功、人生圆满

如果有一天，商业能够推到这样的高潮，展现这样的蓝图，该是多么美好！这幅图远胜于我们只谈利润，当然企业要靠利润来支撑；这幅图也远胜于我们只谈销售额，当然我们要靠销售额来实现它，可是我们知道利润和销售额并不是商业的最终目的和最高追求。这幅图景里有企业人对国家、对员工、对企业还有对自己的珍惜和担当。不管我们的企业是 10 个人还是 1 万个人，都能努力让我们的企业变成社会的一个良性细胞，而不是说我去年赚了多少钱这么一个小目标。

我们生而为人，有没有为我们国家的富强做出贡献？经过 10 年、20 年或更久的努力，让我们的企业可以持续地良性发展，可以放心地交给后人；让我们的员工终于不再担忧未来和现在；有没有一个我们可以展望的、招手的，必定实现的晚年幸福？如果这些都有，我们才是生命真正的大赢家！我们才是一代真正睿智的企业家！所以人要有高度，站得高才能看得远。我们国家过去比较贫穷，为了填饱肚子，为了养家，我们努力创业赚钱，那是无可厚非的。今天的生活基本已经富裕了，是时候应该去追求那些更高远的目标和理想，因为在这个理想中已经远远包含了我们的富足生活，更有我们作为人的一份责任，一份光荣和尊严。如果能做出这样的商业，这必将是我们这一代伟大企业人用英雄的汗水铸就的辉煌！中国企业要有中国企业自己的梦，我想它可以叫作“大同”。古人说的《礼运大同篇》是描写天下的，可能我们作为一家企业很小，只有 300 名员工，还做不到天下，但如果努力的话，我们有可能让自己的企业成为大同世界。何谓大同？夫子这样描述过：“大道之行也，天下为公。选贤与能，讲信修睦，故人不独亲其亲，不独子其子，使老有所终，壮有所用，幼有所长，鳏寡孤独废疾者皆有所养，男有分，女有归。货恶其弃于地也，不必藏于己；力恶其不出于身也，不必为己。是故谋闭而不兴，盗窃乱贼而不作，故外户而不闭，是谓大同。”

如果有一天我们的企业，哪怕只有200名员工能做成这样，每天在企业里，员工长幼有序，办公室门都不用锁，每个人都各尽其职，努力奉献，选贤与能，讲信修睦，看不到矛盾与纷争，员工间亲如兄弟姐妹，领导和下属也亲如一家人，每个人在企业中都充分发挥着自己的作用，都提升了自己的心性，实现了自我价值。没有一名员工担心自己会被企业裁员，没有一名员工担心自己的家庭幸福出问题，更不要说违纪和犯罪。可能有的企业朋友说：“李老师，你说的这个目标很好，太不容易实现了。”我们先不要管容不容易，哪怕我们这一辈子，能为这样的目标奋斗一把，也很值得！曾经一位女企业家很兴奋地跟我讲：“老师呀，我奋斗了3年，我们的企业终于再也没有离婚的员工了。”我向她表示由衷的敬佩，我见过的企业家有很多，他们身价十亿甚至上百亿，可是她的话让我多年难忘。那是一位60多岁的老大姐，她说：“李老师，我的同龄伙伴们都退休了，我也早该退了，岁数也大了，为什么还没退呢？我心里有个愿望还没实现，很多员工还没学会家道，不知道怎么相夫教子，操持家务，不知道怎么做一个优秀的职业人，如果现在退休的话，我放心不下，所以我要把他们带好，看他们都家像家，业像业，员工们安居乐业了，我就可以退休了。我这个企业暂时也做不过别人，一年就做几个亿，不大不小，但我觉得还好，挺结实挺团结的，销售额我比不过人家，但是让员工们都过得幸福，我觉得这就是我的追求！”她的那番话确实让我很感动，很难忘。

我们企业可以往大做，但同时如果把“大同”作为我们的梦，是不是一个更大的理想呢？这是多么有价值和意义的事情。记得当年我在职场时，那些企业很冷，今天上班明天就被裁掉，后天又去招聘，谁哪天被裁都不知道，招人很草率，裁员也很快，所以员工每天上班，内心都很忐忑不安。我当时刚好负责人力资源工作，我内心也很不开心，后来就离开了。2016 年我自己开始办学校，希望每个老师每天安心、放心、开心，他们不用担心他的校长会伤害他、裁掉他，不用担心他的校长断了他的后路，他们在这里可以安心地工作。有人问过我，那你这么做不会养懒人、小人吗？我相信不会。因为他们都是我精心挑进来的，还有他们自己也不忍心懒惰，他们觉得懒惰是对自己的侮辱。

商业王道，在我个人看来，它就是企业良性发展、百年传承，员工安居乐业、家庭幸福，企业家受人尊敬、人生圆满，中华民族文明富强、引领世界！到那时才称得上“商业王道”。这样的商业，才值得我们为之而奋斗、付出，它能够彰显我们中国企业家的高度和风采，我们在钱财上也不弱于别人，但是我们内心有自己更加美好的追求，哪怕是一身布衣，一双布鞋，我们也觉得很快乐。

如何实现商业王道

我们今天看商业，首先就要想一想，要追求什么样的商业，能不能敬天、爱人，能不能珍惜自然、和谐万家、受人尊敬，影响这个时代？在我看来，全世界最有希望的，大概还是中国的企业，虽然目前我们在很多方面还不如欧美，但我们有文化，我们起步虽然较晚，但目标可以更高。这样的商业王道要靠企业家来实现，他们是核心的核心，关键的关键，因为他们是中流砥柱，是民族的脊梁。有的朋友说，我也是企业家，但我不知道怎样实现这样的商业王道，还要学什么吗？对，还需要一点东西。习近平总书记说："要解决这些难题，不仅需要运用人类今天发现和发展的智慧和力量，而且需要运用人类历史上积累和储存的智慧和力量。"那就是中华优秀传统文化。所以我们看到了商业问题，我们想去解决这些问题，怎么办？在我看来，就是在企业家和中华文化之间建立链接。

企业家学习了中华文化，运用中华文化深入思考人与自身，人与人、人与自然的关系，这些商业问题一定有解。解决这些问题的核心力量是企业家，核心思想是文化，是我们中国文化最核心的部分：内圣和外王。在前面我也说到了"内圣外王"，我认为它可以作为今后中国企业家的标志、向往和追求。

如果有人问你做企业追求什么？你可以很淡定很有气魄地回答他，我的追求就是"内圣外王"。"做大做强"已包含在其中了，一个能够内圣外王的人，大与强难道是件难事吗？能做大做强的人，未必能内圣外王；能内圣外王的人一定可以做大做强，二者不在同一个高度上，这是中国人的发现。

关于内圣外王，中国古籍中很早就有记载，《庄子·天下》篇讲道："是故内圣外王之道，暗而不明，郁而不发，天下之人，各为其所欲焉，以自为方。"如果能够这样，这个社会就回归了。所谓内圣，就是我们的心性提升；所谓外王就是我们的事业，两者相持而长，互为支援，你的心性能支持到你的事业，你的事业也能提升你的心性，所以这就成了以内圣而外王，在外王中内圣。

这是今后中国企业家要走的高标准的路。如果今后20年、30年，你的整个商业发展每一天、每一周、每一年都是在"以内圣而外王"，都是在"以外王中内圣"，你想想这是怎样的人生啊！别人在做事，你也在做事，同样都在做事，但差距很大。因为别人做事只是做事，未必到了外王这个境界，同时他在外王中未必内圣。什么叫外王中内圣？他有没有以事业来磨炼心性？什么叫以内圣而外王？他有没有用心性来推动他的事业？心性能不能推动事业？事业能不能磨炼心性？当然可以，在于你怎么设计规划。如果企业家这一生都这样度过，是何等的气魄，效率高不高，有没有价值，有没有意义？有。我们的80岁、90岁都将是什么样？那是一个怎样的老人？回看人生，他对社会贡献很大，回看自己，内心世界已经像夫子说的一样，三十而立，四十不惑，五十知天命，六十而耳顺，七十从心所欲而不逾矩，自由自在的人生，完成了人生所有的过程，这一生过得很潇洒，也很勤奋，没有浪费时间，一生在高效率中度过！既然选择了做事业，怎么能做出最高的效率来，这对于我们中国的企业家来说，确实是一个非常有趣的话题，要想做到，首先得想到；要想做到，首先得看到，你得知道有一种可能的人生样态，什么也没有耽误——没耽误赚钱，也没耽误忙碌。你该干什么行业还干什么，行业还是那个行业，经过合理的设计以后已经完全不一样了，这才是未来企业家要走的路。这样做就能实现前面的商业愿景。在哪两个字上实现？外王。外王就是国家富强、百姓安居、和谐自然、礼运大同。这就叫王道，以这个为标志，而不是单纯看规模，它比规模要高、要有气魄、要有分量、要有价值得多。它的价值超出了你赚多少钱，同时钱还照样赚。内圣外王的关键是调整人生方向，即企业家要调整人生方向。

稻盛和夫先生在《活法》的开篇序言中这样讲："我们生活在一个不安宁的时代，世道混迷，看不清前途。物质是富裕的，精神却很空虚；衣食是丰足的，礼仪却很欠缺；行动是自由的，感觉却很闭塞；只要肯努力，什么都能得到，什么都能做成，但人们却消极悲观，有人甚至犯罪或搞出丑闻。一种压抑的气氛弥漫于整个社会，这是为什么？因为许多人找不到人生的意义和价值，迷失了人生的方向。因为缺乏明确的价值观，才导致了今日社会的混乱。"为什么衣食富足以后，社会却没有那么幸福安乐？因为我们迷失了人生的方向，所以我们要思考人生方向。稻盛和夫先生在《活法》一书中说道："我们人生的意义是什么？人生的目的在哪里？对于这个人生最基本的问题，我认为必须从正面回答。我的答案是：提升心性，磨炼灵魂。"稻盛和夫先生给出的答案是"提升心性，磨炼灵魂"。我查阅了中国的书籍，在古代中国人怎样追求人生——三等人生，第一等圣哲，第二等名人，第三等巨富。一层比一层高，名人高于巨富，圣哲高于名人。

由这三种而产生了三句话：

第一句："志心于道义者，功名不足以累其心。"志是志向，心是心愿，追求道义。道义既包括了对天下的担当和责任，也包括了对生命真相的追求和向往。他是一个求道者也是一个行道者，最终他也是一个明道者，他有没有功名？有！功是功勋，对社会的贡献；名是名望，世人对他的尊重。但是他不受这些牵绊，他做事业不是为了浮名，是为了自心，求道的力量，以求道为人生第一等追求。

第二句："志心于功名者，富贵不足以累其心。"这类人以功名为追求，这个功名不是古代考取功名，而是对社会的贡献和名望。我要做一个名人，做一个对社会有贡献的人，如果有这种追求，那么富贵是不能够把他拖累住。我们国家有很多这样的人物，比如新中国成立后从国外纷纷回国的老一辈科学家们，他们就是这样的人，他们不为名、不为利、不为财，是为了建设祖国。尽管他们在国外年薪很高，但是他们依然选择放弃并回到祖国，因为追求不一样，他们是志心于功名和功名之上的人，眼中不在乎富贵，过了追求富贵这一关，他们可以获得富贵却不为所累。

第三句："志心于富贵者，则亦无所不至矣。"如果这一生只为了求富贵，就会不择手段，什么都敢干，不该拿的钱也敢拿，不该赚的钱也敢赚，听说上市能圈钱，那我就上市；听说资本市场来钱快，那我就走资本市场，只要能富贵就行。我们把三句话连起来看，客观判断哪一种追求更加合理，不要逼迫和绑架。

"志心于道义者，功名不足以累其心；志心于功名者，富贵不足以累其心；志心于富贵者，则亦无所不至矣。"我们当然要生活过日子，但想想有限的人生，志要立得高一点，如果立不住，方向调不准，我们就不能做出正确的决策，而且还会犯很多错误。今天的中国商业只靠法律是不够的，还要靠文化。文化可不是软绵绵的，文化很理性，文化对我们不断发出拷问，人活着要追求什么？你愿不愿意做那样的人？你想不想这样来成就你自己？"欲穷千里目，更上一层楼"，"不畏浮云遮望眼，自缘身在最高层"。这就是我们中国的文化，教我们怎么设计人生，怎样高配人生。

为什么说"志心于道义"为最高追求？它包括人类所有的美好愿望。"志心于道义"的人，如孔子、老子，这样的人叫圣贤。有人会说他是文人所以做了圣贤，我是商人能成圣贤吗？圣贤不分行业，可能在那个时代就是文人宰官做圣贤，可能到今天这个时代就是商人做圣贤，这很有可能，重要的是你敢不敢想。所以古人说立志，"不让古人是为有志"。看到古人达到的高度，我要和他一样，就是有志。他能我也能，他们被后人敬仰，我努力一生也将会离他很近。如果我们奋斗下去，在中国这片土地上就可能出现商业中的圣贤。这是过去我们不敢想的，在未来很有可能会出现。过去为什么没出现？第一，文化没回来；第二，没有人这样思考过。我以前也没敢这样思考，学了文化以后，才觉得这事有可能靠谱，应该试一试。

这样奋斗也是40年，那样奋斗也是40年，参照圣贤我们重新改一下自己的人生设计图，说不定就做到了，所有心愿就都实现了。“志心于道义”的人，他肯定不愁功名，不愁富贵。我今天在曲阜散步的时候很有感慨，一个圣人能成全一个城市，每年这个城市旅游收入很多，已经跨越2500多年了，这个城市的百姓还可以靠着圣贤优哉游哉地过生活。圣贤的力量大不大？应该给圣贤提点成。包括我们这些老师们靠讲讲《论语》就能赚点钱，这是圣贤给我们的行业，给我们一口饭吃。所以中国古人总想把人生设计得更好，更有价值，更高贵，因为他们很早就发现了幸福和欲望不能画等号，所以很早就已经抛弃了对欲望的过度追求。为什么现代人对欲望过度追求呢？这是因为缺少文化的学习，缺少和祖先的交流，缺少向圣贤的请教。前人已经看破的事情，我们却还蒙在鼓里。大家冷静地想一想，幸福能等于欲望吗？欲望能等于幸福吗？靠追求欲望来获得幸福，这条路能走得通吗？

幸福≠欲望

为什么有的人说我有钱以后不幸福了，因为你增加了很多欲望，离幸福越来越遥远了。中国人的幸福观是福慧圆满，并以此作为人生的追求。

“福”代表富足，“慧”代表喜乐。有慧的人必定很喜乐，没有忧愁烦恼，内在很清静；有福的人必定很富足。有福和有钱谁厉害？有一次我一个朋友问过这个问题，他说：“还是有钱比较现实，把钱装兜里我比较放心。”我说：“钱装兜里就是你的吗？你能保证到明年、后年，这钱还一定是你的吗？”他说：“不一定。那有福有什么用？”我说：“有福的人未必有很多钱，但时时有钱花，你看这个好不好？”不少在银行存着很多钱的人却捞不着花，不少在银行没有多少储蓄的人却一直过得很好，他靠福撑着，很富足。中国人发现了这个问题，所以提出福慧圆满是很好的幸福观，并把它作为追求，而不单单只有财富。

在中国文化中对人生方向的追求：志心于道义；提高心性；福慧圆满，这三个都是我们提出的人生方向，都是可行性方案。这要比我们过去的“做大做强”方案要好很多倍。其实这三个方案是一个方案，只是不同的说法。提高心性，心性里有福慧；福慧圆满，福慧在心性里；怎样提高心性？志心于道义。志心于道义就可以提高心性。志心于道义就会福慧圆满。它们是三个角度说同一件事，你选哪一个都行，只是从不同角度进行论述。提高心性偏于论述，福慧偏于现实条件陈列，其实修福修慧就是修心性。怎样修心提高心性？“志心于道义”，行道、明道、悟道，为社会担责任就叫义，追求真理叫道，本身就是提升心性。所以这三个是一样的，如果把人生调整到这个方向上，我们作为企业家这个大方向就准了。所以这三个选哪一个都行。为什么讲三个？我是想让大家明白，它内在是合理的，比我们过去的设计要合理很多。它并不是强迫和唱高调，是认为这样做更好，那么调整了人生方向之后，如何经营事业？简单说我要内圣外王，展开说我要提高心性，或者我要修福修慧，或者我今生志心于道义都可以。如果对方没听懂，你就别说了。这话对有缘人说，否则被人家嘲笑。

你看那些80岁以上活得很圆满的人，他人生的追求和别人是不一样的，所以起点决定了终点。你起点起错了，终点就做不到。就像盖楼一样，你画了一个小平房的图，能盖出高楼大厦吗？图纸就画错了，你手里拿了一张错误图纸过了40年，无论你怎么忙都觉得不对，到最后晚年守不住了，是因为你中间没有修改过图纸。所以现在趁着年轻，赶快改图纸，把后边几十年得重新忙活一遍，这个人生工程得重新设计。

那怎样经营我们的事业呢？提供以下观点，供大家参考。

第一个观点，要提升你事业的整体内涵。怎样提升？我建议将事业升为善业，转善业为道业。

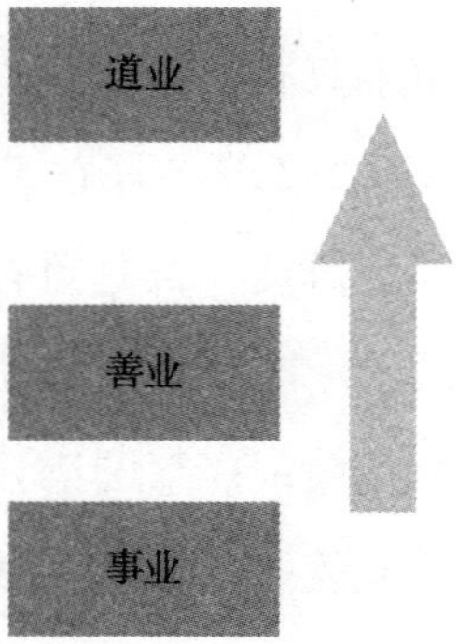

一层层升上去，升得越高，人生收获越大。大家不妨试一试，事业还是事业，但是内涵发生了变化。何为善业？能利益社会、利益大众就是善业，不是单纯为赚钱而赚钱，在做事业中为大众提供服务就是善业。这个很容易能够实现，并不是很难。事业能转为道业吗？怎么转成道业？我们来看稻盛和夫先生做京瓷，京瓷是事业也是善业，但他通过做京瓷觉悟了人生，发现了商业之道，并传播给了很多企业，这就是道业。换言之，你发现了事业和人生之道，并把它传递给很多同辈人和子孙后代，这就叫道业。事业还是那个事业，比如盖房子，从民工开始干起，有人干完了还是民工，有人把房子盖完了已经成为建筑学家了。创业的时候是个创业者，退休的时候你是个企业家了。怎么证明？你能写出两本书来，告诉别人事业和人生之道，能给别人讲你的思考，你的实证，这就叫道业。你在做事业中明理了，将来给儿孙讲的不仅是故事，讲的还有道理，能讲出点道理来才行，这就叫道业。把这个升上去，这一生就不同了。

那么，在事业转善业、善业转道业的基础上还可以怎样提升呢？在事业中积累福德，破除自我，内圣外王就出现了。

第一步：积累福德。要断除恶业增加善业，要把事业做成对大众有益的，这就会积累福德。同样做产品卖产品，除了赚正常的利润以外，你的产品对社会有很多的帮助，这就是积累福德。所以你赚了双份——利润和福德你都赚到了。因为产品对别人有益就积累了福德。

第二步：破除自我。破除自我又分两步：首先，破除对欲望的执着。我们不要在做事业时再增加欲望，因为增加欲望对我们有坏处。我们已经很富足了，破除对欲望的执着，把这个慢慢放下。我们一边做事业一边把欲望放下，而不要再用事业刺激欲望了。其次，破除对善的执着。你可以认真地去行善、利益他人，但是你心里不要挂碍，做完就忘掉它，不要老贪着那点儿善事，老求别人感恩，因为有欲求，心里又会增加新的东西。做善，抓紧做，抓紧忘，在心中不要起得意和贪求，不要求别人赞美和认同，正常做就好了。这么做增加你的智慧，减少你的烦恼。如果求别人认同，当别人不认同你时，你就会好痛苦。有人说我都帮他好几次了，他还不感谢我，我好痛苦，那你就别帮他了。你帮的目的是什么？为了求感谢又何必呢？连这个执着都要放下。但这个要放到第二步不能放到第一步，如果连善都没有行，就说破除了对善的执着，怎么破的？这个权利只属于那些行善的人。他把善行得很大、很好以后，对社会做了很多好事，他对社会是有功名的，但他的内在世界不在乎这个，是忘我的、无我的。这就很好，很自在，这个叫破除自我。因为善也会产生自我，叫善我执。把这两个去除以后就破除自我了，然后你会发现，把事业当作积累福德与破除自我的道场，这就是你的人生路线轨迹设计。

把事业当作积累福德与破除自我的道场，你一边做事一边积累福德；一边做事一边破除自我，一直这样做就很好。这样的好处是你积累了福德就很富足；你破除了自我就很自在，你变得越来越有智慧了，就福慧都圆满、志心于道义、提高心性了。这二者都是提高心性，一个是提高心里的福，另一个是提高心里的慧，“慧”就是无我，无我就是破除自我。所以修慧要修无我，破除自我。修福要做善事，利益大众，这两件事在企业中都可以发生，都可以实现，都可以完成。带着这样的初心来经营企业，每天你正常上班，工作，决策，见客户，抓经营管理，年复一年，你的人生越来越自在、越幸福。你和别人不大一样了。

你可以这样去过你的商业生活。已经有很多朋友在尝试这种生活了，他们发现这种生活确实挺好，这么做下来，到晚年的时候，我们是成还是败？是成；是苦还是乐？是乐；是兴还是衰？是兴；是智还是愚？是智；是自在还是不自在？是自在。生活能不能保证？能。不只靠钱，当然有存款，主要还是靠福德。到晚年的时候就不会有那么多情绪和嗔恨了。经过这20年、30年的心性修炼，早就破除了、随心所欲不逾矩了、耳顺了、谁说啥都行、和谁都不吵架、看谁都顺眼了，而且可以给儿孙讲家道了，一个最睿智的老人终于炼成了！所以大家不要做错了事业，满足一时的欲望这么做事业真的意义不大，不要走偏了，满足欲望做事业是非常低端的做法，大家一定要小心，欲是深渊。满足欲望还不行，还互相比，你欲望大，我比你欲望更大。大家不妨看看过去这40年，凡事追求欲望的、和别人比欲望的，到最后赢了吗？有一个倒一个。

有位企业家说："我的企业可不能倒闭，倒闭我就跳楼！"你就那么脆弱吗？当年创业时就没钱，咋不跳楼呢？是因为没有钱就跳楼吗？不是。因为你走错了方向，你的整个人生设计出现了问题。你在成就你自己还是在伤害你自己？想一想如何帮自己，你的帮法对吗？还要和别人比，你看我欲望多大，你看我越来越痛苦了。所以我们做事业要小心，同样做事业，它可以磨炼心性让你升华走向快乐，也可以助长欲望让你沉沦走向痛苦。

这个道要选好，怎么选在于你怎样设计内在思维方式，你有没有看

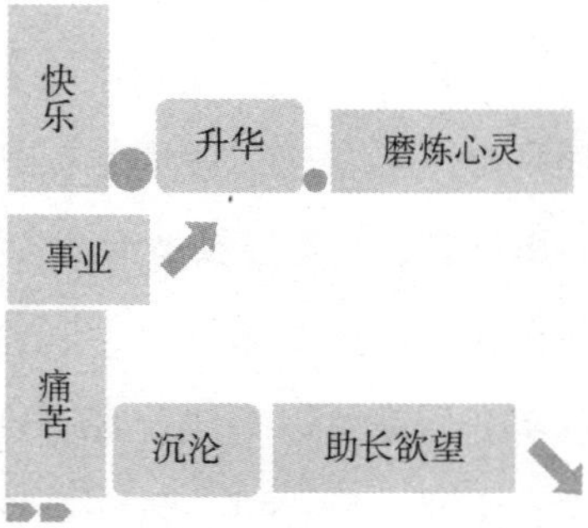

破，有没有看准。如果起步就错了，哪还有什么商业王道？不要说环境跟

我有什么关系，员工跟我有什么关系，不是没有关系，只是你没有看懂，没有抓住这个机遇。社会的责任对于我们来说是积累福德的机遇，正是因为社会有很多问题，所以需要我们企业家站出来。我们在解决社会问题中积累了福德，对善还不执着，无我了，别人在乎这个，但我不在乎。我既努力地行善，还不求别人赞美，多好多自在，不给自己设圈套，别让自己往里跳。所以，起步就要想明白，看一看每天我是在磨炼心灵还是在助长欲望？这一天自己是怎么度过的？不要自己走向错误道路还没有察觉，一步错，步步错，到老回不了头。有能力的人掉进大坑，这是世间的冤案。这个时代就是这样，老百姓过得平平安安，都是有能力有钱的人容易出问题。有能力，是问题、是短板吗？不是，是你没有用好它。善用你的才华和能力成就你的人生，别祸害了自己。

明白了这个道理，之后要运用使命理论，提高资源效率，所以我们要谈使命。前面讲了“敬天”——和谐人与自然的关系。大自然资源供给是有限的，所以要想办法利用好它。当大自然资源被榨干时，人类就走到了尽头。怎么能停止这种资源过度消耗？其中一个方法就是使命。

我们想一想，为什么很好的企业忽然就倒闭了？为什么许多投资项目都不了了之？投资几个亿都打了水漂。这些都是人类的资源，难道应该被浪费吗？能不能让每一笔投资都变成有效的？能不能让每一家企业都生机勃勃？可能很多朋友听过或者看过《使命与发心》这本书，我写这本书的其中一个原因就是要用使命这个理论来提高资源使用效率，只有提高了资源使用效率，我们对大自然的使用才会减缓下来。大自然给了我们十个亿，我们投了一个项目失败了；大自然又给我们十个亿，我们投了一个项目又失败了。大自然给不起了，这样是不可以的！用使命来改善效率问题，“人尽其才，物尽其用”。让每一个物资都得到充分的利用，这是一个非常好的方法。

我经常在想，如果每一家企业都清晰自己的使命，都永续经营高效运转，那我们国家的 GDP 及我们的生活还可以前进多少？学文化、学使命、学专业化企业经营、学“体、相、用”，把资源合理利用起来，每所学校都出人才，每家企业都出好产品，每款产品都被卖得很好，没有库存，没有浪费，整个社会一直在合理高效地运转。大自然只需要给我们一点点，我们就可以活得很自在，而不用消耗很多很多。我们想对耕地、水资源、矿山使用得好，就要想办法。我的解决方案是提高资源使用效率，倡导大众俭朴生活。如果能做到这两点，我们就可以和大自然共存下去。

提高资源使用效率，避免浪费，其中一个方法就是用“使命”来提高效率。目前我们中国企业资源使用效率还不高，有很多企业的使命需要调整，技术需要革新，这都是我们可以做的，做这件事情非常有福德，非常值得做。同时还要倡导大众过俭朴生活，这是中国文化提倡的，减少欲望、破除对欲望执着，所以俭朴生活也是一种幸福生活，我们要改变奢侈的价值观。

《使命与发心》中写道，“因为使命不清晰，供需之间不能够有效链接，产生了无效供给，出现了库存过量和产能过剩。要使各企业的生产高效运行，必须清楚企业是做什么的这一根本命题”。书中又写道，“美好生活需要和不平衡不充分的发展之间的矛盾如何化解？从工商业来看，要求它的使命越来越清晰，社会分工越来越细致，越来越精准，产品越来越专业，越来越利他。举全社会之力，以高效的生产满足人们美好生活的需要”。合理配置全社会资源是一项重要的、伟大的工作，需要靠企业家来完成。企业家要这样思考问题了，大家联起手来。我经常跟企业家们讲使命，讲资源使用，我希望有更多企业把使命找清楚，把企业发展好，形成一种行业潮流和风尚，慢慢地大家都转向这里了，这条路是对的，这样做既节约又赚钱。大家互相分工也合理了，效率也提高了，这是我希望的。我出来讲这些课，包括写这本书，都是为了这个目的。

第二点，倡导俭朴的生活。古人说：“历览前贤国与家，成由勤俭败由奢。”无论是国还是家，成在勤俭，败在奢侈。所以不要追求奢侈生活了，那是错误的！什么叫奢侈生活？是败落的前兆。有人说，我有钱，我就奢。我会说，你有钱，你想一想那钱是你个人的还是天地的？是大自然的！个人并没有资格奢侈消耗。退一步讲，就算是你个人的，过度奢侈，你的家道必然败落。所以无论是出于对自然的保护，还是出于对个人和家庭的保护，我们都应该追求勤俭，勤俭未必不幸福，奢侈未必真幸福。好多朋友精神世界丰富后就会发现，其实布衣简餐挺幸福的，幸福在你的内心世界。增加欲望和减少欲望，你仔细想一想哪一种更幸福？

古人说："为子孙做富贵计者，十败其九。"你说我把钱财攒着给儿孙用，这个路行不通，十败其九。你这么做会耽误儿孙发展，不要冒这个风险，没有必要。应该去内圣外王，提升自己、帮助社会。古人又说："贤而多财，则损其志；愚而多财，则益其过，可知积财以遗子孙，其害无穷也。"如果儿孙很贤能，你留很多钱财会折损他的志向，如果儿孙很愚，你给了他很多钱财，就会放大他的过失。由此你知道留很多钱财给子孙是没有用的。应该倡导俭朴生活，回馈社会，回馈自然，这是一条非常好的道路，既能保家族长远不衰，又能让整个社会和谐运转，而不是把钱财过度地囤积在某一个点上，应该把钱财用出来转成你的福德，保家族永远平安幸福。观念要提升，要真正为未来考虑，不要选择有风险的方案，要走一条更安全的道路。过去可能没有研究中国文化，我们很多朋友没有想过这件事情。"李老师，我明白了，你不就劝我们捐钱吗？"不是的，我是劝你安全。"

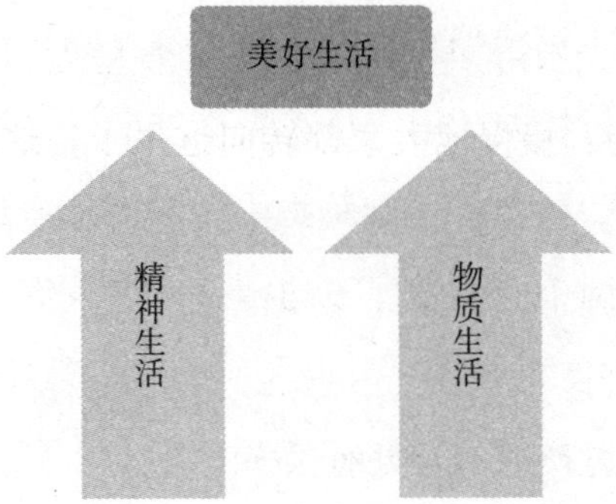

我希望未来企业家如果有意愿，应该站出来发展文化教育产业。大家注意看这幅图，我们人类美好生活离不开两大支撑，就是我们的精神生活和物质生活，这两个同时具备的时候，我们才会有美好幸福的生活。

可是我们稍微观察就会发现，现在我们的物质生活发展过速了，而精神生活严重不足。

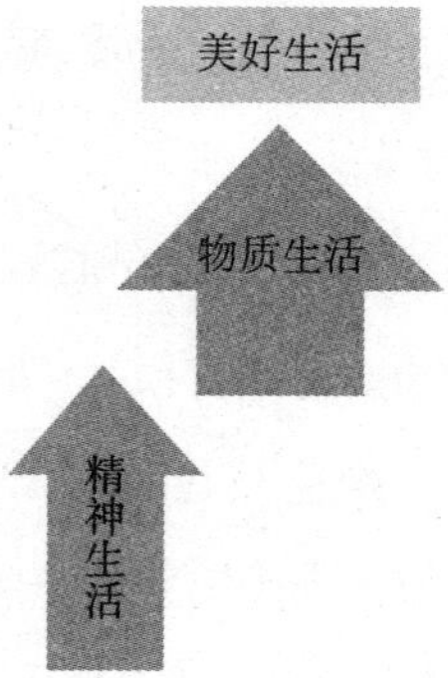

这样发展工商业对吗？协调吗？未来整个工商业的模式需要进行调整——把物质生活的产业做适当缩减，把精神生活的产业适当提速。而且我们发现文化教育产业对自然的消耗极其微小，比如今天晚上我讲课，基本没有消耗什么资源，就我费点口水，然后我们就都有幸福了。精神的幸福对资源消耗是非常小的，而精神产品可以反复复制，你好我好大家好，你有我有大家都有，我把我的课给了你，我也没少什么，参与者都获得了精神食粮。这就是精神产业、文化产业的特征，它可以快速无限地复制，可以迅速增加人类的幸福感受，可以缓解人类在物质世界那种进退两难的尴尬局面。未来想通过控制欲望，让人类全能醒过来很难，可以用文化产业来化解欲望。目前的社会，一方面物质资源浪费愈加严重，一方面人们幸福指数不高，因为两个产业发展不均衡，所以人们不快乐。两个产业互相均衡一下就好了。

我们发展文化教育产业的好处有很多：

第一，可以提高人们的思想道德水平。提高思想道德水平以后就可以直接增加幸福，减少社会的消耗、矛盾、痛苦，减少离婚率、减少伤害。离婚中的两个人都痛苦；一个没有孝道的家族父母儿女都痛苦。提高人们的思想道德水平，对整个改善人类的幸福非常重要。

第二，它能化解过度消费带来的欲望增长。这个欲望增长太快了，化不动了怎么办？用文化。我发现很多企业家自从学了文化以后，欲望都迅速下降。有人说，欲望下降以后不是就不能刺激消费了吗？不要这么想，这么想太局限了。我们追求的是消费还是幸福？幸福。是短暂还是长远？长远。所以不要老看局部那些小事，要想着未来要过长远的日子。很多过去的理论是不对的，要小心里边的陷阱，两者平衡起来就好了。

第三，可以引导大众回归正确的幸福模式。知道幸福是怎么出现的。三口之家买个80平方米的房子，其乐融融。这可能会被别人笑话，当你内心很富足时，还怕别人笑话吗？笑话你的人真正有文化吗？明白这个以后就知道了。

第四，增长人类与地球共生共存的智慧。这是文化产业可以实现的，它教人产生智慧，产生长存的智慧、产生共融的智慧、产生人类命运共同体的智慧。我们看到社会中很多问题在文化中都有答案，比如贫富差距问题，如果让富者仁爱、贫者自强，这个问题自然就会得到解决；比如教育公平的问题，如果让那些有机会接受高等教育的孩子能更多地承担社会责任，能挺身而出，这个问题不就解决了？很多问题是可以通过文化来调剂的、来化解的。文化让强者的责任更大，让弱者内心能够更加自信，社会无论怎样都会有强有弱，但通过文化调整整个社会就合理了、幸福了。这是文化本身的力量，它教会我们真正的大同之道。古人所说的大同，不是一个梦想，是有道路可循的。

未来，我们的产业该从哪里下手？一起来看一幅图。

我们生活在一个充满机遇的时代，如果前面那些道理都明白以后，你会发现很多机遇。机遇来自哪里？很多社会问题亟待解决，不管是文化产业，还是环境保护，还是商业回归等，凡是有社会性问题的地方都有机遇

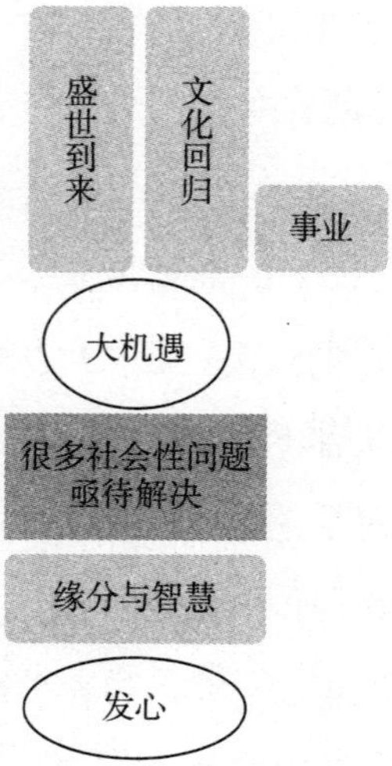

存在，这是我们可以看到的。这些问题需要解决的时候就会带来产业机会，这个机会我能做吗？能做。靠文化回归帮你做。文化提供思维方式、提供思路、提供对人生和事业的思考。不仅有文化帮你，还有一个机会到来，那就是国家的好时运。我们国家越来越强大，从 20 世纪到 21 世纪一路冲上来，以惊人速度冲到了世界第二，让全世界为之震撼。国家在背后保护我们，为我们做各种产业提供了很大的支撑，为我们保驾护航。在这种情况下，我们乘着国家的改革东风，用着文化的力量，把那些社会问题作为产业机会，及时出手。

有人说，我还没有准备好。不用担心，你只要有发心就可以。有发心能做成这件事吗？能！发心带来两个重要条件帮你做事，一个是缘分，一个是智慧。缘分可以创造把握这个机遇所需要的相关条件；智慧是你的思路、你的方案、你的方法。如果你有缘分和智慧，做事还害怕吗？这里有很多东西可以用。这是未来我们企业家做事，要走外王之路可以采用的。有人说，我不知道做什么好，这时候还有机会吗？机会在哪里？什么赚钱我做什么！这又落入俗情俗套了。要去社会问题里找机会，你能解决这个问题，这就是你的产品，就是你的产业。用产业解决社会问题。什么叫对社会的奉献，就是你解决了一个社会问题，这个叫奉献，没有那个问题，我们到哪里奉献？借助我们文化的力量，借助国家的力量，发动你发心的力量，不断衍生出更好的缘分和智慧，集中起来，把产业做出来，未来就可以拓展了。企业人应该知道要学什么、要借什么、要有什么、要找什么、要用什么，把这些重新思考一遍。花上 5 年、10 年、20 年……你的“外王内圣”之路就出现了。这幅图我画了好几年，我特别珍惜，我忍忍心告诉你们了。这幅画本来是画给我自己的，但社会不能靠一个人，好事不能被一个人占了，得画给你们，大家有没有发现我也在用这幅图？你们发现这里有一些痕迹了吗？我也是被这些事情逼的，每天在想，这怎么办，那怎么办，哪些资源可以用，我有什么，我没有什么，我怎么解决这些问题……就这样子，觉得挺好，走着走着发现心性也提升了，自己快乐度也增加了很多，真不错！我们不是没有事情可做，有很多事情可以做！

回头看我的发心够不够，如果不够，就提发心，文化没学好就学文化。想一想我有没有热爱祖国，跟国家走，听国家的？今天我们要和国家一起面对疫情逆境突破，明天跟国家一起，“一带一路”，把产品送出国门都可以，国家说什么我们就干什么，机遇会大量出现，这时我们的整个思维设计就有了。这里最难得的是文化回来了。好多人说我们企业家为什么要学文化？文化帮助我们企业家化解了两个最难的问题：一个是客观世界的道，就是企业运行的规律是什么，我们通过学习文化就能明白。在《使命与发心》这本书里我论述过很多次，可能论述得不够完整，大家可以看稻盛和夫的很多书都在讲这件事。一个是主观世界的心，文化帮助我们提升心性，这个就是以文化心、以文练心、以文养心。我每年带的企业家研修班“精进 180”，就是走心性的，需要 6 个月到 1 年，通过这个班，我们既有了道又有了心，相持而长，这样文化就帮了我们，我们有了文化以后去选择事业，去开创事业，去内圣外王，然后去实现商业王道。

希望将来有一天，我们的商业、我们的国家都变成我所书写的“祈愿文”中那样的景象：

愿天下和顺，日月清明，风调雨顺，国泰民安。

愿中华儿女传承圣贤智慧，学为人师，行为世范，孝亲尊师，家庭和睦，安居乐业，幸福人生。

愿我们和所有同行者真诚付出，互助互爱，共同为社会带来更多的幸福和安乐。

愿我们的事业上合天道，下顺民心，稳步发展，为一方人民造福，利国利民。这样的人生很值得追求，这就是我们商业王道的愿景，是我们未来可以为之奋斗并持续去做的事情！

第10章

常见41个商业问题

1. 疫情当中很多企业都倒闭了，大家都想起死回生，在面临倒闭的这种情况下，可否解答一下“体、相、用”如何转化为现实工作?

答：这时先不要用“体、相、用”，企业运行操作的时候才用“体、相、用”。一家企业起死回生也好，发展衰落也好，关键在于它是怎么产生的，从哪里开始的。心生万法，愿能生缘，从发心开始。要观察整个社会是怎么运作的，在社会的问题中寻找我们要做的事业，这个时候“体、相、用”自然就出现了。

所以在这种情况下，建议大家先不妨停下来思考一下。

企业为什么倒闭？仅仅是因为疫情就倒闭了吗？有的朋友会说“对呀，是因为疫情倒闭的”。但我们看一下，疫情期间并不是所有企业都倒闭了。

从隐性来说，能够倒闭的企业，它一定有隐性的因在里面，是这个“因”通过疫情的“缘”而爆发了，导致这家企业倒闭了。同样一个行业，有的企业倒闭了，有的企业没有倒闭，原因就是缘一样，因不同，所以果不同。

从显性看，为什么疫情一来企业就倒了？看一看企业过去的机体是否够强壮？资本存量做得怎么样？一直在做着的是不是顾客的刚需？如果这些条件都具备的话，疫情也难不倒你。如果市场离不开你，永远有人需要你，企业就能活下去。如果所做的事情本来就是可有可无的，存在也不是最有价值的，困难一来企业肯定先倒。

比如要搬家，从A城市搬到B城市，你可能会带走一些家具，也会抛弃一些家具，那你会带走哪些家具，抛弃哪些家具呢？这个答案很简单，带走那些最重要的、必不可少的，抛弃可有可无的。很多企业本来在社会上就可有可无，只是过去我们没有站在整个社会角度去看。

我在《使命与发心》这本书中，反复跟大家讲，如果不站在社会角度，根本看不出企业的使命。找不到使命不是使命的问题，是观察企业的视角出现了问题，或者说不是因为疫情才倒的，是它不应该存在，早晚都要倒，只是疫情加速了它的倒闭。

这样说可能有些不够仁厚，希望朋友们能理解这份心。企业面临倒闭以后，我们要学习，要反思，这个反思如果没有做透彻，再做企业还可能会重蹈覆辙。用同样的思维做同样的事，一定得出同样的结果。所以一事无成，必有一理不明。原来的企业如果没有发心，没有“体、相、用”，那以后再做企业，可能还是那个样子。

这时要百战归来再读书，学习，思考。思考一家企业因何而生，因何而亡，如果这个弄不明白，做企业的风险太大，问题不是出在外，而是出在内。

“学而时习之，不亦说乎。”我们还没有“学而”，就直接“时习之”了。疫情到来时，如果企业遇到困难了，一边应对，另一边要赶快反思、学习，避免下次出现。这些要是悟透了，即使企业倒闭了也不用担心，因为现在所有的企业本来都是零起步，既然当年能从 0 到 1，就可以再次从 0 到 1。

天下万物生于有，有生于无，而那个“无”就在你的发心中。在无的时候就要读书学习，出去工作，先维持生存，然后好好审问自己的发心，等下一次再出手想做企业时，用正确的发心依道而行，用使命去运筹，那么，这次你所有的困难和失败，对你来说就是一笔巨大的财富。

当年的陶朱公范蠡，经营财富，三聚三散，每一次赚到财富，就散掉，然后再聚再散。一生三次，人家做财富就这么自由自在，这说明什么？他对经商非常娴熟，而我们却经不起折腾，说明我们的功夫还差一些。

大家别着急，现在不是谈“体、相、用”的时候，而是我们学习的好时候，是谈发心的时候，我们现在最大的财富就是发心，通过发心能把各种缘分激活，那做起事来就好办了。

2. 使命思维的建立不是一蹴而就的，需要长时熏修，但它可以帮助企业从根本上解决经营问题。而现在企业面临困境时，往往都在找寻快速解困的方法，请问老师如何让企业家回到正确的使命思维上来，运用正确的哲学思想来解决问题呢?

答:《止学》说：“躁生百端，困出妄念，非止莫阻害之蔓焉。”当你浮躁、急躁的时候，会生百端。这个“端”是事端，指各种歪路子。“困出妄念”，当我们受困的时候，会逼着自己去找答案，可是很多答案其实是不对的，只是一种妄想，不是解决问题的最好方法。

“非止莫阻害之蔓焉”，要止，不动才是此时最好的应对策略，否则，问题不但解决不了，反而可能还会被放大。因为我们对于问题爆发的原因以及之前犯了什么错误都不清楚，此时所提出的解决方案，很有可能正是让我们再次走入深渊的开始。

在我个人看来，企业遇到这种困难时，一般来说快速解困的第一方法，不是出方案，而是学习，是求教，是共同研究这个问题究竟是如何出现的。很多时候我们自己看不到问题的实质，往往会当局者迷，不识庐山真面目，若继续用自己先前的解决方法，是起不到任何作用的。

古人说：“吾尝终日而思矣，不如须臾之所学也。”很多朋友在企业遇到困难的时候也向我咨询，我就告诉他们要看书、听课，他们会说：“企业都乱成一团了，我没有时间听课看书，我就想要一个方案。”殊不知，很多企业之所以走到今天这个地步，就是因为不看书、不听课造成的。如果继续不看书不听课，谁也无能为力。

针对他们想要一个解决方案，我的回答是："我所给出的第一个方案，就是解决企业当家人的问题，而不是企业的问题，你能接受吗？假如当家人自己都没有搞明白，怎么能经营好这家企业呢？"这是很现实的问题，就像一个人，如果他不会开车，给他配什么车都没有用。

再说这些方案，是我提出来的，再由你去执行，如果我们在这个问题上理解不一致，当执行方案时，肯定执行不了。所以我没法给你一个方案。其实，这些都是妄念，是一种非常急躁的心态。这个时候首先要学会接受，接受这一切的不如意。当困难到来时，反思、学习、求教，这往往是最好的方法，一定要去面对它，不要逃避。

解决企业经营困难，需要企业家对企业完整透彻地分析。从稻盛和夫先生拯救日航来看，日航自身过去难以实现，即使想尽一切办法也拯救不了；而在稻盛和夫先生看来，这完全可以实现，不到 3 年就能让日航步入正轨。

我们要学的不只是稻盛和夫先生的方法，还要学他是如何分析企业的，我写《使命与发心》一书，就是希望用一种正确的思维方式把我们的困惑解开。

做企业是我们一生的大事，不可能用两天就全部学会了。我身边的很多企业朋友一起学习两三年了，他们对使命思维运用得很快，找到路就不怕路远。当企业遇到困难的时候，首先要找到企业使命，让企业家回到正确的使命思维，这是最重要的。明确这家企业是做什么的，本应是做什么的。

从这里开始找到我们问题的根源，治病要从根上治。过去企业正是因为在使命（体）上不明，所以相必乱。相是人财物，人财物的组合可能是有效的，也可能是无效的，可能是高效的，也可能是低效的。所以造成同样是 1000 万元的投资，可能带来 300 万元利润，也可能带来 1000 万元的亏损，不是说手里有足够的钱就能赚回钱来。所以，在相上的因缘组合非常重要。

想正确组合，第一步是必须明体，明体是解决问题的重要一步。第二步是要根据使命重组缘分，对你过去的团队、经营、业务模式进行重新构建，使命是什么就做什么。

决策的依据是使命，决策的落实是相的部分，所以决策依据于“体”。通过这个调整，使过去原来每一项资源重新回到本位上，让资源之间得到合理配置，行之有效，这时企业就有活力了。

第三步是要观察企业是否已经产生了对应的、足量的社会价值，即德鲁克先生一直所说的“外部成果”。如果企业没有产生社会价值就谈利润，这根本实现不了，即使实现了还是会回到原点。

所以，一定要观察企业是否已经产生外部成果、顾客是否满意、是否有社会价值。如果这些都产生了，那企业离盈利就不远了。一家企业，有价值就会有价格，有价格就会有利润，要成为一家社会需要型的企业。

三个步骤调整完以后，企业基本就能恢复，这是用“体、相、用”来拯救一个项目的基本思维方式。做企业要在专业领域不断地学习，从而助力企业健康良性发展。

3. 老师，请问那些在疫情中勇于担当、不计得失的企业家们是不是按照“体、相、用”的思维来经营企业和做企业决策的?

答: 可以说是，也可以说不是。取用“体、相、用”这个词是为了便于大家使用和记忆。名可名，非常名。所谓名，可以说得出口的名不是真正的名。

很多企业家天生智慧高、仁爱利他，企业也没用“体、相、用”这个词，但是他们做得可能比我们好。我们虽然学了这个名词，未必有人家做得好。好比是学《孝经》的未必懂孝道，行孝道的未必学过《孝经》。

疫情中的企业家，要看是否有民族大义担当。建议大家看《使命与发心》发心篇，没有发心，“体、相、用”执行不了。企业家在疫情中靠发心的力量支持，值得敬佩，我们要学疫情中的发心。

疫情中带来很多思考，他们勇于担当，不计得失，把这种发心用到企业当中，对那些陌生的、没有付报酬的同胞都奋力救助，自然对客户也好。有这么高思想境界的人，商业也绝对难不住他，所以商业的背后是境界。

学这些书，不仅是学一种理论，而是通过这种理论达到一种境界。就像看 NBA 录像一样，看录像是为了有一天能在篮球场上自由驰骋。

有了这本书，我们一步步去对照、反省，找到不足就能成长。学然后知不足，只有学了以后，才知道哪些不足。“人不学，不知道”，人不去学，不知道人生规律、事业规律。

事业的规律就是使命，人生的规律就是发心。命运起不来，是因为发心不对，发心为因，一生的命运为果。人生不是输在结果上，而是输在发心上。命运的兴衰成败，一切都是有规律的，按规律重新调整就好了。

错误的人生就是惑业苦，我们只有从惑上解，才能把苦避开。惑如果没有解开，就会导致犯错。没有使命，企业运行全靠想法，资源也会成为浪费。没有发心做事，最后的结果就不用说了。

“求之不得，必有其因。”如果不在因上找，还继续求，这叫妄想。所谓妄想，就是不按规律办事。要想做到不妄想就要依道而行，那么道从哪里来？人不学，不知道，从学中来。

这个时代的很多问题都是因为一个错误——知小而谋大，所知太小，所谋太大，所以成功的概率就很低。

4. 做企业要满足顾客需求，重视顾客端，请问老师，顾客思维与缘起思维的差别是什么？

答：中国企业在进入商业化的时候，建立顾客思维是必须的，没有顾客思维企业很难生存。但是，顾客思维代替不了缘起思维。

首先，顾客思维中缺少了一个重要因素——商业使命，工商业大使命是人类幸福。那么，企业处在工商业中，要遵循整个工商业的大使命。

有时候，满足需求和人类幸福是一件事；有时候，满足需求和人类幸福是矛盾的。在这个问题上，大家要仔细想一想。商业不是孤立行走的，必须思考人类的幸福问题、善恶问题。人类幸福，关系到顾客的终极利益；善恶，关系到自身的终极利益。否则，当我们赚到钱时，就是两败俱伤的时候，顾客暂时的需求得到满足了，但是被误导了，我们暂时满足他的需求了，未来也麻烦了。

所以，在《使命与发心》这本书当中，我反复引入稻盛和夫先生的思想，就是怕大家一头钻到顾客思维当中出不来。顾客思维必须和整个人类幸福一起走，在大使命指挥下行进。

其次，稻盛和夫先生对于企业使命有一个非常重大的贡献，他提出了员工幸福的问题。如果没有员工幸福作支撑，顾客思维想要实现是很难的。员工不幸福，看不见希望，而企业却逼迫他去实现顾客的需求，这件事是没有办法去推动实现的。

中国很多企业在这个问题上输掉了，老板很在乎顾客，下一线整天和顾客在一起，顾客有什么需求想尽办法满足。但当回到企业来落实的时候，发现员工不配合，员工会说“这跟我有什么关系，那是你的事。顾客是给我们订单了，赚到钱以后我们也捞不着，跟我们没关系”。这时候老板就很着急，却不去反思自己，而是吓唬员工：“今天不努力工作，明天要努力找工作。”员工一听这话：“老板，谢谢你提醒了我，我白天努力工作，晚上努力找工作。”一旦找好了，“老板对不起，请个假我要走了”。老板说：“你不能走，顾客订单没有完成呢。”员工说：“跟我有什么关系？”

所以员工的幸福和顾客的需求是不能分开的，两者必须是联合的。稻盛和夫先生到央视做《对话》那期节目时，反复强调员工幸福要放在首位，大家要特别注意这个问题。

最后，在讲使命三要素时，第一要素，用什么；第二要素，为谁；第三要素，实现什么。我们反复强调“文明引入”，这是很多企业家疏忽的东西。就是说，想满足顾客需求，但对文明的引入没有花费精力，结果就是虽然想满足需求，最终却实现不了。在中国企业有很多这样的案例。

提到顾客需求，一定要将其和文明引入在一起联合运作，没有文明的引入，就没有顾客需求的满足。我们开一家养老院，想让老人过上幸福生活，可是让老人过上幸福生活那些文明体系，如孝道、伦常、医疗保健、老年娱乐、老年大学这些项目都没有引进来，老年人的幸福就实现不了。

前面说的这些，就是缘起思维。缘起思维说万事万物互为缘起，你连着我，我连着你。顾客需求不是孤立存在的，连着人类的终极幸福，连着员工的幸福，连着文明的引入。所有事情是互为缘起的，把这些缘起放在一起，就能有效组合，整个企业又回到一个缘起。

企业缘起说的是企业为什么存在的问题，满足顾客需求在局部看它是成立的，放在整体看有时是不成立的，整体是人类命运共同体。企业的大缘起关注的是一家企业在社会为什么存在，把这个问题再细分到局部的时候，才是怎样满足顾客。大离不开小，小离不开大，小来落实大，大来指挥小，这样就看清楚了。

疫情之后，我们发现哪些企业是必不可少的？第一产业，农业，所以必须春耕。第二产业，工业是离不开的。而服务业要重新布局，哪些服务业大众离不开，哪些服务业要适当增量或者减量，这些都是未来要思考的。

互联网在疫情到来的时候发挥了重要作用，过去互联网冲击最大的是商贸行业，从线下交易转为线上交易。下一步很多行业都会受到互联网的冲击，互联网的到来改变了供需之间的互动模式，信息高度透明化，使产品和客户之间这种比对关系变得更加明晰。

但是互联网也是有利有弊，目前的互联网只是第一步，下一步真正的高手是能够发挥互联网的优势，能够消除、减少互联网的弊端，这样的企业在未来才有可能立在潮头。只有能够兴利除弊、资源共享的企业，才有可能在互联网上真正占有一席之地。

我们必须回到整个社会大背景中去看一家企业的发展。缘起思维想要告诉大家，一家企业不是孤立存在的，是基于大背景而言，它在人类的命运中、国家的政策中、共同的幸福中、文明的进程中。所以缘起思维就是企业在这些大背景下如何出现、如何兴起。依缘而生，依缘而兴，这个是缘起的真正解读。

企业是基于整个时代、整个文明进程而产生的，如果不观察这些，只是低头拉车，根本无法走远。在缘起的思维下才是顾客思维，顾客思维是微观，而缘起思维是宏观。宏观如果看不到，在局部可能暂时赢了，但也可能因为一个政策的变化，一个文明的改变，整个都输掉了。所以大家要特别敏锐地观察外在缘起，尤其是和你企业相关的缘起要特别注意，有哪些因缘在发生变化，在这种情况下来思考我们这家企业应该做什么。

机遇在哪里？机遇在社会亟待解决的问题中，这个叫依缘而生。像教育、通信、医疗、环境、食品、农村振兴、养老、能源等行业中都蕴藏着机遇。有的朋友会问，这与我有关系吗？正是这种思维，耽误了我们企业的发展。大的背景缘起没有，只是孤军奋战，根本做不出大企业来。你做的是你自己的事情，没人来伸手帮你；你做的是大家的事情，大家才会支持你。

一定要记住，“不谋全局者不足谋一域”。没有这样的高度，越在局部做，越做不出来。唯有谋全局者，方能谋一域，在大缘起中看企业，基于国家，基于人类命运，基于整体看局部，然后再回到局部观察顾客思维，这是一个真正企业家的高度和气魄。

5. 稻盛和夫先生说，“努力把本职工作做好就是最好的修行”。老师，这句话可以理解为不需要把体和相做好，精进钻研技术和产品也可以获得成功吗?

答：这个理解有些断章取义了，这不是稻盛和夫先生所主张的思想。他说的“努力把本职工作做好”是有大前提的。什么是本职工作？什么叫做好？大家仔细想过这两个问题吗？如果不去深究的话，会落入概念，听起来好听，实际却落实不了。

举一个教育行业的例子，很多学校的校训都常说这样一句话：“一切为了孩子，为了孩子一切。”家长一看很感动，孩子也很感动。什么是为了孩子一切？包括育德吗？那学校育德了吗？包括育体吗？那学校育体了吗？如果既没有育德也没有育体，“为了孩子一切”到底为了孩子什么？怎么来实现它？是否有可以依据的理论、规律、方法？这些问题不能通过粗略的概念解读。

同样，我们的本职工作在“体、相、用”当中归为相，相要听使命的。不是基于使命的工作，可能是无效的工作；不是基于使命的工作，可能是低效的工作。所以我们说把本职工作做好，它一定是先基于使命才能开展工作，不按照使命而完成的工作，都不是真正的本职工作。

那么工作要做好，不是我们自己说做好就做好了，要看是否产生社会价值和顾客满意度。我们的教育行业常用“门前若无桃李，羞说教书育人”这句话来要求自己，企业和教育道理是一样的。所谓做得好与不好，它一定来自“外部成果”。外部成果是德鲁克先生反复强调的，在企业内部自身是没有办法评价的。相不能独立评价相，对于相的评价离不开体，也离不开用。

稻盛和夫先生对使命把握得非常准，境界也高。大家看稻盛和夫先生的书一定要注意，不能断章取义，否则会学偏了。比如，先生说销售最大化和成本最小化，是基于大义名分而说的。很多企业没有大义名分，就盲目使销售最大化，产品好与不好都卖给顾客，盲目地降低成本，为降低成本不惜把产品质量降低了，这不符合大义名分。稻盛和夫先生的方法都是基于整体上说的，不可以孤立看。我们建立“体、相、用”模型，就是帮大家建立这种系统思维。

6. 站在企业角度，怎样理解人类命运共同体？

答：人类命运共同体，与我们所有人都相关。

第一件大事，企业关系着国家税收。企业办得越好，税收越大，税收用于老百姓的福利，用于抗击疫情。国家有了钱以后，组织医护人员到一线，建医院建方舱，这些事情如果不是一个富有的国家，是做不到的。这些年我们藏富于国，藏富于民，才能度过这次危机。稻盛和夫先生说水库式经营，我们国家早就做到了。

税收靠企业，企业靠国家，企业发展交税给国家，国家越富裕我们越安全，这就是命运共同体。作为企业，我们是纳税者，也是税收的享受者。

第二件大事，企业涉及民生和就业。今天我们国家的就业主体是在企业，企业当中80%的就业由民营企业承担。民营企业快速地发展起来，80%的就业就解决了。一个社会能稳住就在于企业家的能力，他们用强壮的肩膀把社会扛起来。我是支持大家的，写书就是帮助企业家做事更有效率，发展越来越快，然后社会就不会有风险。

第三件大事，商业与人类命运。我在前面谈了几次，未来毁掉人类命运的罪魁祸首，很有可能是商业。商业在逐利的时候忘记了人类整体的命运，只是想要赚钱、要融资、要上市，其他都不管。美国的金融危机给国家带来了灾难，而金融危机的引爆者就是商业——次贷危机，日本后来也是如此。在这个时代，商业有时就像一只巨兽，它的利益推动大自然的破坏。

做善事的是商业，做坏事的也是商业。在这个问题上，如果商业不去思考人类命运只想自身的话，这种商业值得我们担忧。当商业不顾忌人类命运的时候，就是发心出了问题，愚痴的发心伤了别人，也伤了自己，发心是理性的。

企业家只有在为人类谋幸福当中，才能去改变自己的命运，圆满自己的人生。如果企业为了追求利润而不惜伤害人类，这样的企业没有好下场，大家要是不相信的话不妨看看历史。中国企业家首先要建立商业理性，赚钱很重要，但是大不过命运，个体命运受制于命运共同体。在企业发展过程中，仔细想一想，我们所做的每一个决策、所投资的项目，对于人类是在放火，还是在救火。

这些年有很多朋友站出来呼吁南北极冰川融化、地球升温问题，有的企业家醒悟了过来，有的还没有醒悟。这里面有良知也有理性，如果不停止破坏地球的行为，将来不仅整个人类遭遇困难，企业家也会遭遇大困难，为什么？在人类共同的灾难中，你是核心的推手。不要拿赚钱当理由，多少钱能换回武汉同胞的命啊？多少钱能挡住一次洪水灾害？商业要有序地发展，要正确地发展，要共同发展，最终实现社会美好、员工美好、个体美好、人类美好。

7. 通过建立使命思维，中国企业乃至中国未来会是什么样子？

答：我们使用的一切资源和财富取自于天地，流通于工商，用之于黎民，回归于自然。在整个流通过程中我们特别怕物不能得其用，浪费太严重，资源被大量消耗。资源本来可能用千年万年，结果被严重浪费，不到百年就走到了末日，这是人类最不愿意看到的。自然的资源不是取之不尽，用之不竭的。

有一次我领着学生们做野外训练，走过工业园区，看到一个大项目在那里停滞着，有三四年的时间了，好像是投了五六亿元，这可是人类共有的资源。中国目前虽说是 GDP 全球第二，可是工商业的效率还是上不来，体不明，相很乱，用很低，这就是现状。

现在人不学思想，以资本为炫耀，一张口“我给你6个亿”。要想一下当谈论“亿”的时候，内心有没有惶恐？所投资的项目能不能造福于人类、造福于百姓？能不能获取利润？这些资本不是个人的，而是天地的。

投资时，这种资源加想法的做法很普遍，基本一开始就谈资源资本，不考虑顾客需求、核心技术、使命、发心这些最关键的要素。如果这些要素没有梳理清楚，到最后项目推动不了是必然的，即使做成功了也是运气，资源迟早会被消耗完。这是一个亟须提高效率的时代，提高效率非常重要，要提高效率。

用“体、相、用”思维来做事情有大的好处，以我们学校为例。2016年学校成立，当时投入了600万元现金，再加上规定的房屋建筑，现在产出是将近300个学生，给我们10～20年，相信这些孩子可以成为栋梁之材，一个栋梁之材的价值都可以过百亿元。并且自建校以来，我们致力于研发育人系统，用这个系统推动国家教育升级，这个系统目前无法估值，可能过亿或几十亿元。我们用600万元的投资和建筑，做出价值几个亿的体系产品，再培养出价值百亿、千亿元的人才，这是在珍惜资源，我们极尽一切想法去节约资源，产生巨大的回报。

《大学》里说：“生财有大道，生之者众，食之者寡，为之者疾，用之者舒，则财恒足矣。”一个国家怎么能够长久地富强呢？“生之者众”，创造财富的人要多。我们做教育，就是要让所培养的毕业生为社会创造财富，而不是把铁饭碗当作人生追求。“食之者寡”，要俭朴，俭以养德。资源消耗这么大是因为花了很多不该花的，用了很多不该用的。“为之者疾”，要勤奋，创造财富的过程要特别勤奋和努力。最后，“用之者舒”，花钱的时候慢慢地花，花到正地方去，如果能这样就“财恒足矣”。

今天造成社会财富的浪费主要有两个原因，一是生活习惯问题，奢侈还是俭朴。如果不能养成俭朴的习惯，有多少个地球都不够人类使用。二是商业投资问题，每一次的商业投资是否能产生对应的社会效益、经济价值。

建立依道而行的使命思维，就是为了避免一些无效的、低效的资本运作。提出使命理论的心愿是：第一，希望未来我们的商业运作能够回到正道上来，资源使用效率更高，国家更富强。第二，希望中国所有企业能够把奋斗方向指向人类幸福，而不是把商业利益放在首位。

《使命与发心》这本书会告诉你指向人类幸福为什么是正确的，指向人类幸福的企业为什么能够做大做强。“各行各业都能够找到使命，依照使命而行事。所有人都是付出者，也都是收获者，因为使命定位清晰，社会的分工趋于合理，各企业的生产都在高效地运行。因为家家致力于贡献社会，所以社会快速进步，社会是什么？社会就是你我他，社会进步了，大家都受益。从工商业来看，它的使命越来越清晰，越来越有力。它的社会分工越来越细致，越来越精准，它的产品越来越专业化，越来越利他。举全社会之力，以高效率生产，满足人民美好生活的需要。”

8. 企业的使命是一个还是可以有几个？

答：一般来说，一个项目只能有一个，如果是集团公司多元化经营，每个不同的项目最好设不同的使命，否则战略不好制定，决策不好做。有的企业会想以“为人类做贡献”作为大使命，而“为人类做贡献”这句话是稻盛和夫先生提出来的。稻盛和夫先生是一位又能宏观又能微观的人，他说宏观从来不忘记微观，他抓微观从来不忘记宏观，可是我们一般人学稻盛和夫先生的时候，总是扯着这头忘了那头。

京瓷的企业就做陶瓷，使命很明晰，所以体很容易立。而现在很多企业，这块房地产，那块电子商务，然后又搞投资，使命只能分着写。因为顾客不同，需求不同，产品不同。

要想把企业做大，我比较建议像京瓷那样，一条线冲上去。比如一年的产值是 10 亿元，三个产业 10 亿元和一个产业 10 亿元，哪一个更安全？

哪一个抗风险能力更强？这个要思考一下。企业的风险不是因为多元化，就像所有鸡蛋装在一个篮子里，但鸡蛋的最终风险不是因为装在了篮子里，真正的风险一定是在发心和使命不清晰上。

中国的企业经营已经走过了经验的时代，要进入道的思维，用道来统领万事。家里的事就有家道，企业的事就要有企业之道，国家的事有国家之道，以道治家，以道治国，以道治企，道的领悟还需要经历反复的学习和实践。

9. 李老师的书中介绍了企业的使命，请问企业主的使命是什么？

答：其实对于“企业主的使命”这个问题大家被名词概念给遮住了，为了区别企业主和企业，对于企业主我们没有使用“使命”这个词，而是换了一个词叫“发心”。你的发心就是你的使命，当说企业时用的是使命，说企业主时用的是发心，二者的概念是相关的。所以你有什么样的发心，就有什么样的使命。

比如说面对你的员工，你希望员工跟着你都过上好日子，那么你的使命就是让员工过上好日子；面对国家的很多社会问题，你希望用商业来化解其中一部分问题，那么你的使命就是承担起社会的责任；面对你自己，你不想虚度人生，你想去提高心性，获得生命的升华，那么你的使命就是提升心性，度过一个有意义的人生，这些都是你的使命。

关于使命问题，大家可以仔细读读《使命与发心》这本书，答案在书中说得比较详细，这不是我个人的想法，而是来自中国文化的传承。

10. 怎么保证发心是发自内心的，而不是受外部各种利益驱动？

答：要去悟道，悟人生之道。最而根本的问题就是为什么活着，如果这个问题能看明白，相信外界是不可能去左右你的，因为人要为自己而活。我们来到这个世界时是一个人来的，走的时候也会孤单地走，那些曾经诽谤、赞美我们的人都不能陪伴我们走到终点，这一路只有我们对自己的未来负责。

不要说别人误导了我们，没有人能误导我们。如果有人误导我们，一定是因为自己没有想清楚。就像你去一个地方，手机为你导航，非常精确，你是不需要问路人的。我们看所有能够被外界利益驱动、被其他声音误导的人，根本原因是自己没有想明白。

我们为什么活着？我们应该追求什么？想把这些问题弄明白，需要有老师带领着我们去学习中国文化，找到答案。经师易得，人师难求。人师的核心特征是能给你的人生做向导，清楚地告诉你人活着应该追求什么，怎样去实现你的追求，如何从文化中悟透人生。这些问题并不是新问题，都是老问题，古代圣贤对这些问题做过深入的思考和研究，并且给了答案。只要我们能找到这个答案并照着实践，相信路就通了。

如果想真正悟透人生，我建议不是着急看书，而是按照以下步骤去做。第一步，访名师；第二步，学人生；第三步，悟人生；第四步，实践人生，也就是我们所说的觉悟人生、奉献人生，觉悟后才去奉献。关于这个过程，首先是找到名师来教我们，这个明不是有名的名，是明白的明。第二，听对人生最有帮助的东西。然后去思考规划人生，而不是把宝贵的人生拿来搞知识，搞一些没用的东西，把时间耗费掉了，最后好像明白很多东西，可人生却浪费了。

当这些问题能够想明白，再回到前面的问题来，你的发心一定是发自内心的，因为你明白今后要做什么，当你明白时，别人是不可能误导你的。就像答题一样，一个班里的优秀生在答题的时候，他看到1+1等于几的问题，知道答案一定是2，就算全班其余同学都写6、都写8，他也不会改这个答案的。老听别人的答案就是因为自己没有标准答案，这是问题的根本。

明白这些之后再回到人生来看事业就看懂了，人生和事业是一起的，事业说到底是成就人生的。如果说做事业不管人生，最后事业似乎做成了，但人生输掉了。家道传不下去，儿孙起不来，事业传不下去，没有接班人，身体垮了，心灵也垮了。当我们到了晚年的时候，如果出现这些问题，是承受不住的。

一分耕耘一分收获，在哪里耕耘在哪里收获。为什么最后我们的人生输掉了？因为在人生上没有耕耘。为什么最后在家庭、子女教育方面输掉了？因为我们在子女教育上没有耕耘。为什么最后我们身体输掉了？因为在身体上没有耕耘。为什么最后我们的心也输掉了？因为在心上没有耕耘。所以人生就是看你怎么发力。

大家可能会说比较忙，事业这么重要，也没有时间顾家庭、顾身体，这只能说明我们不会做时间资源整合。我们手里都有一块资源，就是时间，一周 7 天，每天有 8 ~ 10 小时的工作时间资源是属于你的，如果调整好的话，是能高效利用的，把身体、家庭、事业、心灵都顾好是完全可以做到的。

如果没有做到就要学习，通过学习来提高效率。可能 3 小时就能把问题解决，但 6 小时了也没有，这就是效率的问题。通过学习，提升效率，时间被高效利用，我们就可以留出很多时间陪伴家人，留出时间来锻炼身体。

没有时间的原因，其实是自己智慧不足，不知道这些资源怎样能被高效利用，所以要提高实践资源的效率。这样对人生做一个整体布局，彼此之间互相支撑，身体好、心灵高尚，对家庭、事业有帮助，事业就能成就人生。它们彼此不是孤行的，是融在一体的，那么这件事情就解决了。

11. 请问老师为什么要写《逆境突破》这本书?

答：第一个原因，人类命运共同体。我不希望现代商业去伤害人类的命运，我们所做的一些产业，如果对百姓、对下一代、对环境不好，即使我们赚了一些钱，最终这些钱也带不走，反而成了人类的罪人，这些罪却是需要带走的，而且这些罪是要留给子孙的，甚至子孙也会因为我们而抬不起头。今天我们富裕了、有钱了，在这种情况下，选择从事什么样的工商业，真的需要思考。

第二个原因，不希望资源被过度浪费。我经常为企业家授课，也看过很多个项目，有些明显是不可行的。因为它没有“使命”，没有“体相用”，就是一些资源和想法。计划书写得特别好，投资几个亿，利润几个亿，纳税有多少等，结果这个没想到，那个没想到，投一半就放弃了。其实不是没想到，而是非专业思维，这个项目本来就不该上，或者不该这么上，所以失败是必然的。

现在很多企业家思维方式没有进入道思维，不能依道而行，所以项目漏洞很大。这些企业家只是活在自我意识里，他觉得：第一我钱多，用钱来砸；第二我有背景、有靠山，这两个有了，就一定能赚钱……看着这些资源被浪费掉，真的感觉好可惜！未来怎样提高资源的使用效率、提高资本，这都是我们当代企业家要思考的。

第三个原因，不希望看到企业人晚景凄凉。大家想一想，老一代企业家他们现在过得怎么样？当年那些风云人物现在在哪里？为什么这些企业人有才华又勤奋，到最后却落魄了？甚至有很多人晚年是在监狱度过的。更可怕的是现在很多企业家还在走这条路，自己却恍然不觉。问问自己，没有人生的事业，是我们的追求吗？

我希望大家一起来思考商业和人类的关系、资源怎样能高效、企业人如何在事业中成就人生的这些问题。

12. 请问老师，创业初期一两个人的小公司也需要用“体、相、用”思维吗？是不是太“阳春白雪”了？

答：在创业初期的时候，恰恰需要学这个东西。《论语》开篇第一句：

"学而时习之，不亦说乎。"它分三段论述：首先"学而"，其次"时习之"，最后实现一个结果，叫"不亦说乎"。我们创业在这三段当中很明显属于"时习之"，在"时习之"之前我们先要"学而"，把做事业的整个过程弄明白，而不是上来就交学费。越是初创的企业，越是小企业，更要做理论学习。因为在创业过程中，小企业的资源是非常有限的。

初创企业更需要注意两个问题，第一，资源的使用效率问题。比如人力资源问题，一个人在一家企业能创造产值20万元，到另一家企业能创造50万元，那这个企业就厉害了，企业哪怕只有三个人，他们的效率顶过别的企业十个人，结果就能赢。

第二，愿力，就是书中所说的发心。用愿力来汇集资源，因为企业本来就很小比不了别人，别人有规模、有市场、有固定客户、有品牌，这时我们就要靠愿力。愿力如果很大的话，就会把资源汇集过来。就好比刘备，他什么都没有，但是他有愿"匡扶汉室"，然后有了桃园三结义，三顾茅庐找来了诸葛亮。

使命定位要非常清晰，用什么、为谁、实现什么。客户定位要非常精准，我们没有那么多子弹，子弹一打就空了，所以要盯着客户，把资源用好，实现最开始的一个正循环，让资金迅速回流过来，这样的投资运营才行。

什么叫"大"？什么叫"小"？大一定起于小，小蕴含着大，关键是小中间有大愿，小当中有大思想，所以小企业不要自己轻看自己，可以有大理想、大思想和核心技术。有的大企业虽然有很多车间、很大规模，但如果没有核心技术，未必比得过小企业。伤其十指不如断其一指，小企业若在某一个关键技术上很厉害、很专长、很精准，别人无法与其竞争。

所有大企业一定是从小企业做出来的，通过核心技术、思想和理想让整个企业发展起来，越是小企业越需要学习，学习系统、专业地运营企业的思维方式。否则，企业发展中遇到的困难会非常大。

《道德经》中讲："天下大事必作于细，天下难事必作于易。"所谓

“大”都是从“小”开始的。不要让“初创期没必要学习”这点成为障碍，不要觉得学习使命和发心是“阳春白雪”，创业期的小企业恰恰是更需要这种高端理论来支持。没有这个支持，就没有核心竞争力，人家企业规模比你大，资源比你多，什么都比你强，比外在比不了，那就比内在。

用思想、理想这些来汇集资源，整合运作资源，最后就能成功。如果外、内都不如人家的话，就只能等着输了。所以小企业家要多看书，多学习，苦练内功，有内功就能产生外功，有了外功问题就解决了。

13. 高层面的商业思维方式是指什么？高层面的商业思维方式需要从哪些方面来构建？作为企业家我们应该怎样获取？

答：商业思维是有多个层面的，最低层面的商业思维就是什么赚钱干什么，在这种思维方式的指导下经营企业风险很大，最后很难赚到钱，赚到了也是机遇、运气、福德等的原因。

高端的商业思维方式有几个特征：

第一，基于人类命运看商业走势。商业再大也是人类命运中的一部分，我们一定要用这样一个高度来看如何做企业，内在是我们的发心，外在是时运，如果不懂时运，就不知道未来会发生什么。

曾国藩说：“凡谋大事者，才华为辅，见识为主，人意居半，天意居半。”意思是真正谋大事的人要以见识为主要，然后靠才华来辅助，这个见识说的就是能看明白整个人类的走势。通过人类命运来看商业走势，见识打开以后再做投资项目选择。而投资项目人的谋略只占一半的功能，天意占一半。

这个天意并不是听天由命，宋代大儒邵康节说：“天听寂无音，苍苍何处寻？非高亦非远，都只在人心。”天意自古高难问，我们不知道天意是什么，在哪里能看到，非高亦非远，在人心。人心所向，我们就知道了一半的天意，再加上人的努力、谋划就能把事情做成。

第二，基于人民幸福看商业机遇。商业机遇就藏在百姓的期望和幸福中，顾客最大的需求就是幸福，幸福是人类最大的需求，也是永远的需求。温总理说："民之所忧，我之所思，民之所思，我之所行。"这就是商业机遇出现的地方，不是什么赚钱做什么。钱是实现了使命后而应得的报酬，是百姓给你的报酬。

基于人民幸福就能看到商业机遇的真正来源，如果不从这里看，我们谈商业机遇都是投机心。相由心生，一个带着投机心的人，他看到的机遇往往都是陷阱，商业陷阱就是给那些有投机心理的人准备的，你有什么心就会显示出什么相来，然后就掉进去了，最终把资产都赔了进去。不是当初看错了，是当初的心错了，心错了看什么都不对。有了为人民谋幸福的心，再来看商业发展，真的机遇就能找到了。

第三，基于个人人生看事业经营。事业是外王部分，人生是内圣部分，在外王中内圣，用事业成就人生，基于这个视角来分析我们所做的事业。君子有所为，有所不为。在古代"君子"并不是简单地指道德高尚的人，指的是有深刻思想、会经营人生的人，小人指的是愚痴、不思考的人。"有所为，有所不为"更深层的意义指的是做决策的时候要以人生来决策事业，而不是以商业利益来决策事业。经营要看和人生有什么关系，对人生有没有帮助。比如A项目能赚300万元，但对人生没有好处，绝不做；B项目只能赚100万元，但对人生有好处，那就要做。

人生的时间是有限的，40~60岁只有20年，这20年我们需要福德、需要心性、需要明道，商业决策是要依据这些去做的。40岁以内为了生计、为了生存而奋斗，没有办法顾及人生，当这些问题解决了以后就要思考一些大事了，后面20年要干什么，该怎么奋斗，怎么能够赢在终点。

基于人类命运看商业走势、基于人民幸福看商业机遇、基于个人人生看事业经营，这三点是宏观的说法。在微观上就是基于"体、相、用"依道而行的解释，这都是高端的商业思维方式。

要想做个有思想的企业家，还是建议大家多读大师们的书。"文如其人”，一本书就是一个人的思想境界的展现，从中我们可以开阔眼界，提升思想高度。

当代大师南怀瑾先生、稻盛和夫先生、德鲁克先生，毛泽东同志、周恩来同志、邓小平同志、习近平总书记等写的书都很值得学习。古代圣贤们的书也很多，像儒家的《大学》《中庸》《论语》，道家的《道德经》《庄子》等都很好。

14. 老师好，我们企业是一家传统机械制造企业，已经经营十几年了。10 年前，产值达到 2000 万元之后，至今一直徘徊在这个数值，我非常着急，也学习了很多课程，但一直没有实现突破。您能帮我梳理一下吗?

答：如果企业还是一如既往地经营，现状就不仅仅是徘徊，而且还有可能会遇到危机。如果想向前走，渡过当下的难关并有所突破，需要注意三点。

第一点注意：我有什么?

首先知己，对自己现有资源进行评估。其中资源包括核心技术、有形资产与无形资产、擅长项目等。

第二点注意：相关需求市场缺什么?

寻找相关市场空白，挖需求。

有两种需求探索方法：一种是在原有需求上，纵向下潜深挖。观察市场变化，对现有产品进行换代、升级。

另一种需求探索方法是横向拓展，寻找和现有产品相关的需求，那些与自己服务技术、能力相关的需求。例如稻盛和夫先生的京瓷事业，纵向深挖自身产品，在电视机的使用中，如何降低成本、提高性能，使其符合当时日本主流的电视机需求。横向探索就是思考这种陶瓷技术还能应用到哪里，打印机的瓷鼓、鱼竿的缠线圈是否可以使用。如此通过寻找与自己的产品方向相关的市场需求，横向拓展产品市场。

第三点注意：想要满足这一市场需求还要找到什么？

一般来讲，就是找技术，市场需求与自身技术不对位时，尽快寻找相关技术，使企业增量。所以，存在着很多大企业因为缺少相关技术，就要去收购其他小企业的现象。这样，产生企业联合，使整体技术提升。

这就是企业渡过难关需要注意的三个点：我有什么？市场缺什么？我还要找什么？这只是一个基本的思路，如果深入探讨，还需要个人的发心，要有很大的心愿。

稻盛和夫先生给过我一个答案。他说："年轻人，你们记住，一个企业家事业能做多大是跟心性有关的，心性有多大，事业就有多大，不会多一分，也不会少一分。"从这个层面来说，经营事业不是思路问题，而是心性问题。拓展心性从发心开始，为了员工的幸福，为了顾客的满意度。心性是你心中装了多少人，装了多少顾客，装得越多，企业发展也就越多。

15. 过去我看到赚钱机会就想扎进去，有时上了项目能赚钱，有时干脆打了水漂，学习了老师的课程我明白了需要做一些取舍。请老师指导一下，怎样对现有项目进行取舍？

答：先放下贪心，不放下贪心，说取舍也做不到。不能够取舍的人做不了大事，贪心是人做大事的障碍，这个大家都要小心。

去除贪心之后，有三项取舍原则要遵守：

第一，没有启动的项目，使命未定，按兵不动。

只要一动，动的全是"相"，一动"相"就是决策，没有使命肯定出风险。

第二，已经启动的项目，迅速厘清使命，按照使命决策。

项目在推进中是可变的。没有使命的，寻找使命；缺少技术的，引进技术；未做顾客定位的，派人做顾客定位分析；缺需求分析的，成立小组做需求分析。依“体”而行，方得始终。

第三，确实是没有使命的项目，停止。

没有顾客需求的项目，找不出刚需，就要停止；如果已经投入了很多资金，就要重新调研需求，引进资源，使命再造。

16. 我从事外贸服装行业，这几年中美贸易战，汇率不稳定，导致利润空间非常小，经营压力很大。请问老师该怎么办？

答：“思所以危则安，思所以亡则存。”这家企业走到今天不是偶然，而是必然的。中国很多企业依赖思想太强，依赖国际贸易，依赖外国技术。如果不能和终端客户绑定，一直会有风险。要是所服务的客户企业本身没有使命，没有观察行业走势，行业突然坍塌，客户企业倒闭，最后企业也就连带损毁了。

当下需要的方法步骤是：

第一步，盘活资源。

盘活资源后，估算一下账上资金，看一看能撑多久，企业经营还能带动多少人。

第二步，一方面维持现有客户，一方面去握住自己的终端客户，打开市场。

利用原有资源适当融资，企业可以再生重生。这种重生企业很多，比如波音公司，它是二战中轰炸机的生产商，战争结束后，订单马上缩减至20%。在危机面前，它们找到民用客机的新市场，迅速集中现有科研力量研发新领域。虽然过程很艰辛，要投入大量研发费用，还要维持企业正常运营，但创造的价值是显而易见的。

这些年，中国很多企业依赖美国，依赖欧洲，发展是很好，但有些问题不能忽视。比如利润薄，人家技术和营销比我们强。像技术、营销这些问题就得自己想办法。越后退越没路，越顶着向前冲越有路走出来，成功属于敢冲的人。

君子必需的三种品格——仁、智、勇。用到企业经营上，仁就是稻盛和夫先生讲使命的第一条，致力于员工的共同幸福，是对员工的责任。仁能生智，有智慧就有思路。以仁智作支撑，就勇敢了，这个勇敢不是鲁莽，是成竹在胸，不是匹夫之勇，是仁智之勇。

“智勇多困于所溺，祸患长居于狐威。”“所溺”说的是过去保守、自我、习惯，是不敢突破、因循的那一部分。这时候要从仁上去追寻，从仁生智，从智生勇。

17. 请问老师商贸企业属于哪一种行业？未来该如何去做？

答：商贸企业属于平台类行业，平台类企业的难处在于“相”特别易见，就是买进卖出，业务很明晰，“体”却不明显，难以厘清。此时，企业经营容易迷茫混沌，需要从“用”来推导“体”。

在《使命与发心》一书中，我这样提过：

平台类企业的价值功用：

一是解决产品交易中多对多的问题；

二是提高交易效率，降低交易成本；

三是提供产品延伸服务，保证服务全方案，解决“最后一公里”；

四是担当顾客端的采购专业代理；

五是担当企业端的销售集中代理。

看看自己的企业靠近其中哪几条，实现了几条，企业经营就会有方向了。然后，找出使命，明确企业优势和企业价值。最后，实践使命，通过研发使平台企业升值。

逆心而行，逆过去的“惯性心”，逆过去的“懒散心”。平台企业也有使命，而且必须完成使命，只有完成使命才能够赢得利润，完成供需两端的快速交换，完成它本身的社会职责。

18. 老师，您在课中讲到了稻盛和夫先生提出的人生成功方程式，那该怎样准确理解这个方程式呢？

答：这个问题比较专业，距现实有些远，需要大家深入思考。稻盛和夫先生认为，人生成功方程式是：

人生×工作的结果＝思维方式×热情×能力

思维方式数值是－100～100；热情是0～100；能力是0～100。

“思维方式”，指两种最根本的思维方式：利他的和自私的，一正一负。伟人、完全利他的人、忘我利他的人，可能就有着100的思维方式；极度自私的人，可能有着－100的思维方式。普通人一般都是在±20～±40，是偶尔利他、偶尔自私的人。利他这种思维方式，要长期训练才行。思维方式背后也跟人的心性有关。

关于“热情”，稻盛和夫先生讲了很多，《六项精进》的第一项精进——付出不亚于任何人的努力，说的就是热情。

“能力”就是“德智体美劳”的“智”，“智”是把事情做成的智慧。能力是需要学习的，有些能力是能够训练出来的，比如领导者的决策能力。决策能力依靠的是对使命的认清和运用。

“体、相、用”思维也是事业成功的一种模式，握住“体”，运作“相”，观察“用”。“体、相、用”思维也是一种能力，但如果没有发心做推动的话，用不出来。很多人虽然明白这个道理，但不愿意去做。如果没有利他的思维方式，是找不到使命的。利他的思维方式很不容易建立，它是部分天赋与后天长期训练结合的产物。推荐大家看《予学》这本书，它告诉我们怎样去多给予、多利他，形成良好的思维方式，造就成功人生与事业。

最后，建议您读诵稻盛和夫先生的原著，会对您更有帮助。

19. **我是做线下广告业务的，经过近25年的打拼，已在全国建立了20多家分公司，但近期一直处于焦虑不安的状态，因为截至目前已有3个月全线亏损了。我有使命，也有发心，可无法面对现在的严冬考验，请问老师我该如何快速走出这个谷底期，带领公司走得更远呢？**

答：想走出困境，要特别注意的是：使命不能是概念，发心不能像口号。使命易写，不易落实，使命不是简单一句话，必须深入透彻，具体分析到“为谁？用什么？去完成什么？”。这些说清楚了，企业才叫有使命。

首先，在深层上分析，顾客找你只是做广告吗？广告背后又是为了什么？我在《使命与发心》一书中提及过“产品倒推”。例如，你是做什么的？我做网络业务。网络业务做什么等问题，通过四五层的产品追问会发现，产品中有顾客的期望在里面。

其次，为谁？什么广告都接吗？什么样企业的业务可以接，什么样企业的业务不能接，这个需要考虑清楚。

最后，要实现什么？审视自己的产品是否实现了应该实现的。

如果这三点全做到了，那么这家企业应该能够存活下来。但还有一种情况可能会对企业产生影响，比如今年市场不好，怎么办？建议您调整以下两点：

第一，调整客户端。

有时，我们总是什么客户都接，其实很多客户，我们无法帮到。尤其是做线下广告业务，不是所有的客户公司通过做广告都能把产品卖出去。对客户进行筛选，通过切除无效客户，空出人员，寻找优质客户，这样才能转变局势。有舍才有得，为企业“做手术”，防止被绑定、拖死。寻找有使命的客户，因为你们是命运共同体，一荣俱荣，一损俱损。

第二，调整服务能力。

找不到有效的客户端，这是硬伤。为什么找不到？客户为什么不找我们？企业自身要调整服务能力，思考在行业中，我们是否有强大的广告服务能力。我在《使命与发心》一书中提过广告行业属于供应支持类行业，经营这类企业拼得是硬实力。原文如下：

定位好顾客以后，就要看自身的硬实力了。比如，你的企业是做财务咨询的，在财务咨询行业，你专业吗？你可以为顾客创造出什么样的特殊价值？你是为企业做员工培训的，培训效果如何？客户企业的员工有成长变化吗？

回到问题，顾客只是找你做广告吗？他要的是效果。顾客花广告费的目的是通过广告提高销售额。所以，广告本身也有“体、相、用”。广告是“相”，“用”是帮顾客提升销售额。“体”是什么？根据客户需求马上就能够分析出来了。如果我们不能分析出广告本身的“体”，那么所操作的事一般也成不了。

万事万物都有“体、相、用”，“体、相、用”思维适用于所有事物。事物没有出现它的“用”，一定是没有明“体”，没有优化“相”。如果能够做到一侧调整出优秀的客户端，另一侧调整自身的服务能力，实现供需的二次链接，再造实力，事情就好办了。

广告服务公司作为一个供应支持类企业的要点是：一定要让我们所服务的客户企业受益并不断发展。要产生这种能力，需要自身敢于内调，管理好内部团队，抓销售、走市场、企业瘦身、强筋骨，使自己成为真正有实力的广告业务服务公司。

找到思路以后要迎难而上，克服畏难心理，把不会的变成会的。企业有些困难是必须克服的，不克服就没有出路。

其他供应支持类企业也同样适用。

20. 我是做服务业的，疫情来了，没有客人，固定的开支却没有减少，员工也不稳定。请问老师，我是继续坚持下去，还是考虑转行？您看这个行业还有希望吗？

答：行业希望的有无，不是个人能够衡量出来的。如果行业能找出使命三要素，可能就会有希望；找不出来，就没有希望。如果出现以下两种情况，行业可能会失去希望：

第一种，消费市场对其需求断档。比如生产 BP 机的工厂，就是最典型的一个案例。没有需求的企业，肯定没有希望。

第二种，市场有需求，但谁也实现不了。需求确实有，但是研究太艰难。这种行业，别去尝试，除非你的技术特别过人。

大家对于疫情带来的改变要有这样的认知：疫情是周期性的。疫情过去后，你的客户能不找你吗？大家的需求是必然出现的，也是真实存在的，只是特殊时期特殊对待而已，行业还会复苏。

疫情对企业打击很大，这时拼得是你企业过去的实力，过去攒得家底够不够厚。所以，企业要提前做好储备，松下幸之助和稻盛和夫先生讲过的“水库式经营”就是这个思想。

“必有忍，事乃济。”服务行业要综合考虑，做好思想准备。一定要有忍耐，挺一挺，都能过去。

21. 我们做校外培训机构，现已长达半年或是更长时间没有收入了，但我们仍要面对教师工资、保险、房租、贷款以及采买大量消毒、检测物资等费用，现有资金非常紧张。请问老师，如何才能稳定培训机构，在保证不了工资的情况下，员工还不流失呢？

答：我们从以下几点来看，并要特别注意：

第一，看未来希望，有希望就敢等。研究行业未来走向，如果行业未来有希望，那就要沉住气、耐心等待；如果这个行业未来没有希望，就别再等。

第二，看行业业态变化，早做准备。这次疫情，使行业整个业态发生了大变化，服务模式从线下转到线上，这也是必然的。

通过这次机会，整个教育培训行业发生很大变化，做校外培训行业的朋友，一定要注意这次变化。因为一旦形成线上培训模式，很多资源将被重新分布。过去，交通、时间束缚了培训行业，培训机构较为聚集，在校区和居民区密集的地方，经常出现教育培训行业。

校外培训转变到线上以后，空间距离没有了，交通问题解决了，行业变得更加透明了，过去是货比三家，现在是货比百家、千家、万家。所以，一定要注意观察行业内的变化，早做准备。

你没思路，困难就是死困难；你有思路，困难就能突破过去。要重视这一观点，认真理思路，用心做准备。

22. 随着文明进步和人类对幸福生活的追求，校外培训行业未来应该以什么样的业态模式与顾客互动?

答：在未来，你和家长之间的服务模式会发生转变：从线下转到线上，服务更为方便；从余利低转到余利高；从一个班级 10 个孩子转到一个班级 1 万个孩子。虽然降低了收费，却有很大可能增加收入。

做好这个心理准备以后，你心里就有底了：我能够抓住未来的机会，我敢等。此时，你眼前这些房租、工资等问题，就可以决策了，跟房东谈一谈暂时停租。同时，为下一个机会的到来做最充分的准备，而下一个机会最关键的是互联网，即线上运营。线上运营有两个重要的要素：一个是平台；另一个是服务内容，也是更为重要的，因为内容为王。要减少消耗，抓紧做研发，把有限的资金放在未来的服务产品模式研发上。

“员工开不了工资，怎么办?”别着急，和他们坐下来谈谈，用理想和梦想谈，因为人和人之间产生链接的，不只是工资。但为什么很多员工这么在乎工资呢？因为员工畏惧，觉得企业没有希望，所以才通过在乎工资来增强安全感。但若他们觉得这个企业确实很有希望，不管是从整个运营思路，还是老板的人品来看都是不错的，那么他们还是愿意赌一把的，即使工资比其他机构的工资低。

有人愿意买这个希望，就看你能不能给员工希望、信心与感动：用真心感动员工，即使公司再困难，也要一直想着员工，哪怕只有一碗粥，大家也要一起分着喝；给员工规划蓝图，把对未来的整体战略画出来，员工看到美好的未来蓝图，也会很受感动并充满信心。

困难的时候，就是做多项准备的时候，不只是考虑资金，还要关注人心。此时，也要注意教育行业的三个主要变化：

第一是互联网。它使整个培训模式发生变化，老师网上直播，孩子网上学习。

第二是国家教育改革。改革方案已经写进大纲，教育行业要听国家的，国家整个变化很大，方针写出来就九个字：德智体美劳全面发展。抓住机会，时势造英雄，英雄要顺势而为。

第三是家长的需求。家长的需求已经从过去的唯分数论转向了对未来德智体全面发展的要求，这种变化对于我们整个教育行业影响很大。

23. 真正的发心是利他之心，反思自己，发现自己之前的发心不是真正的发心，请问老师怎么能牢牢握住自己的发心呢？

答：关于牢牢握住自己发心的方法，有几个特别重要的点和大家分享一下。

第一个方法，因为大众而生起的担当之心，这个就是发心。从这句话里理解，如果想有一个正确的发心，一定离不开大众。如果脱离了大众，不去思考大众的困苦，那么真正的发心是没有的。所以发心是因大众而生的。

毛主席一生特别强调走群众路线，群众就是发心的起点，离开了群众的时候发心就没有了。星云大师也提出了“大众第一 ”的思想，当我们把大众放在前面的时候，发心就起来了。见不到大众，看不到大众的问题，那么我们就永远没有发心。

一般来说，没有发心有两种情况：第一是我们离大众太遥远了；第二是我们自己的心已经麻木了，即使看到问题也无动于衷，这种情况就是心受伤太严重了，需要把心给滋养过来。所以，如何找到自己的发心？要跟大众在一起，要去听取、关注大众的疾苦。发心不是在自己的世界，它要回到大众中去，借大众这个缘去找寻自己的发心。如果发现自己的发心不足怎么办？赶快回到大众中去，感受大众的艰辛，这是一个非常简单而直接有效的方法。

第二个方法，必须定期学习传统文化。真正的传统文化直接指向你的人生——你应该追求什么？应该去做什么？人生应该怎样度过？当你在这些问题上反复叩问自己的时候，你会发现自己必须要有所作为。真正好的传统文化会不停地指引我们去找寻这些答案，不停地鼓励我们努力践行。

传统文化如果不能给我们人生定方向，不能带领我们行善行愿的话，那么这种文化其实意义不大。如果一种文化的学习让你忘掉人生、麻痹度日，这种学习实际上是学愚痴，类似一种知识性的学习，只是增加一些概念和谈资罢了，反而会把人生大事给耽搁了。

人生要想过明白，第一就是养成经常关注自己人生的好习惯。人生的大赢家就是属于那些持续关注自己人生，并已找到正确答案、付诸实践的人。曾经有朋友问我，什么叫明道之人？我说，每个人的理解不同，我的理解是，如果一个人能把自己的人生牢牢握住，他就是真正的明道之人。

道理讲得满天飞，可轮到自己人生的问题，仍然很模糊，不知道自己要什么，也不知道自己该去干什么，这样学习文化是没有意义的。“以己昏昏”，焉能“使人昭昭”？这些问题的答案最后都落到发心上，发心已经在人生意义的这个层面，它不只是说我去做一个事业，我应该追求什么，我应该怎样去实现，更针对的是自己人生的发心问题。

或许有人提出疑问，“前面说大众，现在说自己，它们到底是怎么回事?”它们是一体的，如果你不能服务大众，就不能成就自己；如果你不能关注自己，也不知道为什么要去服务大众。这是发心的感性与理性。我们要不停地增加发心的感性和理性。增加感性，要回到大众中去；增加理性，学习传统文化。把感性和理性不停地增量，就能握住你的发心了。

24. 老师，您在发心中讲到“空”和“有”的概念，我感觉自己在工作和生活两方面都存在问题，不知该如何把握，请问老师在生活中该如何判断自己何时该“空”何时该“有”?

答：这个思维非常重要，如果你想做大事业，在“有”和“空”上两者必须兼备。“有”是“有大愿”，这个愿不是一个简单的目标，就像稻盛和夫先生拯救日航，为了国民通信事业，为了国家，为了日航，主题语一定是“为了”，这时才叫愿。当这个“有”很强烈的时候，愿就起来了。

“有”就是种子，种子大长得大，种子小长得小，没种子不长，所以没有愿，种子就没有了。种子如果想长出来，还要靠另外一种力量，“空”的力量，这个空就是放下自我。

放下自我有两种特征：第一种特征，善利万物；第二种特征，众缘和合。种子要长需要很多因缘汇聚，如果这种因缘汇聚不到，莲子也不能开出莲花。

在发心当中有一种错误的因素，就是自我，这种自我挡住了各种缘分，挡住缘分就会造成种子的成长速度特别慢。种子想要快速成长，必须要有缘的介入，要有水，有阳光等。

一般商业人在缘的介入当中会犯一个小错误——交易思维。凡事都想交换，我给你20块钱，你卖我一本书，都是这样的思维。如果过度使用交易思维会造成我们和万缘融合的速度起不来，真正大的缘分不是交易来的，能够交易的缘分一般都不是大缘分。所以，真正想获得一些重大缘分支持的时候，一般都是非交易之缘，叫道缘，道缘都是在无我的情况下而来的。如果你对自我没有察觉，这种大缘就不容易融进来。

做商业的人很多，为什么做大的人那么少？因为“有”和“空”没有。有真正大愿的人很少，他有的可能只是一种野心；有了大愿以后，能够快速放下自我，与众缘进行和合，但善利万物的人很少，被过度的交易思维给障碍了，但没有交易思维也不行。

一个企业，如果10年成长期速度还是起不来，这一定是有自我成分在里面。就检测“有”和“空”这两点，第一，我的发心中有的部分是大愿吗？动机至善吗？第二，我的发心中有“放下自我”这一部分吗？私心了无吗？

在稻盛和夫先生的经营中，显性思维和隐性思维都有。而隐性思维的作用就是比如说你自己融资1000万元很累，可是政府给你投1亿元就很容易。那么，这种因缘为什么会出现？它一定有原因。

这种因缘的出现是非计划的，是由隐性世界出现的。一家企业想要快速成长做大，它一定要有很多非计划成长。非计划成长就是特殊因缘意外到来了，这些因缘的到来是因为你的愿把它吸引来了，你的“无我”让他迅速融入，很多人想帮助你，或者给你提供一个信息，或者给你提供一种政策，或者提供一种方法，这些都很重要。

比如现在你的手里有10本书，你读完后觉得很好，想分享给周围的企业朋友，但你会发现有一类朋友会不愿意送给他，就是那种自我很强大的人。而你更愿意把这些书送给爱学习、能够倾听的朋友。由此反推，同样一本书，有人能迅速得到，有人得不到，这就跟这个人的“空”有关。在日常生活中，为什么“空”不掉？就是因为有太多的自我。

想要验证你的“空”有一种方法，就是你算一下在这一年时间里，主动来提醒你的人是很多还是很少。如果很少，可能就是因为你的自我很强大，形成了一种和时代的对冲。如果来提醒你的人很多，有内部的员工、外部的朋友等，在这种情况下问题就解决掉了，这就是发心里的“空”。

要通过观察外在的事物来判断，否则心骗人骗一生，认知自己的心是最难的。还有，人和人不一样，有人靠天赋就能把事业做起来，有人得靠后天的修炼。有人不学习也得100分，有人必须通过反复的复习才得100分。如果我们是后一种，不能跟人家比天赋，就要比对心的磨炼，通过认知自己的心，调整心中的“有”让它生起大愿，调整心中的“空”让它无我，做事情就容易成了。

古人说：“人心惟危，道心惟微。”“空”“有”兼备属于“道心惟微”的部分，又“空”又“有”，又“有”又“空”。如果大家想深入解读，可以读一下《道德经》。

曾经有一段时间其实我也特别希望有人来提醒我两句，没人提醒自己就容易迷惑。我们都不是圣贤，都不是神，这个“自我”会阻碍我们的成长速度。所以，和“自我”对应的一个词叫“无我”，在发心里就“空”，“空”的目的是提高我们的成长速度。

25. 每临大事问发心，怎么样才能锚定我的发心不动摇？

答：可以使用一种力量，誓愿的力量。我们都是普通人，普通人的发心一定会动摇。为了不动摇，就要把发心转成一种伟大的愿望，定期和你的伙伴们勇敢响亮地去说出来。通过誓愿的力量，让自己的发心退不下来，人生不要给自己留后路，很多后路都是死路，就是蹉跎、虚度。所以我们来到这个世界是有目的的，必须立一个誓愿。

我也是发心容易动摇的人，2014年准备办教育，当时不知道自己能不能办得成，就先发愿，把家长们都请来见证这一件事，宣布完以后就没有退路了。学校开学以后，每周一升旗仪式，必须全体老师一起宣誓：我立志终身从教……所有孩子们在操场，看到校长带领着老师们宣誓，他们看着我们，心里很清楚这是身教。这样就有压力，有压力就有动力。我是用这个方法对治我自己，怕自己退心，对不起这些人。这些话一周说一次，说了几年心就稳住了。

生命属于勇者，属于真正有誓愿的人。有了誓愿以后，会发现人生很美好，很有意义。

26. 一个好的经营者他不仅会经营事业，更要会经营自己的人生。老师，您能结合当代优秀企业家对事业与人生再梳理一下吗？

答：能够在事业中成就人生的企业家，一般来说都学习过传统文化。我们每个人都有一个不可回避的问题，就是人生。我们必须关注自己的人生，并打理好人生。

真正的传统文化就是讲人生的，所谓传道，就是传人生之道，传人生如何幸福圆满之道。如果一个企业家深入学习过传统文化以后，会对自己的人生有一个全面的思考，这就是文化带来的力量。当有了人生的规划与实践以后，最直接的帮助就是能够用事业来成就人生，而不是因事业忘记人生，这才是商业的高手。

人生“三立”：立德、立功、立言，不管事业做多大，如果“三立”一个都没有，随着年龄的增长，家族没有兴盛，对社会也没有什么贡献，曾经的一时成功如滚滚长江东逝水。人生握不住，成不了真正的赢家。一个好的经营者不仅要赢事业，而且要赢人生，以事业成就人生，这才是企业家真正的风采。

管理本身的弊端就是被管、被理，效率上不来。而管理的最高境界是以人生成就人生，就是以企业家自己的人生去成就他团队的人生。当每个人在主动自觉的时候，管理效率是最高的。因为每一个团队的人不是单纯地为职业而战，而是为人生而战。

深入学习传统文化，从而形成自己人生的规划与实践，去建立事业，把思想和道理贯彻交给员工，以人生成就人生。这些不是童话，目前在中国已经出现了这样的企业，当家人就是思想家和教育家，他对人生有很深刻的思考和实践，能把这种思想教给他的下属。

可以问自己几个问题，“你到底在追求什么？你为你的追求付出过什么？你有没有一个可以预见的未来？你对未来有把握吗？你关于未来的思考来自哪里？有哪位老师教你？有没有经典为之见证？”时代在发生变化，要将传统文化回归，东西方科学一起共进。未来企业家走的路和过去完全不一样，大家一定要打开视野。

27. 企业当家人和高管之间总感觉有障碍；商会的平台运营会员流动性较大，感觉越来越难带。针对这两种现象，请老师给予指导。

答：这两个问题其实很相似，相由心生，心必有因。你所看到团队的相，它是外在显现的，深层原因是在内心世界。人和人之间产生摩擦、矛盾、不团结，表面是一些误会误解，深层原因是我执，你的自我在背后捣乱，导致人和人产生矛盾和纠纷。

在团队里自我被放大，与我们自己的内心有关。我们是普通人，都有自我，但是我们要追求无我。如果我们能够追求无我，那么所带领的团队也会追求无我，当大家都在追求无我的时候，这种因“自我”而产生的矛盾就减弱了，当无我成为企业主流文化时，我执会被减弱，矛盾就会化解。

我们为什么要追求无我呢？大家可以看看先哲们的书，人生的真正追求都在无我上，因为无我代表没有烦恼，代表圆满，代表幸福。

第二种现象也是这样的道理，平台上的会员为什么流动性大，感觉越带越带不动，这也是在心上有因。有什么因？如果心的利他性和心的无我性起不来，就会出现这个问题。会员和你在一起一定是有原因的，是利益共同体，在利他中而互利。当一个组织能够利他、互利时，组织就能存在。当会员来到这里以后，发现能够得到该得的东西，自然也要付出自己该付出的，这个组织就能健康发展。但一个组织如果不能利益会员，肯定要流失。不管是商会组织，还是社会组织，必须考虑会员的需求，这是一个组织的利他性。

那么什么叫无我性？无我说的是人和人相处，组织没有无我的文化就没有包容，虽然能够满足一部分会员的需求，但因为本身的自我很大，导致了对会员的伤害，我执是特别伤害人际关系的。

这里谈到无我，不太容易解读，那我们从两个角度来解释。第一，上善若水，善利万物。把这个作为组织文化来使用。对于所有的会员像水一样，水就靠近无我。第二，诚敬、利他、感恩。把这个作为组织文化，组织对所有会员要诚敬、利他、感恩，不能光在嘴上说，要变成制度和文化，变成规范动作，制度化以后，相应地就能解决了。

中国文化是以文化人，以文化己，化的就是我们心中那个自我，化开后人际就解决了，这个组织就会运转得很好。我们内心利他不足是因为自私多了，无我不足是因为自我多了，内在世界出现了这些问题，外在现象上肯定要出问题，这是必然的。行有不得，反求诸己。转化我们自己，做出实际动作来。

28. 面临困难，一会儿觉得困难是困难，一会儿觉得困难是机遇。为什么我们的状态会经常反复，如何能保持正确的心态？

答：这是常情，因为一个人在困难面前所表现出的勇气和智慧，一般来说都与他后天的修学有关。面对困难产生恐惧、逃避、胆怯几乎是一种本能，能在困难中寻找成长的机遇，这是需要训练的。

训练的一个最基本的方法，就是不离正见，不要远离那些关于人生的正确见解。要经常地听，听一次你的思想就正一次，听多了就熏透了。成长本身就是和我们过去的常规思维在不停地告别，由此而向上攀登。如果我们总是用过去的思维，只能走出以往的路。古人说要学习，现代人说要学习学习再学习，就是要反复地学习，学习到这种思想深入你的大脑，变成你的，这样一遇到事情时，正见就能帮助到你。

思想会影响行动，在困难中，如果我们能经常去阅读一些正确的思想文字，对于我们就会形成一个很好的激励，不仅是大家，我自己也是这样的。有时候我会很忧愁，为了鼓励自己，会经常写下一些话，有时还要发朋友圈，和朋友们互相鼓励，这就是人生。

送给大家四段话：

“困难或者是来提醒我们的；或者是来激励我们的；或者是来磨炼我们的。珍惜每一次困难，在困难中获得的成长才是最真实的。在困难中悟出的道理才是最有价值的。”

“如果有人告诉你，前面遇到了困难，你或许会有一些畏惧；如果有人告诉你，前面有一个机遇，你或许就会跃跃欲试。我们是否想过，世界是空性的，困难和机遇本来一体，好比硬币的两面，机遇通常都藏在困难的后面。”

“我们都有着或多或少的‘小投机心’，希望付出一点就能得到一大堆；希望没有经历困难就能成功；希望在顺顺利利中得到磨炼；希望不需要深刻反省就有成长；希望每次求人都能获得帮助；希望这个世界最好都听我的；希望孩子不用自己培养就成了人才；希望不需要舍就可以得；不用耕耘就可以收获。这些想法常令我们很着迷，仿佛忘记了这些根本是不可能的。”

“有时候我们只看到了眼前的困难，却看不到后面隐藏着更大的危机。如果我们意识到那些危机将要到来，面临困难我们就会毫不退缩。”

一念之间，我们内心就会发生变化。要经常和这些正确的思想在一起鼓励自己，真正的强者内心都有自我鼓励的声音。当年曾国藩做事业，他说，我这一生就两个“挺”，一个“挺身而出”一个“挺住”。这就是他奉行一生的方法，他也是靠这个走过来的。面对疫情，面对企业困难的时候，首先要有这样一种心态，挺身而出，挺住，就能过去。

29. 在疫情中我们企业已经做了一次调整，但当遇到困境时还是不知道面对具体情况时该如何决断。

答：如何判断在疫情中的企业是进还是退？在市场供需链中，一端是企业，一端是客户与市场。供需之间对接，产生了一个基本的市场模式，在这个模式下，要做出一个判断。判断最基本的标准是，首先必须观察需求端，疫情使需求端下降，导致整个供需链不能正常运营，如果需求端短期内不能恢复，那么就不能再继续往前了。需求端的每一次变化，必然引起供应端的变化。

想要研究需求端，首先要研究整个国家大势，需求端不是独立变化的，而是受整个国际和国内市场的影响。不谋全局者不足谋一域，做企业不能坐等，为什么企业做不出来决策？就是因为只是单纯地被动等待，不去研究整个趋势。

当年国内有一家大型的物流公司，在物流市场非常好的时候大量租进了船只，后来市场下滑，船只的租金和运费根本就抵不上，企业因为还不起这些租金导致最终被并购。对于那些不观察国际、国内变化的人来说，这一切都是变幻莫测无法预判的，你不知道接下来会发生什么。任何一个事物的变化必然有一个周期，如果你没有这种预判，做市场是非常困难的，你只能赚点机会钱。

在疫情初发的时候要预判国内，在国内疫情快要结束的时候要预判国际，没有这种预判，经营决策是非常被动的。包括目前很多因为生产口罩而赚了钱的企业，它未必都是好事，这只是短期的机遇。如果这个企业本身内功不强，随着疫情过去，下一步就不知道该投资什么项目了。所以，对于需求端的判断一定要有一个提前量，要去了解相关的材料，就知道它会往哪里走，根据可能发生的周期做生产调整，决定是要增产还是减产。

在这个基础上看供给端，企业间的竞争非常激烈，大家都在拼性能和价格，谁的价格最低性能最强谁就活下去。所以这时你要观察你的供给端有没有活下去的可能性。如果没有，必须考虑防守。如果需求端依然存在，供给端的产品又过硬，这时要考虑进攻，做好销售。

销售并不是万能的，销售依赖于供需两端的需求变化而实现，但没有销售绝对是不行的。了解这一点以后，我们就知道该怎么判断。明后年整个市场还会变化，有的时候要进攻，有的时候保存一定实力是对的。

30. 我经营一家零售机构，老师您说的三项准备：需求端定位、调整供给端心理、全员全方位营销，我基本照做了，却始终找不到这三个问题的标准答案，请老师指导。

答：做企业需求端定位是一件特别难的事。一般来说，需求端定位就是我们的顾客定位，常见的有两种：

第一种，可能是你的直接终端消费者，有的企业就是直接做终端消费者，这时要明确产品到底是给谁的，必须想明白哪一类人群最需要这个产品。一定要让你的产品成为固定人群的固定消费品，进行供需链接。如果不做顾客定位，整个营销策略也做不了。

第二种，你的顾客不是终端消费者，而是平台。这些年平台发展速度非常快，它们一直在帮消费者找到最好的产品。平台拥有广大的消费者，但是需要找到好产品，如果平台没有好产品，这个平台就失去了价值。为消费者找到好产品本身就是它的行业特征。如果你的产品足够好，在销售渠道上愿意让一些利润，自己暂时没有能力做渠道，你应该找到那些和你最合适的、最搭的平台，以此作为你的顾客定位。

顾客是制造商，我也是制造商，为什么他会成为我的顾客？他的产品没卖出去，或者卖出的时候缺一个重要部分，加上我们的产品组合销售，刚好顾客就很喜欢。当年美国发生过一个商业案例，一家企业是做地毯的，它想卖给新装修的家庭，卖了几年卖不出去，后来发现做房地产的销售商在买地毯，用来做样板间。有了这个产品以后房间装饰起来特别好看，顾客也愿意买。后来地毯商的老板就决定组合销售，把他的顾客定位为房地产商，然后再卖给消费者。

不管哪一种情况，必须要做需求端的定位，因为困难时期的企业，销售费用有限，渠道有限，如果不提高效率，很可能钱花出去了而资金回不来。只有需求端定位以后，才能使你的销售成为有效工作。因为这个时候企业耗不起，时间紧、任务重、资金少，两三个月就必须要脱困，能够往销售渠道支付的钱已经不多了，还要给员工发工资，在这种情况下，必须使销售变得非常有效甚至是高效。否则很可能“子弹”都打完了，钱也没有回来。正因如此，必须先做渠道需求端定位，以此来制定你的销售策略。

做出定位以后要注意，因为疫情期间的销售和平时的销售不一样，它的供需两端都发生了变化。供给端的人很着急，需求端的人消费心理有了微妙的变化，因为这种变化，平常看着一些正常的销售策略，在这时可能会失效。所以只有充分了解客户方处在什么状态，充分把握供需两端的心理，才可能使你的销售做成，全员营销提升你的销售力量。

销售有几个要点：一是团队；二是策略；三是执行力。策略是根据顾客定位和供需的心理变化而制定的，最容易增加的是人力，全员营销。每个企业不一样，所以没有标准答案，但是整体思路是一样的。

31. 现在企业很难，疫情期间因物流影响积攒了大量的库存，我迫切地想找到解决问题的思路，请老师帮忙梳理一下。

答：找思路有两个重要的步骤。

第一步，调整你的心态。人躁则无智，心态如果调整不好，不会有思路，会把你困住。努力让自己定下来，静下来。这个时期如果错误的动作越多，可能麻烦就越大。所以不能着急，先让自己静下来，在静中生发智慧。

第二步，找思路。不要着急自己闷头想，要“学而时习之”，跟同行业学习如何进行突破，一定要听课学习。同样是做全员销售，别的企业一动员全上去了，为什么你的动员上不去？这就是要听课的原因。

听课一是可以反思，二是可以帮你找思路。疾风知劲草，岁寒见后凋。这次很多企业可能被淘汰掉。三人行必有我师，当我们遇到困难时要懂得不耻下问，可能别人的一句话就会点醒你。

最近我在准备书、准备网课，事情特别繁杂，有一个好朋友驱车9小时来大连找我：“老师，我想跟你探索一些思路。”这种精神感动了我，尽管很累，可我还是很认真地把自己知道的都告诉他，知无不言、言无不尽，希望这些对他有用。

如果我们连这种不耻下问的精神都没有，哪会有思路？多向同行、老师、员工们请教，员工有思路、同行有思路、专家有思路、顾问有思路，一定会给你提供一个思路，要有求教之心。

“欲穷千里目，更上一层楼。”不上这一层楼，就不知道那件事是怎么解开的。“不识庐山真面目，只缘身在此山中。”每天就在企业内部，怎么能知道企业是怎么回事呢？“不畏浮云遮望眼，自缘身在最高层。”站在最高处就把事情看懂了。

好心态加求教，如果不能出来问，可以多看书，如稻盛和夫先生的书。勤能补拙，勤学习、勤思考、勤求教，如此思路就有了。“吾尝终日而思矣，不如须臾之所学也。”思路不是老师给你的，是经过学习求教后自己调整自己出现的。

一个人懂得再多，也不可能什么都懂，我告诉你的是思路，接下来你要自己去解决问题，销售问销售专家，降成本问降成本专家，团队有团队专家，术业有专攻。

32. 如何带领员工共同努力，激发出全体员工的斗志，打造出属于我们的奋斗氛围？为什么每次与员工分享的时候，都无法打动他们，会出现始终有人没参与进来的情况？

答：有几个可能性供你参考，希望大家不要对号入座。

第一点，有些自私，心里只有自己的事，员工肯定不愿意支持。如果你心里没有别人，别人就不愿意帮忙。做的是自己的事情，就只能靠自己。如果做的是大家的事情，大家都会来出手，所以一定把员工利益放在前面。

第二点，在激励员工的时候，不能单纯地喊口号，只说“我们把销售抓上去，把成本降下来”。这么说对员工是没有作用的。我们是当家人，想鼓励员工去干，就要拿出切实可行的策略与实施方案，如果没有拿出可行的策略和实施方案，员工销售累了半天，一件货也卖不出去，会有挫败感，然后会觉得我们在执行一个非常不切实的方案，甚至说是一个非常愚蠢的方案，员工不会有喜悦的感觉。

这时作为当家人，拿出这个策略方案非常重要，就像打一场战役一样。这个不能靠员工，员工的责任是执行者，前期拟订方案很重要，我们的方案一定要可行好用才行。用可行的方案来帮助员工，不要拼命地给他施加压力，要帮他分析一下，让员工觉得老板支持我，有老板真好。

第三点，要有企业文化。前面有朋友问道，“当面临困难的时候，心态不好，总觉得自己立不住”。不仅你自己这样想，很多员工可能都这样想。所以这个时候，企业如果不把这种面对困难的思想文化建立起来，员工可能很快地就萎靡不振了。所以要把克服困难类的语言写进企业文化手册里，然后全员去朗读。比如，困难是机遇；困难是挑战；困难是成长；困难给我们带来希望……

人的心需要鼓励，没有这种面对困难的企业文化，员工可能会退缩，只喊口号也不行。

员工需要理性，首先我们当家人自己要理性，能够把困难看明白，知道怎么化解困难。如果不使用文化，人心转不过来，会一直被压抑。

我们中国共产党的军队在困难的时候要唱歌："没有吃没有穿，自有敌人送上前，没有枪没有炮，敌人给我们造。"歌词里有克服困难的思想，那时候就是靠这些歌曲激励大家走过来的，战胜困难的勇气就被激发出来了。

第四点，要有企业共同愿景。比如说，等疫情过去，咱们出去旅游，等把这单拿下，咱们吃大餐，咱们游黄山，咱们去海南岛，咱们涨工资……一想到这个愿景，人心就来劲了。人在困难的时候，需要一个愿景，这个愿景就是动力。

33. 老师，自己的心总是时有力量、时没力量，而看您的心一直非常有劲，您能告诉我秘诀是什么吗?

答：我心有劲是因为你们。当看到很多企业出现问题时，我就很着急，我着急就会出来工作干活，这是一方面。另一方面，在学校里，我基本是跟孩子们在一起，只要和他们在一起，我就有力量。对于学校这群孩子来说，我觉得我是他们的长辈，而且总觉得我们这代人应该为他们那代人做点什么，这颗心一直都在。看到他们就觉得自己很有干劲，盖房子、建学校、做教育系统，孜孜不倦；累的时候，再看看孩子们，浑身又焕发了生机。

有时候孩子们还来鼓励我，他们的鼓励方式就是给我提问题："校长，你为什么办学校?"这时，我就得往高说不能往低说；往正的说不能往反的说。就是说光明正大的话，"校长是为了你们，为了培养大才"，这些话也时时警示着、激励着自己。在学校，每天都被那帮孩子相信着，他们一直相信你，你忍心让他们不相信吗？偶尔心里有点儿小私心，想偷偷懒，但还得装着，装成一个一心为了孩子着想的好校长的样子，装成一个让孩子不失望的好校长的样子。

时间久了，自然而然形成一种良知。那种良知的力量时刻在呼唤着我，让我每一天都觉得很有干劲，觉得我不应该停下来。

总体来说，有三种力量给了我莫大的帮助，这三种力量一直在激发我的心，唤醒我的心。

第一种，我们所带领的团队。我们的“责任田”，对我来说是学校的孩子、老师和家长，而对企业家来说就是企业的员工。他们是我们的责任田，我们要坚定信心、坚持下去。

第二种，那些和我们同行的人。我们“精进180”班里的很多企业家朋友，大家可以时常聚一下，互相说一说，互相激励一下，这样力量就会出现了。互相结伴，一起前行，有时单靠自己的力量，走着走着可能就走不动了。

第三种，找到你的榜样。这个榜样可以是远方的，也可以是身边的。远方的稻盛和夫先生，他的心力很强；台湾的星云大师，他的心力也很强。身边的话，你可以找你的老师、领导等。有时候我是被别人逼着当榜样的，他们说：“老师，一看到你，我们就很有干劲。”一听这话，我就不敢偷懒了，为了让信任我的那群人看到有干劲，我会一直坚持下去，一刻也不敢停，一定要做好这个榜样：做那个不后退的人、不放弃的人、不懒惰的人、不放弃自己梦想的人。

我觉得我做那样的人的话，对他们肯定有帮助，在一定程度能够激励着他们。人是需要激励的，不仅需要通过读书、学习的形式，还需要通过心的传递，心与心相互连接，相互激励着前行。

这三种力量对我们很有帮助，它深层是人类内在世界的两种大力量：一种是良知的力量，当不断去滋养你的良知，你的力量会变得很足；另一种是正见的力量。你要去思考你的人生该如何度过、该如何奋斗。当你想到这儿，会发现我们其实还没到退休的时候，还没到懒散放逸的时候，我们还有很多事情没有做，很多心愿没有实现，很多坑还没有填平。依靠我们目前的这些福德和智慧恐怕没法撑到未来，这些正知、正见会提醒我们要继续努力。

良知的力量是偏于感性的，正见的力量是偏于理性的，这两种力量我都使用。我看到孩子们很有力量是良知在起作用；正见的力量是在我读书的时候、讲课的时候、跟自己对话的时候起到很大作用。

我经常告诉自己不要停下来，这也是正见的力量。如果有朋友愿意看我的朋友圈，会发现我朋友圈里的内容既是鼓励别人也是鼓励我自己。比如一天早上，我写过一段话鼓励自己："前途越是光明，道路愈加坎坷，若是为了那光明远方，你愿踏上坎坷之路吗?"不少朋友马上点赞或者写了"愿意"。其实我是写给自己的，我要告诉自己，为了光明远方要坚守在这条坎坷之路上，不要放弃。

后来，我把朋友圈的这些话印成了两本书《一杯清茶》和《微言风语》，一本偏重谈教育，一本偏重谈人生。通过这种方式鼓励自己，也鼓励一起前行的所有人。

制订计划，定期见榜样，定期见同道，定期见员工，定期闻思正见，通过这些把自己的心力提起来。我也是一直这样坚持着，当自己心力不够的时候，赶快回到一线，通过这些方式给自己"治病"，这样很快就能恢复了。

鱼要回到水里，鹰要回到山上，要为自己的道心设立合理的环境，这个非常重要，这就是关于人生的规划。如何管理自己、如何激励自己、如何养自己的心，要主动去找"缘分"，心就有力量了。

34. 请问老师，从企业家提升突破到成为商界圣贤过程中最难的地方是什么？如何来解决？

答：整个过程的实现，在传统说法中有四个步骤：理明、信深、愿切、行专。

第一步，理明。必须弄明白人生之理，然后是事业之理，不从理入，只从事解走不动，它必须从理入，就是帮企业家建立一个最完整的理性人生设计。

第二步，信深。何为信深？就是我们去讨论、设计、分析，找榜样，

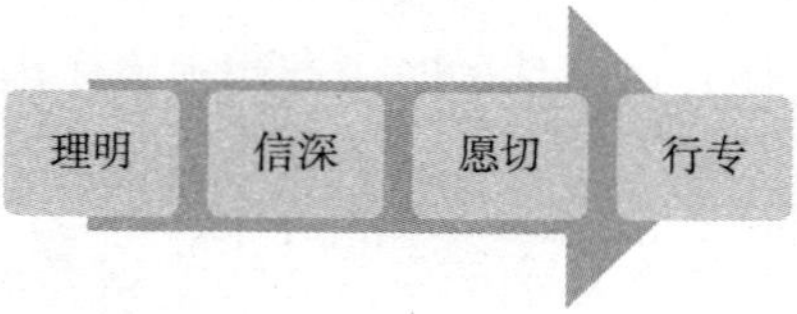

最终发现之前所做的都是对的，建立对这条路很深很深的信念。也就是我们深信人生走这条路是最佳的选择，没有其他。

第三步，愿切。当我们信深以后，就会推动自己去发愿，这个发愿包括两方面：向外，对社会的一份担当；向内，对自己的一份责任。这一生我们愿意为社会做什么，这一生我们要对自己做什么，这叫愿。因为有理明和信深在前边，加上前面已经反反复复进行过研究，知道这是最好的选择、最理性的选择，所以就推动着自己积极去发愿。它不是一种道德绑架和逼迫，是一种理性的自然流露。

第四步，行专。行专就是指一直在这条路上不回头往前走，直到实现你的目的，走到你的晚年。这四个步骤也是我们过去一直说的八个字——觉悟人生、奉献人生，前三步偏重觉悟人生，最后一步偏重奉献人生。如果没有觉悟人生，很难有奉献人生，或者说如果一个人没有奉献人生的话，是因为他在觉悟人生上没有弄明白，所以不敢去奉献人生。那么如果想走出奉献人生之路，就一定回到觉悟人生上去，这一步打通了，接下来基本就没问题了。其实，事业就是奉献人生，在奉献中福慧圆满了，在奉献中心性提升了，在奉献中志心于道义了，最终在奉献中成就了自己的人生。

在这四个步骤中，每一步都是难点，都需要认真对待。那当真正遇到难点时该怎么办？回到上游去解决。比如，当行不专时，就到上一步“愿切”那里找原因；“愿切”这一步遇到难点了，就去“信深”上找原因，依此类推，直到把整个步骤流程做好。同时，我们也要谨记，这一系列过程不是增加一些知识，而是针对整个人生做的一个系统思考和实践，直到把整个人生给立起来了才算完成任务。当然，能把这些传承给儿孙就更好了。

35. 文化回归了，企业里的员工需要文化植入，而我几次植入都不太成功，请问老师应该怎样在企业里植入传统文化？

答：企业植入传统文化，它的核心是以人生成就人生，以企业当家人的人生成就员工的人生，只有这样，这条路才能走通。我们不是简单地教员工学文化，我们是想成就他们的人生。

要想成就员工的人生，只靠技术和能力是不够的，还需要学习文化，所以企业当家人要负责教他们，而不是逼迫。而要想成就他人的人生，当家人必须先把自己的人生搞明白，这样才能带领好员工学文化。

不要着急，先跟着学习，学到中后期的时候你基本就明白了。企业家“精进 180”研修班的责任就是要成就企业家的人生，所以，企业家朋友们先得学习，通过几个月的学习把自己的人生弄明白以后再去思考在企业中植入传统文化的事宜。

只有企业当家人对文化通透了解了，后边的文化植入之路才能走得更顺畅。而很多企业为什么学文化学不动，就是因为当家人“觉悟人生”没吃透，后边的“奉献人生”肯定就落实不了。

36. 老师，您以前讲过教育大计以教师为本，这次您又提到经济大计以企业家为本，而且一个国家的发展最终要以经济实力为后盾，那请问老师企业家和教育有什么样的关系？

答：他们之间有一个最直接的关系叫文化。从产业划分，教育属于社会产业之一，都是为社会提供服务。金融产业、教育产业、旅游产业等背后依靠的都是文化，它们都要靠文化来发展壮大。

文化，对于企业来说，到底提供了什么？提供了企业家个人的人生之道和企业整体运营之道。文化对于教育来说意味着什么？教育本身就是要传承文化的，如果教育不能传承文化，就不能立德树人、以文化人。所以在这个层面，教育和文化是关联词，教和文相通，育和化相通，教之以文，化育他人，教和文偏重知，育和化偏重行，知行合一就好了，二者是对应的。在教当中，教文为主，你看“教”字，右边就是文字；而化和育本身是通的，我们会发现它们三个之间是有关联的。

今天中国的企业家必须成为教育家，成为企业教育家，不是学校的这种教育家，而是以教职业人的幸福为特征。人类都是追求幸福的，这些职业人的幸福要靠企业教育家来帮助，所以企业教育家既要为员工提供文化思想，还要为他们提供专业技术和就业平台，这些都是企业教育家的责任。那么学校也需要教育家，它是为人的一生幸福提前做所有的模拟训练的，为一个人一生的幸福提前做好所有准备的。

一个学生从学校毕业走上社会之前，他对未来预期的幸福都应该有所准备了，学校教育是干这项工作的。这两个教育方向一致，只是对象不同，学校教育研究的是学生的一生幸福，企业教育研究的是职业人的一生幸福，在方法上有不同和相关的地方，它们是这样一个整体关系。

不管是教育还是企业，没有文化作支撑根本行不通。因为文化谈的不是一个简单的知识概念，是关于人生问题的探索，若离开了人生这个大背景，我们谈的任何事业都可能毫无意义，也有可能走偏，或是效率低下。

任何一个人学的第一门功课都应该是人生。人生如果搞不懂，我们这一生很容易输掉，不管你是干企业还是干教育。人生如果想搞懂的话，必须学一门专业——文化，文化这个学科是管人生的，所以学文化是为了真正改善人生。那么到了这个层面，就会发现教育、企业都离不开文化，只是教育本身责任更大。

我们都要学习文化，其实最好是从年少学起，但我们年少时没有学过，所以到了这个时候还得重新坐下来学习，而且必须得学、不学不行。当我们学习以后，发现自己有太多的遗憾，所以希望把我们当下所学的东西能够提前30年给到孩子们，希望他们在6岁、8岁、10岁的时候都能学到我们今天的所学，将来下一代人就可以超过我们，这是我们最希望看到的。

我们要知道文化是什么、教育是什么、企业是什么、把这些问题看懂了，放到一起基本就明白了，它们彼此之间有关联，也有相近的地方。为了人生要做事业，事业也是成就人生的，所以事业和人生是有关联的。我给大家画一个总图，这样就能看明白它们之间的基本关系。

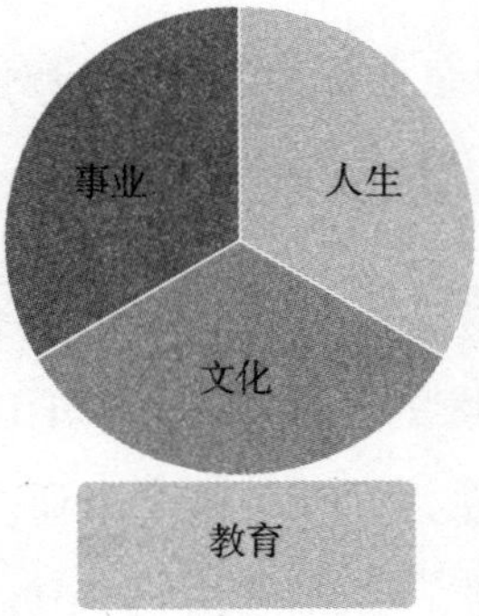

最底部是教育，教育把文化托起来，文化来成就人生并实现事业，它们彼此之间是关联的，谁都离不开谁。在这过程中有企业，也有教育，所以这部分既可以是企业教育，也可以是单独的学校教育，事业、人生、文化三者的运转都离不开教育，同样教育也离不开这三者，它们是一体的。

37. 稻盛和夫先生说：提高心性，拓展经营。我们做企业想拓展经营，就必须要提高心性吗？

答：必须！经营可见，心性不可见，但彼此是关联的。

比如说你经营的企业做这么大，你的心性一定是同比的，二者一样大小。假如没有提高心性，就想把经营拓展得更大一点，这可能实现吗？表面是可以，但用不了几年经营状况就会退回来，变成原来的状态，甚至是更差。因为内外是一致的，内在有多少，外在就会显现多少，这个在文化中叫“有诸内必形之于外”。

大家还是要注意提高心性。但提高心性并不是一个孤立的动作，它跟你整个动作都有关：你怎么去行一切善；怎么观察你的行为、语言、意念；怎么用善恶得失做判断等。它都是有一系列动作的，并不是坐等就能提高心性。

38. 疫情期间各个企业都有不同的应对措施，有的很有效，有的效果不明显，这和企业决策者的心性有关系吗？

答：有的。心性有两个重要因素，慈悲和智慧。在企业经营中，慈悲主要是对员工的责任，如果当家人内心有对员工的责任，就会产生很大的力量，会调动员工的积极性共同来做这个事业。越是慈悲的人越有担当，他能够整合发动员工的力量，因为他知道为了员工要拼一拼。

智慧就是你的决策判断能力，如果这个时候你的应对措施不是源于智慧，很可能效果不好，为什么你的措施效果不好或是不对？是因为智慧不够了。那智慧为什么会不够呢？内在是心没有修慧，易出现躁乱状态、不够宁静；外在是修学的圣贤思想还不够，才会造成决策判断失误，这一切都与心有关。

所以，建议平时要多修心，这样遇到重大问题时就容易扛得住。经过我们的调研也发现，这两三年坚持走心性的企业家们，在疫情期间都很稳定，他们的内心非常淡定，企业也安然无恙，这跟他们的心息息相关。

39. 我们企业员工一直责任心不强、执行力也不够，我认为他们应该最先提升心性，但员工却说我应该先提升心性，我有点儿搞不懂了，请老师给予指导。

答：这个问题是中国文化的一个核心问题，如果您听过商业法则课程，应该明白“相由心生”。“相”，我们平时理解为面相，不仅如此，更广泛的理解是外相由我心生，即我们所看到的世界与我们自己的心有关。

比如说一家企业，它产生各种相，员工有责任心或没有责任心，有执行力或没有执行力，其实与企业当家人内在的心有关，这是根本。如果我们内在的心没有去修炼和提升的话，这个外相很难转，即使我们强制采用一些考核措施，可能一时有效，但用不了多久很容易又回到原点。

心的转变有些难度，几个难点可能就把我们困住了：

其一，人对理不明朗，比如心和命的关系、心和善良的关系、传统文化和人生的关系等。我们都是按现代商业的普遍做法来操作的，而那些根本性问题却没有看到，这些道理弄不明白，在实践中很容易犯错误。我们学稻盛和夫先生，学他的理性，学他一生对因果的坚信、对利他的坚信，这些一般人是做不到的。我见过很多讲利他的人，自己却做不到，包括我自己也是训练了很多年。

其二，心力不足。自己想提升心性，刚进步了一点，但由于受整个外在大环境的影响，心性的提升出现停滞状态或是退步。

其三，个人的福德不足。福德不足导致我们周围的缘分聚不起来，这样就没有机会提升自己的心性。

对此，我们采取的方法是，理不明就要持续学习听课，不是一次学习，而是要持续多年学习。我身边很多朋友不是学一次，而是几年来一直跟着学。心力不足，最好不要孤行，要和很多人在一起，互相支持、互相勉励、互相提醒、互相督促，一定要参加共学。我在带企业家研修班“精进180”的时候，就有一个共学的流程表，每天晚上要打卡，各组之间相互监督，连续打卡一个月之后，大家发现自己内心都有所改变，一年下来心性都提升了。

这个时代的人只有集体共学才能更好地坚持，包括我自己也是这样。我和周围的老师们一起学文化、一起读书，共读一本书并进行定期分享。如果不这样，我们很难走下去，就像抗洪一样，我们单个人就像一个沙袋，水一来很容易就被冲走了，怎么能阻抗洪水呢？但是如果我们一起用沙袋垒一个大坝就可以把洪水顶住了。所以，我们需要建立一个抱团成长的组织，一个人提升心性很难。

福德不足怎么办？如果想改善我们的福德，必须要做善行，一时的善行不够，要做持续的善行才可以。给自己制订一个计划，比如说今年我就持续做一件事，去老人院或去孤儿院，或者我就一直支持教育……让自己的善行不要断。有了这种连续的善行，你的福德就能上来，外在缘分也容易聚在一起，很多人都愿意来帮助你、保护你。

很多朋友说："老师，几年前我听过你的课，觉得很好，为什么日后用不起来？"那是因为你是一个人在奋斗，不是一帮人，一个人根本就走不动，也行不通。当有了方法，把自己的心调整好以后，再回头看你的员工，那时方法自然就来了，也知道如何带领员工了。总之，要先改变我们自己，再改变员工。

40. 我跟随老师已经学习一段时间，而且每次学习都非常认真与用心，自己也很受益，请问老师如何判断自己心性是否提升或提升到什么程度?

答：心性很复杂，我们把它尽可能简化为两个关键点：慈悲和智慧。先来看慈悲，看你是否愿意为他人带去欢乐，哪怕自己付出很多；当看到他人痛苦时，你是否愿意挺身而出，帮助化解。这两条都具备的话，你就是一个慈悲的人。如果再往深处说，为了很多人的幸福，你愿意担当，愿意把一个重要责任扛起来，你就是一个非常慈悲的人。如果这些都做到的话，说明你的心性已经很了不得了。接下来再来看看你是不是一个智慧的人。

智慧的人一般有以下几个标准：

第一，人情练达。这个标准很简单，但很重要，就是你和你的朋友、家人、领导、同事是否能人情练达，人情练达不等于左右逢源，不等于耍滑头，是你能够把这种种关系都处理好，包括夫妻关系、父子关系、朋友关系、同事关系等，如果你把这些关系都处理得很好，说明你就是一个很有智慧的人。如果你所到之处，在人和人关系上老是处理不好，一般来说都是你的智慧不够，这是第一个特征。

第二，欢喜、清净、自在。内心常有淡淡的喜悦，很清净、很自在。你的欲望不是那么强，你的情绪很平和，基本没有脾气，只有在为了帮助别人时，扮演出一个“很有脾气”的样子，但内心还是平静的。你是一个很温和的人，但是这种温和并不是任人欺负，只是你要给别人带来一些更温暖、更和谐的状态，如果这样，你就是一个很有智慧的人。

第三，遇到事情时，你能够迅速看清真相，做出准确判断，采取果断措施，而且事后证明你是对的，如果能这样的话，你的智慧就很了不得了，这说明你对事物的观察判断很准确，而且还善于把事情调动出来，具有很强的分析问题的能力和解决问题的能力。顺利地把问题解决了，也是一个有智慧之人的表现。

第四，你对你的人生、未来内心很清晰，坚定地按照自己的规划在行进，如果能做到这一点，你的智慧一定很了不得。一般人做不到，因为一般人都是得过且过，走一步看一步，或者对所描述的东西根本不清晰，只是自己的想法而已。一个对自己未来的人生看得很清晰并能坚定地行动的人，都是很有智慧的。

一个智慧之人的最根本表现就是四个字：自利利他。如果再加四个字，就是“善于自利，善于利他”。他既能打理自己的人生，也能帮助别人的人生，并总能在帮助别人中来成就自己，既善于成就别人，也善于成就自己。如果一个人能达到自利利他的状态，这个人一定是足够有智慧了。

反之，一个人智慧不够，他既不能利他也不能自利。比如贪官，很明显是智慧不够的；像那些被舆论口诛笔伐的人，尽管财富很多，影响力很大，但也是智慧不够，为什么？他们既没有利他，也没有自利，还经常给自己挖很大的坑，这都是智慧不足的表现。

人的智慧跟人的知识没有关系，跟财富也没有关系，它只和外在的人生及内在的心性有关，其实一切都是心性的表现。如果能够做到自利利他的话，一般来说这个人的心性就已经很高了。

41. 请问老师，现实中很多事情的发生，靠心性都能解决吗？

答：是的。心虽不可见，用时便显现。一般心在用的时候就是遇到事儿的时候，有慈悲心的人总是用慈悲来判断一个事物，就是这个事物怎么能最好利益到别人，怎么给别人带来欢乐，怎么不会给别人带来痛苦，他们一直这样去思考问题。

就像一个慈悲的老师，他总是这样对待学生：一直思考这个学生怎么会快乐、怎么能高兴、怎么去好好教他、怎么让他一生幸福。其实这对慈悲的人来说是一种本能，因为内在是慈悲的，所以必然会这样。

反之，如果这个老师没有慈悲的话，他就会发泄自己的欲望和情绪，打手板、体罚……完全不顾及这个孩子本身的状态。你看到很多老师没有师德，其实他不是没有师德那么简单，是他的心性已经出现了问题。心性不够，是不可以做老师的。师德不是一个法律规定，是心性的自然流露。

一个慈悲的老师，一定是一个有师德的人，面对孩子时，他本能就会慈悲。慈悲在前就想帮助人、想化解问题。慈悲在前，智慧也会随之显现，就能轻而易举地想出解决问题的办法。当然，心性高低与平时的看书、积累也有关，我们解决问题时说靠信心解决，其实是靠慈悲和智慧来解决。因为慈悲产生动力，智慧产生策略，一个事物有了动力和策略，问题就容易解决了。

所以，平时我们要多积累仁爱和智慧，多修心性，当遇到问题时，方法自然就来了。养心千日、用心一时。养心是连绵不断的，用的当下如刀切菜，马上知道应该怎么办，它是一个自然显现而不是靠临时抱佛脚。

我们一起谈论问题时，为什么每个人的观点不同，因为慈悲、智慧不同。有人很冷漠，有人很在意，有人完全不管别人的痛苦，有人就很替别人着想……心性不同，结果自然不同。